高等学校管理类专业互联网 + 新实践系列教材

+ Strategic Management

战略管理

姚小涛　弋亚群　主编

高等教育出版社·北京

内容简介

战略管理事关企业整体性与综合性发展。一般来说，战略管理的关键词包括环境、能力、优劣势、竞争、发展、定位等。结合战略管理自身的特点，并结合理论与实践的前沿进展，本书主要内容包括：战略管理概述，企业的使命、愿景、伦理与社会责任，内部环境分析，外部环境分析，总体战略，竞争战略，动态竞争，国际化战略，创新性战略思维，战略实施与执行。

为了增强本书的教学针对性和适用性，本书各章均设置了多个以我国本土企业为主体的案例，以便于读者立足国情，了解企业战略发展实际；章后附有判断题，单项选择题以及思考题等，读者可扫描二维码进行自测，以便检验学习效果；正文中还增设了多处专栏，旨在帮助读者了解与知识点相关的理论溯源、实践操作等。

本书适合作为本科生、硕士研究生、MBA学生“战略管理”课程的教材，也可供相关企业人士参阅。

图书在版编目（CIP）数据

战略管理 / 姚小涛，弋亚群主编. -- 北京：高等教育出版社，2019.11（2022.8重印）
ISBN 978-7-04-052686-8

Ⅰ. ①战… Ⅱ. ①姚… ②弋… Ⅲ. ①企业战略-战略管理-高等学校-教材 Ⅳ. ①F272.1

中国版本图书馆CIP数据核字（2019）第183797号

Zhan lüe Guan li

策划编辑 牛 杰　责任编辑 奚 玮　封面设计 张 志　版式设计 于 婕
插图绘制 于 博　责任校对 张 薇　责任印制 赵义民

出版发行 高等教育出版社
社　　址 北京市西城区德外大街4号
邮政编码 100120
印　　刷 三河市春园印刷有限公司
开　　本 787 mm×1092 mm 1/16
印　　张 15
字　　数 330千字
购书热线 010-58581118
咨询电话 400-810-0598

网　　址 http://www.hep.edu.cn
　　　　 http://www.hep.com.cn
网上订购 http://www.hepmall.com.cn
　　　　 http://www.hepmall.com
　　　　 http://www.hepmall.cn
版　　次 2019年11月第1版
印　　次 2022年8月第2次印刷
定　　价 36.00元

物 料 号 52686-00

前言

战略管理事关企业整体性与综合性的发展问题，其分析是站在企业的高度审视内外部环境，并在环境基础上提供特定战略视角，因此，战略管理关注的话题或分析关键词包括环境、能力、优劣势、竞争、发展、定位等，这也决定了通常的战略管理类书籍中一般都会包括企业的内部环境与外部环境分析、总体战略和竞争战略定位与选择、国际化战略分析与实施、战略执行与实施，这在传统意义构成了战略管理的大致框架。

但是，随着信息获取的快速与便捷，竞争激烈化程度日趋高涨，企业所面对的环境日益复杂及快变，竞争优势很难长期维持，企业需要与环境紧密互动才能获得较好的发展，这些决定了企业也越来越像是一个开放的而非封闭的系统。基于上述原因，本书除了包括战略管理类书籍中的通常内容，还包括了与环境紧密相关的内容。这样的内容安排不仅体现了传统的战略管理思维、理论与知识，也将视角延伸至战略管理理论、知识与思维的新发展。

第一，鉴于当前的企业作为一个开放系统，越来越需要将自己与经济社会发展相契合，在运作企业时需要思考我们是什么、要做什么等问题。本书引入了企业的使命与愿景、伦理与社会责任（第二章）。在当前环境下，一个缺乏使命与愿景、伦理与社会责任的企业是缺乏长久成功与长期竞争的动力的。

第二，竞争是战略管理领域中永恒的主题，企业需要在竞争的环境中确立自己的优势，但企业所面对的当前竞争环境日益动态复杂，想要面对静止的环境对企业来说是不现实的，有必要以动态的方式来思考企业与竞争者以及环境的竞争互动。基于这一点，我们将动态竞争方面的内容整合进本书中（第七章）。

第三，传统的战略管理教材往往以 SWOT 分析、行业的五种力量分析、通用的竞争战略类型等来支撑战略的分析、选择与制定，但是，在新的环境下，这种传统的“红海”式竞争与发展逻辑越来越受到质疑。从这一思路出发，本书专门探讨了蓝海战略、商业模式、长尾理论以及平台等创新性战略思维（第九章），以便读者从最新的战略性思维中更好地思考企业战略与发展问题。

可以说，本书的特点是融合进来了一些战略管理新发展的内容，从而将战略管理分析的视角进行了较好的拓展。

此外，为了检测对于知识的理解程度，本书每章最后还设计了有针对性的判断题、单项选择题及思考题，并通过二维码进行关联，这些内容的安排有助于读者较好地走进每章的内容脉络之中。此外，书中每章均设置了开篇案例以及结篇案例，案例尽量选择近几年来中国本土企业的战略性发展问题，每个案例之后均设置了针对案例内容的讨论题，通过案例的阅读与问题讨论，有助于理解理论知识所对应的现象或实践操作。以上的内容设置也构成了本书的另一个特点。

本书总体框架与章节内容安排由姚小涛统一组织，姚小涛还统一负责了本书的审校工作。具体各章的编写情况如下：第一章由张祺瑞、姚小涛编写，第二章由王理想、姚小涛编写，第三章由弋亚群、王芸辉编写，第四章由姬璟、弋亚群编写，第五章由刘怡、弋亚群编写，第六章由陈玉、弋亚群编写，第七章由亓辉、姚小涛编写，第八章由王勇、姚小涛编写，第九章由姚小涛编写，第十章由弋亚群、魏畅编写。

感谢本书编辑在编写工作中给予鼓励，并提出了许多宝贵的建议。

本书适用于本科生、硕士研究生、MBA 学生“战略管理”类课程的教材。由于时间以及能力与水平所限，书中难免出现疏漏之处，希望各位读者及同行批评指正。

姚小涛

2019 年 4 月 15 日

目录

第一章 战略管理概述

本章关键词

企业战略 战略管理 战略制定 战略实施 战略评价 战略管理者

开篇案例

雅虎"帝国"20年兴衰史

雅虎曾是世界上最大的门户网站,但却因为战略上的一再错误而最终倒闭。雅虎的兴衰史,可以清晰地展现战略管理失误的巨大代价,足以令企业管理者警醒。

1994年,25岁的杨致远(Jerry Yang)和费罗(David Filo)在斯坦福大学创建了一个旨在提供上网导航服务的小网站Yahoo!,并获得强烈反响。1996年,雅虎登陆纳斯达克,上市首日就达到8亿美元市值。此后,雅虎立志成为网络门户,并逐渐建立了集搜索引擎、电子邮箱、即时通信、网页广告和网站建站平台于一体的生态系统,成为了世界上最大的互联网门户网站。就这样,雅虎带领世界走进了互联网新纪元,而雅虎的股价也在2000年年初达到历史高点。然而,随着互联网泡沫迅速破灭,雅虎在2001年出现高额亏损,被迫将未能带来正现金流的潜力项目撤出。这一做法为其在未来接连错过视频、社交网络以及移动互联网潮流埋下了伏笔。

2002年,雅虎感受到传统业务的困难,决心进军搜索引擎市场。在收购谷歌失败后,雅虎转而收购了搜索引擎公司Overture,欲与谷歌一决高下。2004年,雅虎终止了与谷歌的合作,并着力开发自己的竞价排名广告系统,但直到2006年年底才完成开发,这使其远远落后于谷歌。此后,雅虎接连错过了改变命运的机会。2006年,雅虎准备收购社交媒体公司Facebook。但傲慢的雅虎高层却在最后关头将收购报价由10亿美元降至8.5亿美元,导致收购被拒绝。2008年2月,微软开出450亿美元的收购要约,希望联手雅虎来打破谷歌在搜索和在线广告市场的垄断,但时任雅虎CEO杨致远认为该报价低估了雅虎的市值,连续两次否决了收购。此后,雅虎的业绩乏善可陈,与它相关的消息大多不再涉及技术和业务,而是集中在管理层变动、CEO换人以及与投资者的纠纷等。就这样,雅虎错失搜索和社交两大热潮,在内耗中逐渐衰落。

为拯救即将崩塌的帝国，重振昔日雄风，雅虎决心向竞争对手学习并进行彻底变革。2012年7月，谷歌前副总裁梅耶尔(Marissa Mayer)出任雅虎CEO。为了快速追赶上移动互联网时代的步伐，她制定了移动发展战略，在缩减产品线、聚焦擅长业务的情况下，大张旗鼓地进行了战略投资和收购活动。然而，在收购诸多小企业之后，雅虎却难以整合相关业务，使得其市场被谷歌和Facebook进一步占据。此后，梅耶尔的独断专行愈演愈烈，雅虎分崩离析。在市场的期盼不断被辜负之后，雅虎的自我拯救终告失败。

2016年3月，走过22个年头的雅虎被迫宣布出售核心业务。2017年6月13日，美国通信巨头Verizon 宣布以43.8亿美元完成了对雅虎核心资产的收购。而雅虎未被收购的部分则成为一家名为Altaba的投资公司。至此，在互联网世界闪耀了22年的雅虎正式退出舞台。

雅虎的失败，归根到底是其在战略上的短视和失误所致。首先，雅虎缺乏长期战略。雅虎在创立一年后便成功上市，公司股权大部分掌握在华尔街的投资者手中，这使得其更关注短期的收益。一些有利于快速提升业绩的收购获得青睐，而具有潜力但暂时无法盈利的项目则遭到削减，这导致雅虎无法获得持续的发展能力。其次，雅虎定位模糊。20多年间，雅虎始终没有能够在科技公司与媒体公司之间确定自身位置，而这同样意味着它没有明确的核心业务和商业模式。最后，雅虎内耗严重。雅虎一共经历了8任CEO，最长的任期6年，短的仅4个月，期间公司的经营战略也不断转变。在管理层频繁的变动与更迭中，公司的摩擦内耗十分严重，不同部门实际上成为了服务自身利益的独立王国，而这最终葬送了雅虎自我拯救的努力。

资料来源：

1. 骆娟 . 雅虎还是死了！[J]. 中国高新区，2017(8): 44-47.

2. 胡勇 . 雅虎帝国的消亡史 [J]. 现代企业文化(上旬)，2017(Z1): 100-105.

3. 唐盛涛 . 雅虎公司衰落的教训及启示 [J]. 互联网天地，2017(2): 41-43.

讨论题：

联系柯达、诺基亚、索尼等企业，思考为什么企业的昔日辉煌并不能保证未来的成功。请尝试从企业整体高度来理解战略管理对于企业长远发展的意义所在。

第一节 战略概述

一、战略的渊源

战略，顾名思义，是关于战争的谋略。在西方，战略的概念源于军事，其英文Strategy一般被认为来源于希腊语中的Strategos(希腊文为στρατηγός)，意为“将军”，并进一步引申为克敌制胜的科学、艺术或谋略。在中国，战略的思想及概念同样源于兵法，在古代兵书《六韬》《三略》和《孙子兵法》之中，战略的思想获得了充分的体现。而后人对《六韬》《三略》

的合称"韬略",也自然地衍生出战斗用兵之计谋的含义。

当前,经过长期的演化,"战略"一词的内涵和外延均获得了极大的扩展。战略不再局限于军事范畴,而是更广泛地运用于政治、外交、经济和社会生活的方方面面,并衍生出诸如经济战略、科技战略、外交战略、人口战略、资源战略,乃至国家战略的新概念。在这些语境之中,战略泛指重大的、带有全局性和决定全局的计谋。

小链接

国内外对战略的定义和认识

- 《简明大英百科全书》(中文版)对战略的定义是:在战争中,使用国家的全部军事、经济、政治和其他资源以达到战争目的的科学或艺术。
- 《苏联军事百科全书·第一卷·战争理论》中,(军事)战略被定义为:军事学术的组成部分和最高领域,它包括国家和武装力量准备战争、计划与进行战争和战略性战役的理论与实践。
- 德国军事学家卡尔·冯·克劳塞维茨(Carl Von Clausewitz)认为,战略是指导战争的规划和指导方针。他在《战争论》中区分了战术及战略,"按照我们的区分,战术是在战斗中使用军队的学问,战略是为了战争目的运用战斗的学问"。
- 英国军事理论家利德尔·哈特(Liddell Hart)在《战略论》中指出:战略是一种分配和应用军事工具以达到政治目的的艺术。
- 《孙子兵法》中,战略被视为对战争最高层次的决策和把握,谋攻是所有军法中最有价值的部分:"上兵伐谋,其次伐交,其次伐兵,其下攻城";"故善用兵者,屈人之兵而非战也,拔人之城而非攻也,毁人之国而非久也,必以全争于天下,故兵不顿,而利可全,此谋攻之法也"。
- 《中国大百科全书·军事卷》对"战略"一词解释为:战略是指导战争全局的方略,即战争指导者为达成战争的政治目的,依据战争规律所制定和采取的准备和实施战争的方针、政策和方法。

伴随着生产力的发展,人类社会进入了以企业竞争为基础的时代。为了适应激烈的市场竞争,企业经营者不得不从全局上思考和把握企业的经营活动,以确定企业发展的长期目标和方针、有效进行资源配置并形成企业的整体竞争优势。因此,为了生存与发展,企业管理者自然地将战略的概念和思想运用于企业经营管理的实践中来,提出了企业战略(Corporate Strategy)的概念与思想。

企业战略的概念与思想在西方存在一个漫长的发展过程。20世纪初,法国管理学家亨利·法约尔(Henri Fayol)提出了管理的五大职能,即计划、组织、指挥、协调和控制。在这些职能中,计划职能被视作企业管理的首要职能。法约尔的这一观点,被认为是战略思想的启蒙。

1938年,美国经济学家切斯特·巴纳德(Chester I. Barnard)在《经理人员的职能》(*The Functions of the Executive*)一书中,首次将战略的概念引入企业管理中,提出了战略因素的构想，指出创造组织效率、组织与环境的相互适应与匹配是管理工作的重点。此后，人们对企业战略的认识得到了进一步发展：美国数学家约翰·冯·纽曼（John Von Neumann）和奥斯卡·摩根斯坦（Oskar Morgenstern）在 1944 年出版了《博弈论与经济行为》（*Theory of Games and Economic Behavior*），借助博弈论分析了战略在商业竞争领域的应用；管理学大师彼得·德鲁克（Peter F. Drucker）在 1954 年出版的《管理的实践》（*The Practice of Management*）中指出，战略的作用就是决定组织将要干什么以及如何干的问题；菲利普·塞兹尼克（Philip Selznick）则在 1957 年出版了《经营管理中的领导力》（*Leadership in Administration*: *A Sociological Interpretation*）一书，探讨了组织内部整合和适应外部环境的必要性。虽然企业战略的思想和认识在早期获得了快速的发展，但这一阶段管理学者对企业战略这一概念的使用较为随意，并未对其进行严格的学术定义。直至 20 世纪 60 年代，学者们对企业战略的内涵与外延才做出了更加系统化的思考。

小链接

战略管理学家们对企业战略的系统性认识

1962 年，美国管理学家阿尔弗雷德·钱德勒（Alfred D. Chandler）在其《战略与结构：工业企业史的考证》（*Strategy and Structure*: *Chapters in the History of the Industrial Enterprise*）中，对战略做出了系统性的定义：战略是确定企业的长期基本目标与目的，选择企业达到这些目标所遵循的途径，并为实现这些目标与途径而对企业重要资源进行的管理。钱德勒的企业管理的战略定义有三层含义：一是确定企业的长期目标；二是选择实现目标的途径和方法；三是进行资源配置。钱德勒认为战略是组织与环境之间的纽带，战略通过对组织所处环境的分析来确定组织的发展方向，使组织与环境要求相适应。这一定义为战略研究此后的发展确定了方向。

1965 年，美国管理学家伊戈·安索夫（H. Igor Ansoff）出版了其第一部著作《公司战略》（*Corporate Strategy*: *An Analytic Approach to Business Policy for Growth and Expansion*），从战略在军事和艺术领域的运用出发，对企业发展的基本原理、理论和程序进行研究，初步形成了战略管理研究的理论框架。安索夫将企业决策分为战略决策、管理决策和业务决策三类，认为战略是企业为了适应外部环境，对目前和将来要从事的经营活动所进行的战略决策，即战略是一条贯穿于企业活动与产品/市场之间的主线，公司战略包括四个构成要素，即产品/市场范围、成长方向、竞争优势和协同作用。

同年，美国管理学家罗兰德·克里斯坦森（C. Roland Christensen）在和肯尼斯·安德鲁斯（Kenneth R. Andrews）等人合著的教科书《商业政策：原理与案例》（*Business Policy*: *Text and Cases*）中指出，战略是一种决策模式，它决定和揭示了企业的目的和目标，提出实现目的的重大方针和计划，确定企业应该从事的经营业务，明确企业的经济类型与人文组织类型，以及决定企业应对员工、顾客和社会做出的经济的和非经济的贡献。

1980 年，美国管理学家詹姆斯·奎因（James B. Quinn）则在其著作《应变战略：逻辑渐进主义》（*Strategies for Change*: *Logical Incrementalism*）中指出，战略是一种模式或计划，它将一个组织的主要目的、政策与活动按照一定的顺序结合成一个紧密的整体。一个制定完善的战略有助于企业组织根据自己的优势和劣势、环境中的预期变化,以及竞争对手可能采取的行动合理地配置自己的资源。

从以上定义可以看出,战略是一个复杂、多维度的概念,不同的管理学者基于不同的视角做出了不同的理解。这些不同定义之间存在较紧密的内在联系:虽然这些定义之间在某些方面存在一定的冲突,但是在更多的情况下这些定义之间是互补的。为了对战略的内涵从多视角进行系统的分析,许多管理学者都做出了统合的努力。而这之中最具有代表性的,是加拿大管理学家亨利·明茨伯格(Henry Mintzberg)归纳总结出的战略5P框架。

二、战略的概念及特征

1987年,明茨伯格教授在回顾了战略管理相关研究及著作之后,在其发表在期刊*California Management Review*上的文章《战略的概念Ⅰ:战略的5P》(*The Strategy Concept Ⅰ: Five Ps for Strategy*)中,提出了战略概念的5P模型,指出战略的概念有五种不同的内涵,即计划(Plan)、模式(Pattern)、定位(Position)、观念(Perspective)和计谋(Ploy)。由于这五种内涵全部以英文字母P开头,故其被称作战略的5P。他认为,人们在不同的场合以不同的方式赋予战略不同的内涵,说明人们可以根据需要来接受各种不同的战略概念,只不过在使用战略概念时,人们常常仅仅引用其中的一个而已。总的来说,从企业未来发展的视角看,战略表现为一种计划;从企业过去发展的历程看,战略则表现为一种模式;从产业层次看,战略表现为一种定位;从企业层次看,战略则表现为一种观念;从竞争层面看,战略又表现为一种计谋。以下,我们对这五种概念做出详细的介绍。

(一)战略的概念

1. 战略是计划

战略可以被视为一种计划。这一概念强调了战略的指导性特性。根据这种理解,战略是一系列连续的、有意识、有预谋的行动,一种处理某种局势的方针。将战略定义为计划,是从战略对行动具有纲领性指导作用这一角度来考虑的。作为一种计划,战略是正式的、有预计的行动程序,是经过有意识思考后的一种行动方案或指导纲领,是按照一定的顺序(可以是时间顺序、空间顺序或逻辑顺序等),将企业的主要目标、方针政策和经营活动结合而成的整体规划。因此,战略必须高屋建瓴,谋划未来。依据这个定义,战略具有两个本质属性:一是预见性,即战略是在企业发展经营活动之前制定的,计划在先、行动在后,计划指导行动;二是意志性,即战略是有意识、有目的地开发制定的,更多地反映了人们对未来行动的主观愿望。

作为计划,战略既可以通过书面记载的形式予以明确表述,也可以只是清晰地保存在人们的大脑中而未正式对外表达。需要特别强调的是,将战略视为计划的观念虽然认为战略包含了人们的主观预期,但其并未将战略视为人们的主观产物。

2. 战略是模式

战略可以被视为一种应对性的行动模式。这一概念强调了战略的行为性特性。所谓模式，就是主体行为的一般方式，而作为模式的战略，是针对某类问题的恰当解决方案，其来源于对历史经验和实践经历的归纳总结，具有“后验性”。当把战略视作计划时，隐含着环境相对稳定、能够进行预先估计与预测的假设。但在很多情况下，外界环境会发生难以预计的变化，企业制定的战略在实施过程中与会与现实环境发生冲突而无法依照既定计划执行。此时，企业就必须在既定行动模式的基础上进行微调并执行，而非重新制定战略计划。在明茨伯格看来，无论企业是否事先拥有既定的战略计划，只要企业表现出针对环境变化的反应行为，企业就表现出了战略。

3. 战略是定位

战略可以被视为一种定位。这一概念强调了战略的匹配性特性。根据这种理解，战略可以协助企业在环境或市场中找到适合自身生存和发展的位置。作为定位的战略，是企业同内部空间（企业本身）与外部空间（环境）之间的一种调适力量，是企业与环境之间的纽带。

战略被视为定位的观念来自战略管理大师迈克尔·波特（Michael E. Porter）。他分别在 1980 年和 1985 年出版的著作《竞争战略》（*Competitive Strategy*）和《竞争优势》（*Competitive Advantage*）中，明确指出“战略就是创造独特的有价值的市场位置”。这一定义从外部环境的角度来审视战略的意义，强调企业的开放性特征，指出企业经营者在制定战略时，应当跳出对企业自身的关注，充分考虑外部环境，尤其是行业竞争结构对企业行为和效益的影响，从而确立企业在其所处市场、行业、产业环境中的位置。根据这一概念，战略首先要确定企业应该进入的业务领域，然后确定在选定业务领域中进行竞争的方式。具体来说，战略定位需要充分考虑目标市场定位、产品和服务定位、经营活动方式定位和地理区域定位等。

4. 战略是观念

战略可以被视为一种观念。这一概念强调了战略的主观性特征。根据这种理解，战略决策者做出的主观判断就是战略，在实质上将战略等同于理念。作为观念的战略具有精神导向性，表达了战略管理者对客观世界的认知方式，体现了企业对环境的价值取向和组织中人们对周遭环境的看法，进而反映了战略决策者的价值观念。因而，作为观念的战略涉及企业存在的目的、企业社会形象、发展愿景等多个方面。作为观念的战略，以思维和智力为基础，与战略管理者的世界观、价值观和理想等文化因素紧密联系。首先，它存在于战略者的头脑中，是战略者的独创性和想象力的体现。其次，战略观念被组织成员共享，构成组织文化的一部分，由此指导组织成员的意图和行动。

战略作为一种观念，指出了战略获得成功的两个关键问题：首先，战略决策者的主观判断必须符合企业内外部环境的实际情况。当主观判断与现实环境相符时，战略就是正确的，而当二者不符时，战略就是错误的。其次，战略决策者所拥有的战略观念必须在企业中获得高度的共享和认同，并将其转化为共同行动，否则战略就无法获得贯彻和实施。

5. 战略是计谋

战略还可以被视为一种计谋。这一概念强调了战略的竞争性特征。根据这种理解，战略实际上被视同为竞争性的谋略。企业通过公布自己的战略规划或战略意图，向对手显示本企业的竞争意愿和决心，展示将采取的竞争性行动，这将可能对竞争对手造成威胁，从而阻止或打乱竞争对手的战略布局，获取本企业的战略优势。

企业把战略作为应对竞争对手的一种威慑性手段，强调的不是竞争性行动本身，而是阻止竞争对手正在准备中的、有可能对本企业造成打击的潜在战略性行动。因而，作为计谋的战略不一定会被付诸实践，而更多的是一种对竞争对手构成反制的公开姿态。

对这五种定义的共同理解，有助于加深对战略管理的理解。可以看到，这五种定义在某种程度上存在一定的对立和冲突，但在大多数情况下，它们之间的关系是互补的，并且共同体现了战略的复杂内涵。因此，不应仅仅从某一个维度或节点来理解战略的定义，而应当将战略理解为以上五个维度的有机结合。

依据对战略的五种定义的总结，战略可以被理解为：由企业制定的，对将来一定时期内全局性经营活动的理念、目标以及资源和力量的总体部署与规划，是企业如何实现自己的目标和使命的途径。

小专栏

战略函数的概念

为了加深对战略本质的理解，学者们提出了战略函数 $S=f(E,R,V)$ 的概念，以凸显战略和外部环境、内部资源以及企业愿景之间的关系。其中，E 代表企业的外部环境（Environment），包括政治、经济、社会和技术等外部环境条件，是企业制定战略的外部因素，它界定了企业"可做"什么的范围；R 代表企业的内部资源（Resources），包括土地、资金、厂房等有形资源，也包括人力资源等无形资源，是企业制定战略的基础条件，它界定了企业"能做"什么的范围；V 则代表了企业的愿景（Vision），体现了企业管理者的意志和意图，是企业制定战略的价值诉求，它描述了企业"想做"什么的范围。

战略函数表示的是，战略（S）是环境（E）、资源（R）和愿景（V）这三个变量的函数，由这三者所决定。根据战略函数的思想，战略的本质是"该做"什么，而它是"可做""能做"和"想做"的有机统一。弄清了"可做""能做""想做"，就能清晰地推导出企业"该做"什么，由此，企业的战略就能自然浮现出来。

资料来源：徐飞，黄丹．战略管理［M］．北京：北京大学出版社，2014：8-10．

（二）战略的特征

除对战略的定义进行整理和归纳之外，对战略特性的探究，也有助于全面、充分地认识战略的本质。虽然人们对战略的认识存在一些分歧，但对战略特征的认识是基本一致的。一般认为，战略具有全局性、长期性、系统性、稳定性等特征。

1. 战略具有全局性

全局性是指战略事关企业的总体发展，战略问题统筹全局。首先，战略是企业发展的整体蓝图。战略是关于企业的未来经营方向和目标的纲领性的规划和设计，是涉及所有部门、所有流程的所有活动，对企业经营管理的所有方向具有普遍的、全面的、权威的指导意义。

其次，战略是企业的总体部署、总体规划。战略管理是以企业的全局为对象，根据企业总体发展的需要而制定的，它应当充分反映企业的愿景、使命、长期目标。战略管理是企业的总体活动，所追求的是企业的总体效果。在实践中，战略也涉及企业的局部活动，但是这些局部活动是作为全局活动的有机组成部分在战略管理中出现的，需要提升到全局的高度进行处理。

2. 战略具有长期性

长期性是指战略制定的着眼点是企业未来相当长一段时间的总体发展。战略计划、部署、方针都带有长期性，在一定的历史时期起着指导作用。根据公司的规模不同，战略的规划时间普遍应当在3～5年。

虽然战略必须以企业外部环境和内部条件的当前情况为出发点，并且对企业当前的生产经营活动具有指导、限制作用，但其也必须兼顾企业在未来长远发展过程中所可能面对的环境变化，采取预测与应对性的态势，谋求短期效率和长期效能的协调统一。虽然环境变化速度日益加快，竞争性与日俱增，企业越来越多的精力被迫消耗在应对环境变化之中，但企业若想成功，就必须对未来的变化进行预测和估计，而这就对战略管理者们提出了越来越高的要求。

3. 战略具有系统性

系统性是指战略所涉及的因素繁多，其相互关系也错综复杂。这要求人们不能孤立地看待战略，而应将其视为涉及企业各个方面的有机体。在制定战略时，需要充分考虑不同层次的战略主体、不同方面的环境压力。由于战略涉及企业活动的各个方面，它不仅需要高层管理人员的设计和制定，更加需要企业各个层级的管理者和全体员工的参与和支持。与此同时，企业的资源，包括人力资源、实体财产和资金，也普遍分布在各个管理层级和不同的部门，而战略的制定和实施必须涉及与这些资源相关的一系列活动。因而，战略是一个复杂的系统内，要求不同组成部分、不同要素之间相互协调，相互配合，努力发挥协同效应。

4. 战略具有稳定性

稳定性是指战略核心原则与方向不会发生重大变化。战略不是临时的权宜之计，战略一经制定，在总体战略目标未能实现之前，企业未来的经营方向、经营模式、资源配置等都将在较长时期内保持稳定，以利于企业各级单位、部门贯彻执行。尽管在执行过程中，由于客观形势的变化会对其中的个别内容进行调整，但除非客观形势发生了巨大变化，或战略的制定者与执行者发生了重大变动，否则战略的宗旨、方针和基本内容将保持稳定。正因如此，战略的决策质量将对企业的整体经营产生长远影响。

三、战略的层次

战略管理区别于一般的战略计划的关键在于战略管理渗透在组织的多个层次之中。一般认为，战略管理过程涉及不同层面战略的开发。在不同层面制定相互依赖的战略内容，能够使战略管理各个主体的权责明晰，更有利于他们各司其职、各谋其政、各展其能、各尽其责，从而增强了战略执行力。建立一个多层次的战略体系，能够加强战略本身的整体性和统一性，促进企业资源的统一调动，有利于企业实现长期发展目标。

依据不同的管理层级，企业战略通常可以由高到低地分为三个层次，即公司战略

(Corporate Strategy,也称总体战略)、竞争战略(Business Strategy,也称业务战略)和职能战略(Functional Strategy)。然而,战略的层次在不同企业之中并不完全一致,企业的类型和性质也会影响战略的层次结构。例如,一个企业跨行业经营,涉及多项经营业务,拥有多个事业部或者战略经营单位,则其战略至少可以分为三个层次,即公司战略、竞争战略和职能战略。与此同时,对于只拥有单个战略业务单位的中小企业,其公司战略和竞争战略是合二为一的,其战略只有公司战略(竞争战略)和职能战略两个层次。如图1-1和图1-2所示。

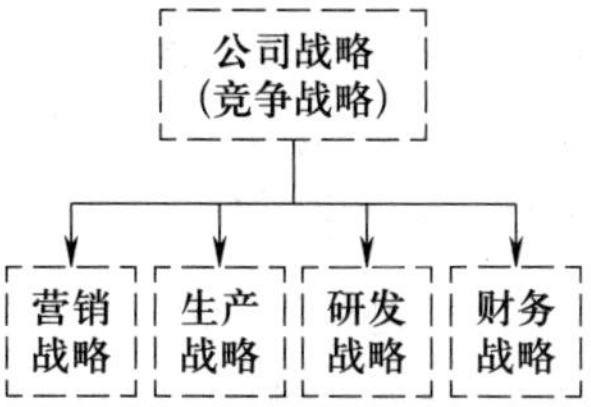

图1-1 单一业务企业的战略结构

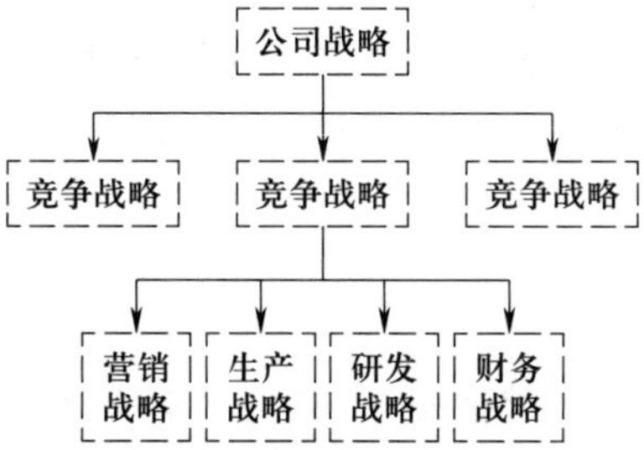

图1-2 跨行业经营企业的战略结构

小链接

不同层次战略之间的关系

公司战略、竞争战略和职能战略共同构成了企业完整的战略体系,它们之间相互作用、紧密联系。三个层次战略的制定与实施实际上是各级管理者之间充分协商、密切配合的结果。企业中上一层次的战略构成了低一层次战略的环境;低一层次的战略为上一层次战略目标的实现提供保障和支持。企业要想获得成功,必须将三者有机地结合起来,实现相互协调。

虽然战略的层次在不同公司之中并不相同,但三层次企业战略层次结构最具有代表性。以下,我们对三个不同层次的企业战略进行简要介绍。

(一) 公司战略

公司战略是企业最高层的战略。公司战略是指导和控制整个企业的一切行为的最高行动纲领,其制定者主要是企业的高层管理者。公司战略包括了战略管理决策的一系列最基本的因素,包括企业宗旨与使命、企业资源与配置、企业组织结构与组织形式、企业从事的行业或业务、企业发展速度与规模、企业的投资决策以及其他有关企业命运的重大决策。

制定公司战略的主要任务是确定企业的业务组合,即决定企业活动所涉及的业务及其范围,合理安排各类业务活动在企业业务总量中的比重和作用,明确各类业务之间的相互关系,以及这些业务在战略期内的发展方向。

(二) 竞争战略

竞争战略又称业务战略,它是在公司战略的指导下,业务部门(一般为事业部、子公司或者战略经营单位)就如何在某个特定的细分市场获取竞争优势、成功开展竞争所制定的战略计划。竞争战略是公司战略的具体化,它既体现公司战略,又服务于公司战略。在制定竞争战略时,公司的各个业务部门需要将公司战略所包括的企业目标、发展方向和措施等进行进一步细化,根据本业务单位的实际情况,进行准确的市场定位,确定发展方向、经营模式、竞争方式和资源的使用重点。一般来说,一个企业在一定时期内只能有一个公司战略,而与此同时,它有多少个战略经营单位,就应该有多少个独立的业务层战略。

常见的竞争战略分类框架来自波特(Michael E. Porter),他在产业竞争结构的基础上,提出了三种基本的竞争战略:成本领先战略、差异化战略、集聚战略。除此以外,这几项竞争战略还可以进行组合,例如适度地将低成本战略与差异化战略结合,就可以得到低成本差异化战略。

(三) 职能战略

职能战略是属于企业运营层面的战略,它是为了秉承企业公司战略的使命和要旨,在竞争战略指导下,针对某一特定职能部门的职能活动制定的短期战略执行计划。职能战略是对公司战略和竞争战略的进一步细化,具有具体和可操作性强的特点,通常由职能部门管理者依据公司战略与竞争战略的内容而制定。

职能战略使得公司战略及竞争战略通过职能活动得以落实,促进了不同职能部门之间的协调和协同。公司职能部门往往是企业核心竞争力的来源,而职能战略的侧重点就在于发挥各个职能部门的优势,提高组织的工作效率和资源的利用效率,以开发和提升核心能力,支持公司战略和业务战略目标的实现。职能战略涵盖广泛,一般包括采购战略、产品战略、生产战略、营销战略、财务战略、人力资源战略、研发战略、专利战略、公关战略、品牌战略等。

第二节　战略管理的概念及过程

一、战略管理的概念

战略管理(Strategic Management),顾名思义是对战略的管理。从上一节内容可以看出,战略本身就是存在多维度的复杂概念,而战略管理则是企业为实现战略目标,通过制定战略决策、实施战略方案、控制战略绩效而进行的动态管理过程,因而也具备着丰富的内涵。作为一种崭新的管理思想和管理方式,战略管理超越了生产管理和经营管理,能够指引企业将所有资源和行动服务于其战略目标，具有强烈的导向性。

虽然战略的概念在 20 世纪 50 年代已经出现，但直到 20 世纪 60 年代战略管理理论正式出现后，战略管理才成为了独立的研究领域。此后，大量的战略管理理论及流派不断涌现，共同构成了战略管理的理论丛林。直到今日，新颖战略管理理论仍然在不断产生。

战略管理理论形成于 20 世纪 60 年代。1962 年，美国管理学家钱德勒出版了《战略与结构：工业企业史的考证》一书，首次从大型企业成长史中，研究了战略与组织结构的相互关系，正式拉开了战略理论研究序幕。而战略管理作为一个正式的学术概念，则是由安索夫在其 1972 年发表在期刊 *Journal of Business Policy* 上的论文《战略管理概念》(*The Concept of Strategic Management*)中首先提出的。安索夫指出，战略管理措施应当全面地应用于企业经营的每一个程序，而不仅仅是在战略规划时才考虑它的适用问题。

此后，安索夫在其 1976 年与他人合著的《从战略规划到战略管理》(*From Strategic Planning to Strategic Management*)一书中更深入地分析了战略管理，并对其进行了系统性的定义。安索夫指出，战略管理就是企业高层管理者为保证企业的持续生存和发展，通过对企业外部环境与内部条件的分析，对企业全部经营活动所进行的根本性和长远性的规划和指导。安索夫认为，战略管理与以往经营管理的不同之处在于战略管理是面向未来，动态地、连续地完成从决策到实现的过程，是将企业短期决策同长期计划决策相结合而形成的一系列经营管理任务。自此，安索夫不再将战略管理仅仅视为战略方案的制定，而更倾向于把战略管理视为一个不断修正目标与方案的动态过程。1982 年，美国加州大学洛杉矶分校的乔治·斯坦纳教授(George A. Steiner)在其与合作者主编的《企业政策与战略：原理、阅读与案例》(*Management Policy and Strategy*: *Text, Readings, and Cases*)一书中提出，战略管理是确定企业使命，根据企业外部环境和内部经营要素确定企业目标，并使企业目标最终得以实现的一个动态过程。

当前，人们对战略管理的理解逐渐一致，即认为战略管理是企业为了长期的生存和发展，依据确定的企业使命，在充分分析企业外部环境和内部条件的基础上，确定和选择达到目标的有效方案，将方案付诸实施并对实施过程进行控制的动态管理过程。

二、战略管理的过程

战略管理是个系统、完整的过程。美国学者劳埃德·拜亚斯(Lloyd L. Byars)在其 1984 年出版的《战略管理的概念：规划与实施》(*Concepts of Strategic Management: Planning and Implementation*)一书中指出，战略管理是指对一个组织未来方向做出决策以及实施这些决策的活动。拜亚斯认为，战略管理大体可分为战略规划与战略实施两个阶段。战略规划是指规定组织使命、制定组织方针、选定组织战略等活动，而战略实施则指建立组织结构、开展组织活动、监控组织行为等活动。

在这一认识的基础上，弗雷德·戴维(Fred R. David)进一步研究了战略管理过程。在 1989 年出版的《战略管理：概念及案例》(*Strategic Management*: *Concepts and Cases*)中，他将战略管理定义为通过战略制定、实施和评价而使组织达到其目标的跨功能决策艺术和科学。在该书中，他指出，战略制定(Strategy Formulation)、战略实施(Strategy

Implementation)和战略评价(Strategy Evaluation)是战略管理过程中先后继起的三个阶段,但这一过程并非是单向的、一次性的,而是相互联系、循环往复、螺旋推进的。在现实的企业管理中,这几个阶段常常是同时发生甚至以混乱顺序进行的。因而,企业的管理者们必须创造性地设计、应用战略管理系统,并使得其拥有足够的弹性以适应企业所面临的外部环境。

小链接

战略管理不同阶段的核心问题与关键任务

在战略制定阶段,核心问题是如何结合企业内外部实际情况制定适宜的战略。战略的制定者和企业高层管理人员必须明确企业的发展意愿,确立企业的愿景和使命,制定企业的长期目标。通过对企业内部资源和外部环境的综合分析,了解企业自身的优势和劣势,识别外部环境的机会和威胁,从而从全局的角度提出适合企业发展的战略意图,在此基础上经过不断的甄别和比选,从一系列备选战略中确定企业的发展战略。

在战略实施阶段,核心问题是如何细化战略、妥善分配各类资源以保证战略的实施。此时,战略管理者需要根据战略规划拟订实施战略的具体细则,这主要是通过制定具体的竞争战略和职能战略来实现的。其中,职能战略包括市场战略、营销战略、研究开发战略、加工生产战略、采购战略、供应战略、人力资源战略及财务战略等。然后,根据战略要求调整组织结构,制定资源配置政策,为各部门配备合适的人员,使战略落到实处。

而在战略评价阶段,核心问题是如何发现与纠正战略目标与战略执行结果之间的偏差。企业管理者需要对战略的实施情况进行监督和控制,并对实施后的经营情况进行评价,以确保战略目标的实现。在评价过程中,根据内部资源条件和外部环境的变化,战略制定者要对战略进行动态调整和修正。

以下,我们分别对这三个阶段进行详细的论述。

(一) 战略制定

由于战略决定着企业的长期竞争优势,无论优劣,战略决策都会带来多种重要后果,并对企业产生持久的影响。作为战略管理的首要环节,战略制定的主要任务是:根据企业内外部的实际情况,做好企业的顶层设计,确立企业的发展战略。相对于战略实施和战略评价,战略制定具有先导作用。战略制定需要全局性思维和整体性考虑,要求战略的制定者高瞻远瞩,审时度势,既积极主动,又不急躁冒进;既着眼未来,又立足当前。在战略制定过程中,战略管理者尤其要关注企业长期利益的获得和持续竞争优势的提升。

战略制定过程是一个复杂的系统工程。一个完整的战略决策过程,应当包括以下四个子阶段:

1. 确立企业的使命、愿景和战略目标

企业的使命、愿景和战略目标,是企业存在的目的和发展方向,反映了企业的核心价值观、信念和行为准则。它们贯穿于企业成长与发展的始终,是各种经营活动的主线。

企业使命是对企业是什么类型、为什么存在的界定和定位,它界定了企业应当做什么、不应做什么。企业使命反映了企业的目的、特殊性质，是企业存在的意义和价值。

企业愿景则是对企业前景和发展方向的高度概括的描述。企业愿景一般包含着企业核心理念(如核心价值观、核心使命)和未来展望。企业愿景普遍具备前瞻性的计划或开创性的目标，从而能够指引企业的未来发展。

企业的战略目标是在一定时期企业生产经营活动预期要达到的成果，是企业生产经营活动目的性的反映与体现。它是企业使命和愿景在有限时间段内的具体化和明确化。战略目标使用清晰的、可以衡量的标准为企业的活动提供了明确指引，能够帮助企业衡量现状与目标之间的距离。

确定企业的使命、愿景和战略目标是战略制定和评估的依据，是战略方案制定和选择的前提，是企业分配资源的基础。

2. 战略分析

确立了企业的愿景、使命和战略目标后，企业需要对其现状及内外部环境有一个清晰的认识，这就是战略分析。

战略分析的主要目的是了解企业所处的环境和相对竞争地位，评价影响企业目前和今后发展的关键因素，并确定在战略选择步骤中的具体影响因素。具体来说，战略分析就是要理解企业的环境正在发生什么变化，它们对企业的行为有何影响，企业在应付环境变化时的资源、条件是什么，又有哪些优势及弱点，企业的管理者、员工、股东、利益相关者的愿望和核心理念是什么，以及这些理念对企业未来产生什么样的影响等。

作为开放系统，企业一方面从社会取得资源，另一方面为社会提供产品或服务，其能否生存和发展下去完全取决于其提供的产品或服务能否为社会所接受，因而社会、政治、经济、文化、技术、生态等因素无不对企业的生存和发展产生巨大影响。然而，环境因素纷繁复杂，企业对所有的因素全部进行分析是不现实的，但企业有能力对于其中的关键因素进行感知、识别和分析。战略分析就是抓住影响企业生存发展的各种主要竞争力的来源，把握战略要素发挥作用的方式。

战略分析的关键问题集中在三个方面——外部环境分析、内部条件分析、竞争分析。

(1) 外部环境分析。外部环境是企业无法改变而又必须适应的因素，战略的确定必须建立在坚实的外部环境分析的基础上。进行外部环境分析的目的就是了解企业所处的战略环境，掌握各环境因素的变化规律和发展趋势，研究环境的变化将给企业的发展带来哪些机会和威胁，从而为制定战略打下良好的基础。企业外部环境分析包括宏观环境分析、微观环境分析。

一般认为，宏观环境是指那些在广阔社会环境中影响整个产业的各种因素，如政治法律环境、经济环境、社会文化与自然环境以及技术环境；企业的微观环境主要包括产业环境和市场环境两个方面，产业五种竞争力等分析方法是微观环境分析的重要内容。

通过外部环境分析可以帮助企业解答一系列问题，如环境正在发生哪些变化、这些变化会怎样影响企业目前的地位等。尽管外部环境中的变量众多、对企业的影响较为复杂，且许多因素无法被企业掌控，但通过外部环境分析可以帮助企业识别潜在的机会或威胁。

(2) 内部条件分析。企业之所以能在复杂多变的环境中生存和发展，是因为企业自身掌握着资源与能力等内部因素,通过有效利用企业现有的资源和能力,企业得以发挥核心竞争力。与外部环境分析相比,对内部条件的分析过程更有利于企业对自身的了解,在自身能力的水平上把握市场机会。企业的内部条件分析能够帮助企业确定自己的优势和劣势,以便在制定战略时扬长避短。在分析企业内部条件时,首先要针对企业的现有资源进行分析。企业拥有的资源既包括人力、物力、财力等实物资源,也包括商标、品牌、形象、美誉度等无形资源。由于资源复杂多样,企业需要通过分析寻找到构成企业能力的关键资源因素,并对其进行保护和开发。其次,企业要分析当前所拥有的核心能力,以便明确自身特长。企业需要剥离冗余及次要的业务,集中资源保护及发展具有关键价值的核心能力。

(3) 竞争分析。竞争分析是指对企业所处产业的竞争结构,包括企业的竞争地位和主要竞争对手进行的分析。在竞争分析中,需要了解企业在同行业中所处的地位,理清其在市场竞争中相对于竞争对手的优势和弱点,确定管理决策层主要人员的价值标准和管理能力。在这一过程中,尤其需要对竞争性质、竞争市场环境、竞争对手的相关信息进行高效分析,并以相应的情报工作系统作支撑。

3. 制定战略方案

在进行战略分析后,必须依据既定的战略目标,将战略分析的结果整理成为具体、可操作、可检查的计划,以回答"怎样做"的问题。制定战略方案就是要将战略目标具体化,设计出实现战略目标的详细行动计划,包括战略方针和战略举措。在这一过程中,需要将战略分析阶段获得的关键外部环境因素和关键内部条件因素进行排列、分析、组合与整合,并在此基础上将内外部因素进行匹配,从而产生详细的战略方案。在战略方案之中,应当努力回答以下问题:如何应对同行的竞争,如何配置企业的资源,不同职能部门应如何行动以彼此配合并共同完成经营目标等。由于未来企业面对的环境和条件常常会发生难以预料的变化,企业需要制定多个并行的战略方案。

4. 选择战略方案

经过上述步骤以后,一个企业往往会制定出多个战略方案。然而,任何一个企业拥有的资源都不是无限的,企业管理者必须在可供选择的战略方案中做出取舍,选择最适宜企业现实情况的方案进行实施。这就需要对每种方案进行鉴别和评价。然而,一个战略方案的优缺点通常不是黑白分明、一清二楚的,利弊可能同时存在并相互交织。因而,评价战略方案的优劣往往是一项十分艰难的任务,而有效的战略方案评价也是实现高效战略管理的一个关键点。

在评价战略方案时,其评价准则主要有三方面的要求,即合理性、可行性与可接受性。首先,战略方案需要满足合理性,这体现在战略是否与产业环境相适应。合理的战略方案应当能够充分利用企业面临的机会,发挥企业的优势,有效抵消恶劣环境因素的威胁,克服企业的弱点。其次,战略方案需要满足可行性,这体现在企业是否具备必要的资源与条件来实现战略。在判断可行性时,企业首先需要判断企业现有资源和条件可否支持战略的实施。如若资源与条件不足,企业需要分析补充资源并改变条件,以提升实施战略的可能性。最后,战略方案需要满足可接受性,这体现在战略能否获得企业利益相关者的认可。能否带来财务上的盈利,是战略能否被各方接受的一个基本条件。然而,战略可接受性还涉及许多法律、规范、文化、道德因素的影响。当企业的战略被人们视为不可接受时,即便该战略能够为企业带来可观的利润,该战略的实施仍然会严重影响企业的声誉与合法性。在这种情况下,战略是不可接受的。

需要指出的是,战略方案的选择并非是纯粹客观的理性行为。虽然战略方案的选定普遍需要遵从某种正式程序,借助集体决策的方式予以确认(如采用多数投票表决的办法由决策集体共同确定战略),但战略方案的实际选定时常离不开管理者的直觉判断,其往往会受到战略决策者的期望偏好以及价值观的强烈影响。

(二) 战略实施

战略方案一经制定完成,管理者的工作重心就要转到战略实施上来。然而,战略实施是战略管理过程中难度最大的阶段。战略的失败,有一大部分是由于战略无法有效实施而造成的。

战略实施是战略制定者组织和动员企业员工将已制定好的战略方案转化为实际行动并取得成果的过程。战略实施活动包括分解战略目标并确立年度目标、培育支持战略实施的企业文化、调整企业的经营方向、建立适应战略需要的组织机构并实施有效领导、配备合适的人力资源、有效调配企业资源、科学制定企业预算、建立有效的信息沟通渠道及信息管理系统等活动。

战略实施过程需要解决两个核心问题:首先,战略实施过程需要将战略目标分解到每个组织单元甚至个人,要使他们真正了解和认同自己在战略中的位置。这要求企业中的每个组织单元都回答这样的问题:在战略中我们的责任是什么?为实施战略中属于我们责任的部分,我们必须做什么?而我们又如何高效地完成这份工作?等等。其次,战略过程需要促进各个部门及员工积极地为实现目标付诸行动。它的成功与否取决于管理者对员工的激励能力和对资源的配置能力,受到员工纪律性、责任心和奉献精神的影响。正因如此,战略实施最能体现管理者的管理艺术,也是对管理者最大的考验。

战略实施过程中,有三个方面的任务需要给予格外关注,即建立与战略相适应的组织结构、合理配置企业资源、建立与战略匹配的激励机制及企业文化。

1. 建立与战略相适应的组织结构

由于不同的战略所需要的组织结构不尽相同,在战略方案确定之后,为实现既定的战略目标,一般需要重新设计和调整组织结构,以使组织结构与战略相适应和相匹配。

可供选择的企业组织形式有职能制、地区制、事业部制、战略经营单位(Strategic Business Unit)结构和矩阵式结构等。其中,职能制结构依照不同的企业职能对部门进行划分,这种组织结构便于集中控制,但灵活性不足。地区制结构则依照不同地区设立具有高度自主性的运营单元,这种组织结构可以根据地区特点因地制宜,但由于位置分散而使得管理协调的难度加大。事业部制结构依照企业所涉及的业务类型而将其划分不同的业务单元,适合发展到一定规模的多元化经营企业,也是现在大多数跨国企业常用的组织结构。战略经营单位结构则是企业根据重要战略因素(竞争者、战略使命、技术、增长机会等)划分业务单位的组织结构,它是以企业所服务的独立产品、行业或市场为基础,由企业若干事业部或事业部的某些部分组成的。每一个战略经营单位面临着不同的外部市场,可以独立实施不同的竞争战略。矩阵式结构将职能部门结构和项目组织结构结合起来,形成二维的复合型结构,实现双重管理和领导,它同时具备职能组织的稳定性和项目组织的灵活性。除上述这些组织结构外,一些新兴的组织形态,如网络组织、虚拟组织等也不断涌现。企业应根据自身特征和战略的要求,设计、安排合适的组织结构,以推进战略的高效实施。

在设计出适宜的组织结构之后,为了保障该组织结构能够发挥理想的效果,需要选任适宜的人员来填充组织中的关键职位。平庸的管理人员只会简单粗暴地迫使其团队成员被动地执行指令,在遇到困难之后往往会回避与推卸责任;优秀的管理人员会带领他的团队积极主动地实现相应的团队目标,并能创造性地克服与实质性地解决战略实施过程中出现的矛盾和困难。这就要求组织的人力资源部门能够高效地招聘及选拔优秀的管理人员。

2. 合理配置企业资源

为了保证战略实施的科学性,各经营单位还必须根据总体的战略规划,制定更具体、更明确的战略计划,即根据各部门具体的战略任务,安排相应的业务活动,制定工作进度表,从而为企业的战略实施提供依据和可靠保障。对有限资源能否进行有效配置,对战略实施的过程将发挥促进或抑制作用。因而,如何在企业内部各部门和各层次间分配及使用现有的资源,成为了实现战略实施的关键问题。

在战略实施过程中,企业资源的预算和规划是必不可少的两项工作。科学的预算和规划,有利于保证战略资源的合理配置。在预算方面,资金和人力的短缺,会使各组织单位无法完成其战略任务;反之,过多的资金和人力又会造成资源的浪费,降低战略实施的效果。因而,在分配资源时,应当建立有效的目标管理机制和激励机制。一个清晰的任务目标,配以合适的激励机制,可以使执行战略的行动变得更加切实有效。除此以外,在进行资源预算时,还必须考虑到战略或有的变动性,使预算留有一定的余地,具备适度的弹性。

3. 建立与战略匹配的激励机制及企业文化

战略实施的最终执行者是不同职能部门的员工,因而对于员工的激励就格外重要。企业必须建立成文的制度来鼓励员工积极从事有益于战略实施的行为,并为其提供物质奖励。但企业除了需要在物质方面激励员工之外,还需要建立一种与战略匹配的健康企业文化,将战略内化于员工的思想深处。一方面,企业文化应具备积极健康的共性特点,促进企业中形成良好的工作氛围;另一方面,企业文化应当依据员工所在的地区、部门、事业部和战略业务单元不同而有所侧重和差异,以和具体的战略相适宜。良好的企业文化离不开企业各级管理层成员的积极引领和建设,而高层管理人员发挥的示范和标杆作用尤其重要。

(三) 战略评价

如果从静态的战略管理流程来看,战略评价是战略管理的最后一个环节。然而,从动态的战略管理循环往复的过程来看,战略评价是战略管理循环往复的连接阶段,贯穿了战略管理的整个流程。基本的战略评价的活动是检查作为当前战略基础的外部环境和内部条件,衡量战略实施的业绩,并采取纠正措施。管理者需要通过战略评价来评估战略效果,以便采取变革措施。

战略评价的必要性由战略实施效果与预定战略目标之间偏差的普遍存在所决定。导致这一偏差产生的原因主要在于三个方面：一是制定战略的内外环境发生了新的变化。如果在外部环境中出现了新的机会或威胁，企业内部资源出现了突发的短缺或冗余，则原定战略将与新的环境条件不再吻合。二是战略本身存在一定的缺陷，导致其在实施过程中无法贯彻。此时，企业需要对原有的战略进行调整、修正、补充和完善。三是在战略实施的过程中，受企业内部某些主客观因素变化的影响，战略实施偏离了战略计划的预期轨道，致使战略实施的效果与战略计划目标不再一致。因而，企业活动与预定战略目标之间存在偏差的情况是普遍的、正常的。如果不对以上偏离情况采取措施加以纠正、进行动态调整，企业的战略目标必定无法正常实现。

在战略实施过程中，企业管理者需要不断检验其战略假设的正确性，不断地监控环境的变化，不断地确认企业的操作是否按照既定的战略方向发展，并不断检视不同战略出现偏差的位置及其原因。具体而言，战略评价主要从三个方面进行：① 重新审视外部与内部因素，这是决定现时战略是否要进行调整的基础；② 度量业绩，发现战略实施进展与预先设计的业绩目标之间的差异；③ 采取纠正措施，通过不断分析企业环境和企业自身因素，及时获取战略反馈信息，对战略实施过程中存在的问题采取有力的纠正措施，以保证战略的有效贯彻和动态运行。

在完成战略评价之后，企业应当依据其评价的结果对现有战略的制定和实施进行调整，包括调整企业的战略展望、企业的长期发展方向、企业的目标体系、企业战略的实施方案等。

知识点

将战略管理视为过程为何如此重要

将战略管理看作一个动态过程有着重要的意义：

首先，有助于理解战略管理各子过程之间的作用关系。由于战略管理的系统性，战略管理中不同过程之间存在相互关联与依赖的关系，而任何子过程的改变都将会对其他组成部分产生影响。将战略管理看作一个动态过程，能够有效推动管理者对战略管理子过程以及子过程之间的相互关系及其作用效果的观察和识别，提升对战略管理的内在机制的理解。

其次，有助于发掘战略管理流程中的关键环节。战略的制定和实施存在一定的过程，这个过程开始于公司使命的确立或重新评估，并与此后的内外部环境评估密切相关。将战略管理看作一个动态过程，有助于管理者识别和回溯影响战略结果的关键环节，以便于对其进行有效调整和提升。

最后，有助于实现动态化的战略管理。战略管理过程的各个组成部分是不断演变的，但静态的战略规划却人为地将不同部分区分与冻结起来。将战略管理视为一个动态过程，能够提醒管理者对动态战略过程进行持续的监测，以便及时发现战略管理的组成部分是否发生显著变化，防止战略的陈旧和不合时宜。

资料来源：吕巍，周颖，冯德雄．战略管理[M].武汉：武汉理工大学出版社，2010:21-22.

通过以上三个阶段的战略管理过程,我们可以看出,战略管理不是线性的静态管理,而是往复性的全过程动态管理。它需要根据外部环境的变化、企业内部条件的改变,以及战略执行结果的反馈等信息,逐步调整、滚动推进、螺旋提升、不断完善。战略管理过程的正式化程度,通常与企业总战略规划的成本、复杂性、准确性和成功的可能性呈正相关关系。在规范的大型企业及较稳定的行业中,战略管理的过程可能非常清晰和明确,而在小企业或环境快速变化的行业之中,战略管理的各个环节很可能难以分辨,而体现出相互缠绕和反复迭代的复杂现象。战略制定—战略实施—战略评价三阶段模型的主要意义在于给战略制定者提供简明的分析逻辑和思考框架。然而,战略管理过程通常伴随着企业各个层级之间的相互迁就和相互妥协,因而,战略管理过程并不会像该模型所显示的那样严格与完整,战略管理者不可能也不必程式化地按部就班,而应当依据实际需求在战略管理过程中进行实时调整。

第三节 战略管理者

战略管理者(Strategic Manager)是战略管理的主体,他们是环境的分析者、战略方案的制定者、战略实施的领导者、战略过程的监督者和评价者。

战略管理者的本质特征是使用战略思维进行决策。由于战略管理本质上是一种动态的决策和计划过程,因此,战略管理者必须以战略意图为行动指南、以战略使命为目标基础,充分发挥主观能动性,前瞻性地进行分析、思考和决策。对战略管理者而言,为了推动企业的生存和发展,实现企业的长远目标,他们需要积极行使其职权,全面调动企业的内外资源,对企业的价值活动进行动态调整。

一般来说,战略管理者包括高层管理者、中层管理者和专职计划人员等。在这里我们分别对其进行介绍。

一、高层管理者

企业高层管理者一般包括企业高层经营班子成员和事业部或战略经营单位的负责人,如公司总经理、副总经理、总经济师、总会计师、财务总监等。其具体构成取决于这些成员是否参与公司总体战略的制定和决策。企业高层管理者是整个战略管理的关键人物,在既定的愿景和使命指导下,他们负责细化战略目标、制定和管理战略规划过程,是战略制定过程的主要参与者,也是战略实施及战略评估的主要领导者。

在战略管理过程中,高层管理者将负责以下任务:

(1) 对企业使命和愿景做出具体诠释,形成较清晰的战略目标。为了正确地诠释企业使命,建立战略目标,高层管理者必须从长远的角度看待战略问题,形成对企业的长期发展思路。在实际工作中,依据企业使命和愿景而制定较清晰的战略目标并非易事。低水平目标虽易实现但无助于战略目标的尽早实现,过高的目标虽然耀眼但很容易失败并挫伤员工的积极性。优秀的高层管理者在制定战略目标时,应当注重维持目标在现实性与挑战性之间的平衡。

(2) 主导公司战略的制定。高层管理者需要积极主导并参与对企业内部资源和外部环境的分析工作，形成总体性结论，确立企业所处地位和所具备的竞争优势；在战略分析的基础上制定多个战略方案；从各项备选战略方案中，挑选出适合企业的最佳方案。为了有效制定公司战略，高层管理者必须充分利用企业规划部门、事业部和职能部门的信息、意见和建议，在战略决策时高瞻远瞩，以开阔和长远的视野进行决策。

(3) 领导战略实施过程与战略评估过程。在战略的实施与评估过程中，高层管理者也发挥着关键的领导和组织作用。在战略实施过程中，高层管理者发挥着重要作用。首先，在观念方面，高层管理者需要通过积极的交流沟通，在企业内部树立正确的企业文化和价值观，使之成为共识。其次，在行为方面，高层管理者同样需要发挥带动和榜样作用，以身作则，引领和推动全体员工的努力。此外，高层管理者还对战略评价起到了重要影响。除推进战略实施之外，高层管理者还需主动监测企业内外部环境的变化，对企业现存战略与环境的适宜性进行准确评估，以及时调整战略计划。高层管理者的明智评估将推动战略在未来的有效实施。

对于高层管理者来说，由于身居高位，他们很可能对企业的实际运行情况和市场情况不甚了解，导致在制定战略时出现错误判断。与此同时，在公司中深耕多年的高层管理者也很可能深深嵌入公司内外部利益关系网络之中，从而不得不兼顾多方利益，导致其决策保守封闭。因而在企业的竞争环境发生变化的情况下，高层管理者的因循守旧将阻碍战略变革的发生。由于在现实中，高层管理者很难更新自身的观念，许多面临严重危机的企业不得不全面替换高层管理者，以推动企业的战略变革。

二、中层管理者

中层管理者是位于企业的中间层次，负责业务单位和重要部门的职能部门主管。在战略管理过程中，中层管理者是战略实施过程的主要参与者。典型的中层管理者主要负责落实高层管理者制定的总体战略，他们一般管理着 2～3 层的基层管理人员，且只关心较短时间内和较低层次上的战略管理问题。

现在，越来越多的高层管理者意识到中层管理者在战略管理过程中的重要性。一方面，只有中层管理者才能够接触到由基层管理者所直接反馈的公司运营实际情况，真正了解企业问题和市场机会，掌握战略与现实的吻合情况；另一方面，只有中层管理者才能够将企业战略真正落实到企业的经营实践活动之中，是战略实施的中坚力量。鉴于中层管理者发挥着承上启下的作用，许多大企业开始将原来由高层管理者所掌握的权力逐渐下放给中层管理者，这一行为既符合“组织结构扁平化”的潮流，又顺应了企业内分权的发展趋势。

然而，中层管理者在参与战略管理时也存在一些不足。首先，中层管理者的战略思维水平有限，很少能从全局高度思考战略问题并进行决策；其次，中层管理者承担着许多职能性的任务，繁杂事务过多，能够用于战略思考的时间非常有限，进一步限制了他们参与战略管理的表现；最后，中层管理者时常面临着公司整体利益及其所在部门利益之间的冲突，这也会影响中层管理者在贯彻公司战略时对原有的战略进行选择性解读和落实，从而导致战略在实施过程中发生扭曲。因而，提升中层管理者的能力和战略管理素养，为中层管理者提供实施战略管理的空间，妥善协调中层管理者所在部门利益与公司整体利益之间的矛盾和冲突，是突破企业当前战略管理实施水平瓶颈的关键点。

三、专职计划人员

企业的战略制定是一项复杂的系统工程。在大中型企业，尤其是多元化经营的跨国企业里，高层管理者常常无法应付繁重的战略制定工作。在这种情况下，这些企业一般会配置专职的计划人员，并设立由其组成的专门规划部门（如战略研究部、企划部、规划部等）来承担相应的战略规划工作。他们的主要职责是：监测企业内外部环境变化，关注行业及技术发展动态，负责收集相关信息并进行分析，充分利用自身的专业知识，就企业发展战略的重大问题（如购并、高价值资产出让、新业务领域的开拓）进行专题研究，负责起草战略方案，并提出和评价各种可行的战略选择，从而帮助高层管理者以更加条理化和逻辑化的方式设计企业的战略管理系统。

除此以外，许多企业还会建立由企业外部的高级专家和咨询人员组成的咨询团队，在一定程度上参与战略管理。这些咨询团队的成员包括行业权威人士、大学或研究机构专业人员、政府官员、社会名流、咨询公司专家等。咨询团队在公司之中并没有正式的职权，主要通过高层管理者的委托执行独立的咨询活动。

虽然专职计划人员和咨询团队在制定企业战略方面具有娴熟的技术、掌握着成熟的规范，但企业的高层管理者必须始终坚持自身在制定战略规划时的主导作用。一方面，专职计划人员往往通过书本和资料等方式间接了解企业与行业的情况，但缺乏参与企业运营与商业实践的直接经验和深度知识。因而，他们对企业的理解和认识很有可能是教条、片面及抽象的。然而，企业战略并不存在放之四海而皆准的模板，任何有效的战略必须和企业的实际情况紧密结合。因而，一旦高层管理者完全放权给专职计划人员制定企业战略，将很有可能导致一些结构完整、内容详实但却缺乏针对性的战略规划的出现，而这些空泛和理想化的战略规划将脱离企业实践。另一方面，咨询团队的成员虽然具有很高的知识水平和丰富的行业实践经验，但是他们常常会在多年的咨询及管理实践过程中形成陈旧的思维定势和封闭的知识结构，而这种思维定势和知识结构很可能在迅速变革的环境之中落伍，而其所提出的建议和意见也有可能不再适应企业的未来发展方向。所以，企业的高层管理者应当对企业的发展战略具有清晰的方向性判断，而专职计划人员和咨询团队的工作绝不应当是重构这一方向性判断，而只应是协助高层管理者将其方向性的战略判断细化为实际的、可行的战略规划。

知识点

对不同层级战略管理者的能力要求

1955 年，美国管理学家罗伯特·卡茨（Robert L. Katz）在 Harvard Business Review 上发表了论文《高效管理者的技能》（Skills of an Effective Administrator），将企业管理工作对管理者的能力要求划分成三个方面：

(1) 技术能力,即运用一定的技术来完成某项组织任务的能力。如表现在对方法的掌握、工程和技术运用方面的能力。

(2) 人际能力,即与他人共事、共同完成工作任务的能力。如表现在领导、激励、排解纠纷和培植协作精神等方面的能力。

(3) 思维能力,即以系统思想进行思维和决策的能力。如洞察企业与外界环境之间关系,以及理解企业的不同部门应如何协调的能力。

对于处于企业不同管理层次的人员,对上述三种能力的要求是不同的。低层管理者所需要的主要是技术能力和人际能力;中层管理者的有效性主要依赖于人际能力和思维能力;高层管理者最需要的能力是思维能力。

在战略制定和战略实施过程中,高层管理者、业务部门经理和职能部门经理有时可能需要同时执行同一项战略管理任务,但其所扮演的角色是有区别的。一般而言,在公司内级别越高,执行任务时越需要长远的眼光,所做的事情和目标也越抽象。相反,级别越低,其任务越现实和具体。

资料来源:刘平. 战略管理[M]. 北京:清华大学出版社,2010: 11.

复习思考题

1. 何为战略？其主要特征有哪些？
2. 战略的层次结构是什么？
3. 简述战略管理过程。
4. 谁是战略管理者? 他们的主要职能是什么？
5. 企业为什么要进行战略管理？

在线测评

请扫描二维码,在线检验学习效果。

案例讨论

比亚迪:新能源汽车巨头的成长史

与雅虎一样,我国新能源汽车的领军企业比亚迪也成立于 1995 年。然而,与雅虎盛极而衰的命运截然不同,经过 20 多年的发展,比亚迪通过持续的自我变革和自我超越,由一个电池组装企业逐渐成长为拥有 IT、汽车及新能源三大事业群的综合型高新技术巨头,并仍保持着蓬勃的发展势头。

1993 年，硕士毕业于北京有色金属研究院并留院工作的高级工程师王传福，被任命为该院新成立的比格电池有限公司总经理。同年，世界最大的电池生产国日本宣布出于环保原因放弃镍镉电池的生产制造。而伴随着手机市场的快速发展，充电电池的市场需求激增、利润可观。凭借对商机的敏锐嗅觉，29 岁的王传福决心放弃国企老总的身份下海经商。1995 年 2 月，王传福借助其从亲友处筹措到的 250 万元，与 20 名志同道合者在深圳莲塘的破旧车间里创立了比亚迪科技公司。

初创时期，比亚迪坚定贯彻成本领先战略。为利用劳动力价格低廉的比较优势，王传福创造了由大量工人与必要设备共同构成的半自动化半人工化的电池生产作业流程。这使得比亚迪的固定投入和折旧成本更低，生产柔性更高。为此，比亚迪的充电电池比主流厂商的价格低 40%。在东南亚经济危机导致手机生产厂商大幅压缩成本的背景下，物美价廉的比亚迪电池迅速占领了市场。1997 年，比亚迪的镍镉电池占据了全球 40% 的市场份额，成为了世界第一。基于镍镉电池的成功，王传福马上投入重金研发镍氢电池和锂电池，并充分掌握了核心技术，公司随后成为了摩托罗拉和诺基亚等手机巨头的电池供应商。

2002 年，受模仿者追赶压力和电池市场有限的发展空间的影响，刚刚在香港成功上市的比亚迪决心寻找新的发展方向。为了创造广阔的未来发展空间，王传福在管理层和投资者的一致反对声中，毅然决定向汽车制造领域进军。2003 年 1 月，比亚迪完成了对西安秦川汽车公司的收购，获得了完整的汽车制造设备、技术和资质，成为了吉利汽车之后国内第二家民营轿车生产企业。同年 7 月，比亚迪收购并整合了北京吉驰汽车模具公司，掌握了全套整车模具的生产和研发能力。一年后，比亚迪在上海成立了汽车检测中心，具备了整车碰撞实验的检测能力。由此，比亚迪构建了完善的汽车设计、研发、制造、检测体系，为打造自主品牌奠定了基础。

借鉴在电池生产方面积累的“模仿性创新”经验，作为汽车领域初学者的比亚迪采用“逆向研发”方针，通过对主流车型的拆解分析和借鉴，逐渐掌握了整车研发的技术。与此同时，比亚迪一如既往地发挥了“人海战术”的优势，使用大量工人代替了机器，大幅降低了制造成本。2005 年，对标丰田花冠的比亚迪 F3 轿车以极高的性价比和时尚的外形，一经推出就成为了国内中级车市场的领先者，并成为最快突破 10 万辆的自主中级车型。与此同时，比亚迪连续推出了多款对标国外主流车型的新型轿车，获得了良好的市场反响。

2006 年，比亚迪借助其在电池领域的多年耕耘，推出了以完全自主产权的磷酸铁锂电池技术为核心的纯电动车 F3E，并在随后几年相继推出可插电混合动力轿车 F3DM 和 F6E。这一阶段，比亚迪继续加大力度投入关键技术的研发，开发了具有自主知识产权的变速箱和发动机。2008 年，为进一步整合其汽车产业链，比亚迪收购了半导体企业宁波中纬公司，提升了电动车驱动电机的研发能力。2009 年，比亚迪收购了湖南三湘客车公司，获得了大中型客车的生产资格。结合其所拥有的磷酸铁锂电池技术，比亚迪投入 20 亿元新建能源大巴生产基地，并在 2010 年推出了纯电动大巴 K9。依靠 250 千米的续航里程和高度安全性，K9 大巴随后迅速进入美国、加拿大、韩国等多个国家和地区。

然而，自 2010 年开始，比亚迪的高速发展遇到了瓶颈。受成本领先战略的影响，比亚迪汽车的品质问题、品牌宣传问题和经销商渠道问题逐渐暴露，市场份额一度被合资品牌和其他本土品牌占据。2010 年，比亚迪汽车销量为 51.7 万辆，仅稍稍高于 2009 年的 44.8 万辆的纪录，连续五年增长超过 100% 的速度不再。而在 2011 年，比亚迪的汽车销量更是只有 43.7 万辆，历史上第一次出现下滑。

为应对发展的低潮，比亚迪决心转而实行差异化战略，全面提升汽车的设计研发能力及制造品质。为此，比亚迪加速完成了达到欧美标准的新一代汽车碰撞安全实验室、噪音震动（NVH）实验室以及电磁兼容（EMC）实验室等研发试验平台的建设，为新车型安全性和品质的提升奠定了基础。2012 年，比亚迪与德国戴姆勒奔驰集团建立了合资公司，共同研发电动汽车，并修建了全新的生产线及主流的信息管理系统，吸纳了德国先进的汽车设计及制造经验。2013 年后，比亚迪接连推出新一代高品质车型如思锐、秦、唐和 S7。自此，比亚迪全面摆脱了发展低谷，重新回到良性发展的态势中。2017 年，比亚迪邀请了奥迪前设计总监的加盟，大幅度提升了其新一代车型的品质及时尚感。

2018 年，比亚迪逆势增长，营收突破 1 300 亿元，同比上升约 23%；乘用车总销量超过 50 万辆，其中新能源汽车销量接近 25 万辆，同比增长超过 90%，连续四年蝉联全球新能源汽车销量冠军。目前，比亚迪已全面布局新能源领域，确立了以太阳能电站、储能电站、电动车及轨道交通为未来重点发展项目的战略方向。

王传福曾表示，企业如同生命体一样，经受不住一项业务衰落和另一项业务兴起之间的一个间隔，所以在核心业务衰落之前必须毫不迟疑地创造新业务。比亚迪 20 多年来的发展历程见证了其开拓创新、持续学习、勇于变革的企业品质，也展示了前瞻性的发展战略及明智的战略调整对企业持续增长和良性发展的引领及推动作用。

资料来源：

1. 由电池到混动汽车，聊比亚迪幕后变迁．汽车之家．
2. 比亚迪发展历程（上篇）：7 年上市，迅速扩张．电动汽车资源网．
3. 比亚迪发展历程（中篇）：三年整改，两次腾飞．电动汽车资源网．
4. 比亚迪发展历程（下篇）：四大梦想，多元发展．电动汽车资源网．

讨论题：

在资金、技术和品牌劣势下，比亚迪是如何不断通过调整其发展战略而获得持续增长的？

参考文献

[1] 彼得·德鲁克．管理的实践 [M]．齐若兰，译．北京：机械工业出版社，2009.

[2] 冯·诺伊曼，摩根斯坦．博弈论与经济行为 (60 周年纪念版)[M]．王建华，顾玮琳，译．北京：北京大学出版社，2018.

[3] 弗雷德·戴维．战略管理：概念及案例（全球版）[M]．李克宁，译．13 版．北京：中国人民大学出版社，2012.

[4] 和金生. 战略管理 [M]. 天津：天津大学出版社，2012.

[5] 亨利·明茨伯格，布鲁斯·阿尔斯特兰德，约瑟夫·兰佩尔. 战略历程：纵览战略管理学派 [M]. 刘瑞红，徐佳宾，郭武文，译. 北京：机械工业出版社，2002.

[6] 康丽，张燕. 战略管理 [M]. 南京：东南大学出版社，2012.

[7] 李福海. 战略管理学 [M]. 成都：四川大学出版社，2004.

[8] 刘平. 战略管理 [M]. 北京：清华大学出版社，2010.

[9] 吕巍，周颖，冯德雄. 战略管理 [M]. 武汉：武汉理工大学出版社，2010.

[10] 迈克尔·波特. 竞争优势 [M]. 陈丽芳，译. 北京：中信出版社，2014.

[11] 切斯特·I. 巴纳德. 经理人员的职能 [M]. 王永贵，译. 北京：机械工业出版社，2013.

[12] 宋云，陈超. 企业战略管理 [M]. 5 版. 北京：首都经济贸易大学出版社，2013.

[13] 吴永林. 战略管理 [M]. 北京：经济管理出版社，2014.

[14] 吴照云，舒辉，胡大立，等. 战略管理 [M]. 北京：中国社会科学出版社，2013.

[15] 徐二明. 企业战略管理 [M]. 北京：中国经济出版社，2002.

[16] 徐飞，黄丹. 战略管理 [M]. 北京：北京大学出版社，2014.

[17] 张旭，易学东，刘海潮. 战略管理 [M]. 北京：清华大学出版社，2010.

[18] Ansoff, H. Igor. Corporate Strategy: An Analytic Approach to Business Policy for Growth and Expansion [M]. New York, NY: McGraw-Hill Companies, 1965.

[19] Ansoff, H. Igor. Strategic Planning to Strategic Management [M]. Hoboken, NJ: John Wiley & Sons, 1976.

[20] Ansoff, H. Igor. The Concept of Strategic Management [J]. Journal of Business Policy, 1972, 2(4): 2–7.

[21] Byars, Lloyd L. Concepts of Strategic Management: Planning and Implementation [M]. New York, NY: Harper & Row, 1984.

[22] Chandler, Alfred D. Strategy and Structure: Chapters in the History of the American Industrial Enterprise [M]. Washington, DC: Beard Books, 1962.

[23] Christensen, C. Roland, Kenneth R. Andrews, Joseph L. Bower, Richard G. Hamermesh, Michael E. Porter. Business Policy: Text and Cases [M]. 5th ed. Homewood, IL: Richard D. Irwin, 1982.

[24] Mintzberg, Henry. The Strategy Concept I: Five Ps for Strategy [J]. California Management Review, 1987, 30(1): 11–24.

[25] Quinn, James B. Strategies for Change: Logical Incrementalism [M]. Burr Ridge, IL: Irwin Professional Publishing, 1980.

[26] Selznick, Philip. Leadership in Administration: A Sociological Interpretation [M]. Oakland, CA: University of California Press, 1957.

[27] Steiner, George A, Miner, John B, Edmund R. Gray. Management Policy and Strategy: Text, Readings, and Cases [M]. London, UK: Macmillan Publishing Company, 1986.

第二章 企业的使命、愿景、伦理与社会责任

本章关键词

使命 愿景 商业伦理 企业社会责任

开篇案例

阿里巴巴的使命

1999年,马云与其他17位员工,在杭州的一个公寓里成立了阿里巴巴公司。当时,马云认为互联网将由“网民”和“网友”时代进入“网商”时代,而中国99%的企业都是中小企业,这就决定了中国要发展电子商务就只能为中小企业服务。8年后,阿里巴巴网站已经有了7 000名员工,成为世界上最大的电子商务网站之一。如今,阿里巴巴已经发展成为一个囊括淘宝、天猫、聚划算、速卖通、1688、阿里云、蚂蚁金服、菜鸟网络等众多业务的庞大生态系统,并誓言要成为“世界第五大经济体”。

阿里巴巴自成立之初就确定了公司的使命——“让天下没有难做的生意”,这与同时代的互联网同行相比是超前的。马云讲到阿里巴巴的使命时这样说:“100年前,通用电气成立的时候,它们的使命是让天下亮起来;迪士尼的使命是让天下快乐起来……而阿里巴巴的使命,就是让天下没有难做的生意。因为有了互联网这个工具,我们可以用自己的聪明和智慧达到这一点。”

虽然越来越多的公司逐渐认识到使命等理念对企业长期发展的重要性,但阿里巴巴始终强调对自身理念的坚持与实践,努力成为“使命驱动的公司”。马云认为,“公司如果只以赚钱为目的是做不大的,而如果以使命为驱动才有可能做大”。他觉得,在一个企业里,作为领导者最重要的就是要有使命感,这样才有可能挡住所有的压力和所有的指责,决定并坚定地去实现目标。明确目标以后,必须让每一个员工,甚至门口的保安、扫地的阿姨都明白使命感才行。

阿里巴巴集团人力资源部资深总监梁音指出,阿里巴巴的使命会由每一位员工落实和传承。在招聘员工的时候,阿里巴巴不仅考虑个人专业度和与岗位需求的匹配度,还会观察应聘者的天性、价值观和追求是否契合阿里的理念。在对新员工的培训和指导的过程中,公司会特别让他们了解阿里的使命、愿景和价值观,及其形成的过程和意

义。在新员工正式上岗后，老员工不仅会在业务上提供指导，还会注重与新人分享阿里和阿里人的故事，加强他们对公司使命的认可，并树立奋勇向前的决心。此外，公司还会设立纪念日，重温阿里过去的经典时刻，提醒员工不忘每一个阿里人曾经在公司艰难时刻的坚守，以及所有阿里人共同追求的梦想——“让天下没有难做的生意”。

“今天的阿里巴巴已经不是按照一个普通商业公司在发展，作为全球最大的互联网公司，我们必须为推动世界经济健康可持续发展做出努力和贡献。”马云在公司18周年年庆时明确提出阿里巴巴要打造一个互联网的经济体，这个经济体将会让全世界的发展和欠发展国家、中小企业、年轻人和妇女能参与到普惠共享的经济全球化。为此，阿里巴巴陆续开展了很多与众不同的业务和方向，并致力于打造一套完整的商业基础设施。而这一切正是围绕着“让天下没有难做的生意”这一伟大理想展开的。

资料来源：根据阿里巴巴公司的网站及相关网络资料整理。

讨论题：

阿里巴巴公司使命具有什么样的特点？其使命对企业的发展和壮大是否产生了积极的作用？阿里巴巴为什么要让企业的使命被每一个员工熟知？

第一节　企业使命

企业的经营要素被认为有两种：一种是有形的要素，如企业的人、财、物力要素；另一种是无形的要素，如企业的经营思想、使命、宗旨、战略目标和企业文化等。有形要素形成企业经营结构中的“硬结构”，它容易被模仿；无形要素形成企业经营结构中的“软结构”，无形的要素不容易被模仿，并且比有形要素更为重要，因为有形要素需要在无形要素的作用下发生作用。也就是说，“硬结构”是在“软结构”的作用下运转的。这就是为什么在大致相同的“硬结构”条件下，有的企业能取得成功，而有的企业却失败的重要原因之一。企业战略管理的最终目的是实现企业的使命和目标，企业战略的其他内容也是根据企业使命和企业战略目标展开的。

但凡是发展较好的公司，无不保持着稳定不变的价值观和核心目标，并以此作为核心不变的动力和法则来不断地适应着变化的外部世界，塑造了令人敬仰的企业文化和事业。管理大师德鲁克指出，建立一个明确的企业使命应成为战略家的首要责任。那么，什么是企业使命？确立企业使命的意义何在？这是本节将要讨论的问题。

一、企业使命的内涵

企业使命是指企业在社会进步和社会经济发展中所应担当的角色和责任。是指企业的根本性质和存在的理由，说明企业的经营领域、经营思想，为企业目标的确立与战略的制定提供依据。

什么是使命（Mission）？按《现代汉语词典》的解释，使命就是责任。这种责任是历史的、沉淀在血脉之中的。使命是人（不管是自然人还是法人）的存在对人类和社会所产生的价值贡献。企业使命，是指企业之所以存在的理由与所追求的价值，它解释了企业形成和存在的根本目的、发展的基本任务，以及完成任务的基本行为规范和原则。企业使命还揭示了企业区别于其他组织而存在的原因或目的，即企业应满足何种需要，它从根本上回答了"我们的业务是什么"这一问题。企业使命代表了企业存在的根本价值，没有使命，企业可能丧失存在的意义。

企业使命的确定要解决哪些问题呢？作为战略管理的起点，企业使命是一种企业定位的抉择，它需要回答的问题是：谁是我们的顾客？他们需要什么？我们能为他们做什么？我们的业务应是什么？

企业使命的含义体现在三个方面：① 企业形成和存在的根本目的。② 企业生存和发展的基本任务。③ 企业达成目的、完成任务的基本行为规范和原则。例如联想公司的使命陈述是"为客户，提供信息技术工具和服务，使人们的生活工作更加简便高效、更加丰富多彩；为社会，服务社会文明进步；为股东，回报股东长远利益；为员工，创造发展空间，提升员工价值，提高工作生活质量"。

二、企业使命的特征

有效的企业使命应该具有以下特征：导向性、激励性、稳定性。

（一）导向性

企业使命对企业的生存发展具有导向作用。在确定企业使命时，应确切定义企业，明确说明企业的目标，体现企业的差异化特点，它可以作为评价现实及将来企业各种活动的基准。其重点是树立发展方向，提供激励，树立形象，建立基调和宗旨，指导企业排除某些风险，促进企业成长。

（二）激励性

企业使命，既要表达股东的意志和诉求，又要反映企业员工的长远憧憬。有效的企业使命能够高屋建瓴，体现企业上下乃至利益相关者的共同利益。有效的企业使命能够唤起员工对企业的忠诚和热情，并乐于为之奉献，认为值得为其付出；有利于提高企业的声誉，强化企业对客户的吸引力；有利于促进企业获得更多资源所有者的支持。

（三）稳定性

在确立企业使命之前，要群策群力、集思广益，作为企业长远追求的使命一经确定，不应轻易改动，要维护它的严肃性和权威性，使之具有相对的稳定性，不能因为企业内外部环境的变化而随时变化。除非企业内外部环境发生重大变革，企业使命不得不做相应的调整和修正。

综观经营实践中正反两方面的经验，那些基业长青、持续发展的企业，能够始终坚持企业使命，哪怕是在企业最困难的时候，也毫不动摇；反之，那些昙花一现的企业，在使命问题上缺乏定力，奉行机会主义哲学，随波逐流，不能坚守使命，甚或背离初衷，其结果是风光一时，却不能持续经营。

三、企业使命的作用

要想真正确定企业使命是很耗时的事，它涉及很宽很广的，甚至是很模糊的目标和战略，任何一个企业的使命都不是可度量的，它是具体的对态度、前景和方向的描述。负责描述企业使命的高层管理者和董事会试图为公司提供一个统一的目标，为战略目标的确立和决策的制定打下基础。

（一）企业使命为企业的发展指明方向

企业使命的确定，首先，从总体上为企业指引了经营方向和发展道路，使企业知道自己在干什么。其次，为企业构筑了一个目标和方向。一方面，为企业成员理解企业的各种活动提供依据，确保企业内部对企业目标达成共识；另一方面，为外部公众树立了良好的企业形象，以使企业获得发展的信心和必要的支持与帮助。

（二）企业使命是企业战略制定的前提

企业使命是企业战略制定的前提，也是战略方案制定和选择的依据。首先，企业使命是确定企业战略目标的前提。只有明确地对企业使命进行定位，才能正确地树立起企业的各项战略目标。其次，企业使命是战略方案制定和选择的依据。企业在制定战略过程中要根据企业使命来确定自己的基本方针、战略活动的相关领域及行动顺序等。

（三）企业使命是企业战略的行动基础

企业使命是企业战略的行动基础，是有效分配和使用企业资源的基础，为企业战略的实施提供激励。首先，企业使命是有效分配和使用企业资源的基础。有了明确的使命，企业才能正确合理地把有限的资源分配在能保证实现企业使命的经营活动上。其次，企业使命通过企业存在的目的、经营哲学和企业形象三方面的定位而为企业明确经营方向、树立企业形象、营造企业文化，从而为企业战略的实施提供激励。

四、企业使命的确立

为了使企业内涵能够清楚明确地传达给组织内外的相关方，企业要进行使命陈述（Mission Statement）。使命陈述是对企业“存在理由”的宣言，它回答了“我们的业务是什么”这一关键问题。使命陈述又称任务陈述、纲领陈述、宗旨陈述或企业业务定义的陈述等。它揭示了企业要想成为什么样的组织和要服务于哪些用户。使命陈述都以高度抽象、笼统的形式进行表达。它不是为了表达具体的结局，而是为了指导企业，提供激励，树立方向、形象、基调和宗旨。

（一）企业使命陈述的内容

企业使命不仅要陈述企业未来的任务，而且要阐明为什么要完成这个任务以及完成任务的行为规范是什么。也就是说，尽管企业使命陈述千差万别，但它要回答两个基本问题：

我们这个企业是干什么的和按什么原则干的？我们这个企业应该树立什么样的社会形象以区别于同类企业？具体来说，企业使命陈述应包括以下内容。

1. 企业形成和存在的根本目的

这一内容是企业存在的目的和理由。正是这种目的和理由，才把本企业与其他企业区别开来。这一内容提出了企业的价值观念，即企业基本社会责任和期望在某方面对社会的贡献。企业使命陈述作为企业经营的总体指导思想，通常只能在比较广泛的层次上阐明企业的态度与观点，客观上不能太详细，但也不能太笼统，否则就难以对实际操作起到真正的指导作用。例如，联想公司的使命就全面而概括地回答了企业对相关方（比如客户、社会、股东、员工）的社会责任。

2. 为实现根本目的应从事的经营活动范围

这一内容规定着企业的生产范围和市场范围。对企业经营范围的表述，必须注意宽窄合适的问题。范围太宽与太窄都会给企业运行带来不利影响。范围太宽的表述往往可以容纳任何类型的战略方案，这在客观上起不到指导战略方案筛选的作用。例如，将企业的使命表达为"满足整个国家的食品需要"，这种描述几乎涵盖了包括农场、粮店、餐馆等在内的所有经营领域，从而使得企业的特点丧失，对企业未来的经营范围失去了指导意义。而范围太窄则又可能使管理人员的眼光受到不适当的限制，从而可能使人们对出现在企业目前市场相近领域中的重要战略机会与威胁视而不见。联想公司的经营活动范围的表述——"为客户，提供信息技术工具和服务，使人们的生活工作更加简便高效、更加丰富多彩"，比目前联想公司的经营活动范围更宽，而又有一定的联系，还是比较合适的。

3. 企业在经营活动中的基本行为规范和原则

这一内容阐明了企业的经营思想。经营思想的陈述，一般反映在企业的经营方针中。例如，格力公司的"思消费者之所思，想消费者之所想"，全面、准确地阐明了企业的经营思想。

（二）使命陈述的构成要素

企业陈述因企业而异，不同企业的使命陈述在长度、内容和形式等方面不同，即使在同一企业的不同发展阶段，也会因内部资源状况和外部环境的变化而改变。在使命陈述的有效性争论中，弗雷德·戴维的九要素观点较有影响力。如表 2-1 所示。

表 2-1　使命陈述的九种要素范例

1. 顾客	提供名优产品，真正改变客户的日常生活。（宝洁公司）
2. 产品和服务	用我们的激情酿造出消费者喜好的啤酒，为生活创造快乐。（青岛啤酒）
3. 市场	以市场为导向，一切服从于市场，一切服务于市场，得消费者心者得市场。（长虹电子集团）
4. 技术	通过互联网服务提升人类的生活品质。（腾讯）
5. 企业生存发展及获利	我们的使命是制造像自来水一样丰富的价廉物美的产品，我们以此摆脱贫困，给人们的生活带来幸福，使世界变得更加美好。（松下公司）

续表

6. 企业经营哲学	华为的追求是在电子信息领域实现顾客的梦想,并依靠点点滴滴、锲而不舍的艰苦追求,使我们成为世界级领先企业。为了使华为成为世界一流的设备供应商,我们将永不进入信息服务业。通过无依赖的市场压力传递,使内部机制永远处于激活状态。(华为公司)
7. 自我认知	我们的企业、市场和质量等一切企业实力要素以及每一个环节都要精益求精,勇创第一,永争第一。(格兰仕公司)
8. 社会责任感	敬业报国,追求卓越。(海尔)
9. 对员工的态度	创造发展空间,提升员工价值,提高工作生活质量。(联想集团)

1. 顾客

顾客是企业的消费者或服务对象,使命陈述要以顾客为中心,顾客决定了企业的经营方向,回答为谁服务的问题。例如,美国强生公司"关注世界上所有的医生、护士及父母们;其次,关注自己的员工,并尊重他们的尊严和价值;另外,也关注我们的社会,时刻提醒自己为社会做出贡献,维护我们所共有的财产;最后,关注股东的利益,给股东们合理的回报"。

2. 产品和服务

产品和服务是使命定位中不可或缺的因素,回答企业从事的业务是什么。例如,蒙牛公司的使命提到为消费者奉献安全、优质、健康的乳制品,说明了企业从事乳制品研发、生产、销售的重要业务。

3. 市场

市场主要回答企业参与哪些产业市场和地区市场的竞争。例如,森马服饰的使命是专注服饰、聚焦客户、共创国际领先的多品牌服饰集团,指出了企业立足于服装产业,并要参与全球的市场竞争。

4. 技术

企业技术水平的定位能够反映企业所提供产品或服务的质量,有助于明确企业的技术竞争力。例如,通用电气公司使命是"以科技及创新改善生活品质";索尼公司使命是"体验发展技术造福大众的快乐";惠普公司使命是"为人类的幸福和发展做出技术贡献"。

5. 企业生存发展及获利

企业用什么方式实现业务增长并且提高盈利水平,反映出企业如何发展及获利。例如,五粮液集团提出:确保行业综合效益第一,竞争力第一。

6. 企业经营哲学

企业经营哲学是对企业经营活动本质性认识的高度概括,包括企业的基础价值观、企业内共同认可的行为准则及企业共同的信仰等在内的管理哲学。例如,中国移动的企业使命是"创无限通信世界,做信息社会栋梁",企业价值观是"正德厚生,臻于至善"。

7. 自我认知

自我认知反映企业对于自身主要力量和竞争优势的认识。例如,中国联通致力于成为国际领先的宽带通信和信息服务提供商。

8. 社会责任感

社会责任感关注企业的公众形象，重视企业对社会承担的责任，是企业使命的一项重要内容。例如，沃尔玛公司提出的“给普通百姓提供机会，使他们能与富人一样买到同样的东西”，松下公司倡导的七条精神“产业报国、光明正大、团结一致、奋发向上、礼貌谦让、适应形势、感恩戴德”，都强烈地表达出企业的社会责任感。

9. 对员工的态度

对员工的态度是企业使命的重要内容。这项内容中包括员工招聘、选拔、考评、薪酬、福利和发展等人力资源政策。成功的公司都十分重视员工，如“本公司坚持造物先造人，努力提高员工的素质，以良好的工作条件、有吸引力的福利待遇、个人成长的机会、高度的就业保障来招聘、培养、激励回报和留住有能力、高品格、有奉献精神的人员”。

（三）制定使命陈述的过程

一个好的使命陈述的制定应该使尽可能多的管理人员参与进来，因为这种参与可以使人们对企业更加有责任感。

常用的制定使命陈述的方法是首先选择几篇有关使命陈述的文章，将其交给所有管理者作为背景材料阅读，之后要求每个人独自为企业准备一份使命陈述。一个专门机构或由高级管理者组成的委员会，将这些陈述组合成为一篇使命陈述草案，将其分发给所有管理者，要求大家提出增删和修改意见，并开会正式修改文件。当所有管理者都为使命陈述文件贡献了自己的智慧并支持这一文件时，企业在各种战略制定、实施和评价活动中便可以更好地得到管理者的支持。由此，制定使命陈述的过程便为战略制定者提供了一个得到全体企业管理者支持的机会。

制定使命陈述可以选择多种方式。在制定使命陈述的过程中，一些企业采用管理者小组讨论的方式对使命陈述进行研究和修改。一些企业还聘请外部咨询专家或专业人员对这一过程进行管理并帮助进行文字起草工作。有时，具有专业知识且不带偏见的外部人员，比企业内部管理者小组或委员会更能有效地管理使命陈述的制定过程。当文件最后完成时，需要决定如何最好地将使命陈述传达给所有管理者、员工和用户。

小链接

企业使命陈述应注意的几个问题

1. 企业使命陈述应该是较宽泛而有度的

在企业使命陈述宽窄度的把握上，宽泛的企业使命陈述为企业战略管理者提供了创造性的选择余地，过于狭窄的使命陈述会限制这种创造性，从而使企业在多变的环境中错过许多机会。而过分宽泛的使命陈述在语言上太模糊而显得空洞无物，从而使得企业的特点丧失或对企业当前与未来的经营范围表述不清，无法统一对企业未来的认识。因此，企业使命陈述应该是较宽泛而适度的。这样做，既有利于企业的进一步发展，又不至于使企业失去具体业务方向。

2. 企业使命陈述应该是全面而综合的

企业发展离不开利益相关方的支持，一个企业要得到用户、员工、股东、政府与社会等相关利益者的支持，就要在企业使命的表述上，有效地与企业内外部环境中的相关利益者沟通。企业使命的表述，要通过对企业长期发展目标的说明，为各级管理人员超越局部利益与短期观念提供努力方向，促进企业员工形成共享的价值观，以最终为企业外部环境中的个人与组织所认同和接纳，为企业带来良好的社会形象。

3. 企业使命陈述要做到语言精练、明晰

企业使命陈述要做到语言精练、明晰，易于接受和记忆。比如国际商业机器公司IBM的使命便是“IBM就是服务”。

4. 企业使命应该是动态变化的

企业使命是动态变化的，它存在于特定的时间和环境下，在经历了技术进步、市场结构和消费者需求的变化后，使命是否还可行或者还有意义，企业需要审视环境变化带来的影响，适时地调整使命，保持使命的动态性，才有可能在市场变化中保持主动性。

资料来源：舒辉．企业战略管理[M]．北京：人民邮电出版社，2010.

（四）撰写和评价使命陈述

撰写和评价使命陈述能力的提高是一个循序渐进的过程，常用的一个方式是通过研究实际的公司使命陈述来进行。在表2-2中，我们整理了国内外一些知名公司的使命陈述。我们可以根据弗雷德·戴维的九要素观点对这些使命陈述进行评价。但是，需要指出的是，对任何一个特定的企业来说，都不存在一个最佳的任务陈述。因此，在评价任务陈述时要有很好的判断能力。因为最好的任务陈述要以某种方式包括所有九个方面的内容。

表2-2　中外知名公司的使命陈述举例

国外知名公司	索尼公司使命——改变生活状况，引入新的娱乐方式，提供新时代的技术和数字概念，与国内产业携手合作，通过承诺优质服务拉近与客户间的关系。 微软公司使命——致力于提供使工作、学习、生活更加方便丰富的个人计算机软件。 迪士尼公司使命——使人们过得快活。 耐克公司使命——体验竞争、获胜和击败对手的感觉。 麦肯锡公司使命——帮助杰出的公司和政府更为成功。 波音公司使命——我们要成为世界排名第一的航空公司，同时在品质、获利及成长方面成为业内的佼佼者。 苹果计算机公司使命——借推广公平的资料使用惯例，建立用户对互联网之信任和信心。
国内知名公司	万科公司使命——建筑无限生活。 华为公司使命——聚焦客户关注的挑战和压力，提供有竞争力的通信解决方案和服务，持续为客户创造最大价值。 万达公司使命——共创财富，公益社会。 五粮液公司使命——弘扬历史传承的精髓，用我们的智慧、勇气和勤劳来造福社会。 广西柳工公司使命——致力于为客户提供卓越的工程机械产品和服务。

续表

国内知名公司	联想电脑公司使命——为客户利益而努力创新。 李宁公司使命——我们以体育激发人们突破的渴望和力量！致力于专业体育用品的创造。让运动改变生活，追求更高境界的突破。

第二节　企业愿景

吉姆·柯林斯（Jim Collins）在1994年出版的《基业长青》一书中提到，从《财富》杂志500强工业企业和服务类公司两种排行榜中选出18家高瞻远瞩的公司进行研究发现：那些能够长期维持竞争优势的企业，都有一个基本的经营理念，这是公司发展史上的最重要的成分。柯林斯把这种核心信念定义为"愿景"（Vision）——拥有愿景的公司被称为"高瞻远瞩的公司"。彼得·圣吉在《第五项修炼》中称之为共同愿景，它具有强烈的感召力，把大家紧紧结合起来。

一、企业愿景的内涵

根据《牛津字典》的解释，愿景是"人们所梦想的、超越现实的未来影像"。对企业而言，愿景是企业对未来的期待、展望、追求与梦想。它包含两层意思：第一，愿景是发自内心的、渴望实现的愿望；第二，愿景要建立具体生动、可以看见的景象。而共同愿景则是指由组织中个人愿景互动成长而形成的、组织成员普遍接受和认同的共有的愿景。共同愿景展示了企业的目标，提供给企业前进的动力，并汇聚全体成员的力量。

企业愿景（Corporate Vision）是企业为之奋斗并希望达到的图景，是一种意愿的表达。企业愿景概括了企业的未来目标、使命和核心价值，是企业哲学中最核心的内容，是企业希望最终实现的图景。它是企业未来的灯塔，指明了企业前进的方向，是企业战略选择的基础之一。

企业愿景需要回答以下三个问题：① 我们要到哪里去？② 我们未来是什么样的？③ 我们的目标是什么？

企业愿景明确界定公司在未来是什么样子，对其"愿望"的描述主要是从企业对社会的影响力、贡献力，在市场或行业中的排位，以及与企业利益相关群体之间的经济关系来陈述的。在表2-3中，我们整理了国内外一些知名公司的企业愿景。

表2-3　愿景陈述的例子

愿景陈述的角度	举例
公司发展目标	高盛集团的愿景：在每一方面都成为世界上最优秀的投资银行 上海大众汽车公司的愿景：保持在中国轿车市场的领先地位，参与并赢得国际竞争 麦当劳公司的愿景：控制全球食品服务业 汇源集团的愿景：争做果蔬饮料行业领跑者
公司的价值	华为公司的愿景：丰富人们的沟通和生活 惠普公司的愿景：为人类的幸福和发展做出技术贡献

续表

愿景陈述的角度	举例
利益相关者的角度	东软集团的愿景：成为最受社会、客户、股东、员工尊敬的公司 索尼公司的愿景：为包括我们的股东、顾客、员工，乃至商业伙伴在内的所有人提供创造和实现他们美好梦想的机会
对社会的责任	宝洁公司的愿景：长期环境可持续性 3M 的愿景：通过积极致力于环境保护、履行社会责任和实现经济发展，来实现可持续发展

二、企业使命与愿景的异同

企业使命与愿景既有差别也有联系。从抽象性来看，使命较为抽象，愿景较为具体。从所涉及的时间看，使命较为长期，往往是代表企业最终的远大理想；愿景比较短期，往往指一段时间内企业所希望变成的状态。或者说企业使命代表一种终身努力的方向和在根本价值上的执著与坚持，而企业愿景应该是企业阶段性的期许。相对于使命而言，愿景比较明确具体，但同一般目标相比，愿景又相对比较长期、广泛和具有整体考虑。对很多企业而言，使命、愿景与目标是同时并存的。

具体而言，二者不同之处在于：

(1) 企业使命与企业愿景相比，使命更倾向于表明企业现在的状况，指出当前的目的、任务、承担的社会责任等。企业愿景则以企业的未来为导向，愿景展示了公司未来的前进蓝图、公司欲占领的业务位置、公司计划发展的能力，也即我们的前进方向、我们想要进入的业务、我们想要创造的组织类型。因而愿景表示的是"我们想成为什么"，企业未来可能的和人们所期望的、所渴望的状态。

(2) 企业使命一般要对外公开宣布，便于社会了解和监督；愿景则往往只在内部公开，发挥激励员工和规范企业发展方向的作用，并不向外公布。

二者的联系在于：企业的使命是愿景的起点，愿景的确定又必须从使命出发，使命成为愿景的一个组成部分。

综上所述，两者的异同关系如表 2-4 所示。

表 2-4　企业愿景与企业使命的异同

不同	企业愿景：我们想要成为什么	企业使命：我们目前是什么
	主要用于对内展示，重在发挥激励员工和规范企业发展方向，较为具体	主要用于对外宣传，便于社会了解和监督，较为抽象
联系	企业的使命是愿景的起点，愿景的确定必须从使命出发，使命成为愿景的一个组成部分	

资料来源：黄旭．战略管理：思维与要径 [M]. 北京：机械工业出版社，2007.

企业使命与愿景关系密切，只有将两者结合起来才能真正促进企业发展。仅有使命，没有愿景的组织不能有效地界定组织所希望达到的、最终可以评估的目标是什么。从本质而言，仅仅对照使命，组织无法衡量和评估它所做的事情。因此，一个组织必须郑重宣布其愿景是什么。如果说使命为公司注入了激情，则愿景使激情得以延续。使命给予了公司一盏引路明灯，愿景则把使命转变为真正富有意义的预期结果，并指导组织如何分配时间、精力和资源。例如，沃尔玛（Walmart）的使命是“永远低价”（Always Low Prices），在这一基础上，其所有的活动都是围绕该使命展开的。在确定了这一使命之后，沃尔玛在各个阶段都制定了愿景。“十年内成为阿肯色州收益最高企业之一”（1945 年）；“到 2000 年，将店铺数扩大到两倍，每平方英尺的销售额增长 60%”（1990 年）。可见，只有激荡人心的愿景，才能唤起使命的活力。使命和愿景相结合，使员工既有了一个目标，也有了个存在的理由，这使得组织能够达成既定的目标，取得出色的业绩。

三、企业愿景的作用

企业愿景可以集中企业资源、统一企业意志、振奋企业精神，从而指引、激励企业取得出色的业绩。根据胡恩华在《企业战略管理》一书中的观点，一个精心构思、恰当表述的企业愿景将为企业带来以下作用。

（一）指引作用

在有共同愿景的企业中，人们会着眼于未来，在遇到困难和阻力时，能继续遵循正确的路径前进，也能够产生克服这些困难的愿望和信念，企业愿景起到了方向舵的作用。1960 年，约翰·肯尼迪清晰地说明了阿波罗计划的蓝图——在 20 世纪 60 年代末让人登上月球，并要他能安全地回来。为了实现这个目标，美国国家航空和宇航局克服了看似不可能克服的困难。

（二）凝聚作用

企业愿景是企业成员共同的愿望、共同的价值观和目标。它使企业成员产生共同的关切，为了同样的目的而一起工作，在截然不同的人中建立一体感，产生较强的凝聚作用。心理学家马斯洛（Abraham Harold Maslow）在研究优秀团体时发现，这些团体最显著的特征是具有共同愿景与目的，在特别出色的团体里，任务与团队已融为一体。

（三）激励作用

一个好的企业愿景能够强有力地激发成员的内在潜能。在追求愿景的过程中，人们自然而然会产生勇气，去做任何为实现愿景所必须做到的事。

（四）辐射作用

企业愿景一旦确定，就要尽可能地让每一个与企业有关的人都了解。一个强大的企业愿景不仅能够激励企业内部的成员，而且同样可以激励企业的其他利益相关者如企业的供应商，甚至是客户。为了成功管理相互冲突的利益相关者的各种需求，组织领导者需要借助强有力的愿景和价值观来团结并联合他们。

四、愿景的特征、成分和构成

尽管企业经营实践活动总是根据外部市场环境和内部情况的变化而不断地进行调适，但其核心价值观或核心经营理念却应当始终坚守。

(一) 企业愿景的基本特征

一个有效的愿景，应具备四个基本特征：清晰、持久、独特、服务精神，它们构成了企业愿景的四根支柱。① 清晰。企业愿景让所有的员工知道每天都在忙什么，为什么忙，热情从哪里来。② 持久。愿景是员工不断奋斗的内心原动力，就像指南针一样，牢牢地指向企业的愿景。当企业家把"个人愿景"放大成与员工共享的"共同愿景"时，企业就有了灵魂。③ 独特。伟大的企业之所以能成功，是因为它们能够看到别人看不到的东西，将洞察力与策略相结合，描绘出独一无二的企业愿景。这样的企业愿景是企业发展中的共同目标、不变的理念和核心的价值观，甚至是企业的灵魂。它时刻说明着企业存在的目的和理由，随时激励着企业中的每一个人。④ 服务精神。愿景是理想，让人被认可，觉得在做了不起的事情，而不是只知道每天做细枝末节的具体的事情。愿景使他们内心渴望能够归属于一项重要的任务、事业或使命。

(二) 愿景的主要成分

一个有效的愿景，其逻辑结构应包括两个主要成分：笃行的核心经营理念和生动的未来前景。如表 2-5 所示。

表 2-5　愿景的主要成分

核心经营理念	核心价值观
	核心目的
未来前景	大胆的目标
	生动的描述

1. 笃行的核心经营理念

在企业发展的每一步，成长、分权、实行产品多元化、全球扩展的过程中，核心经营理念是一种自始至终把组织聚合起来的黏合剂。事实上，核心经营理念表达了组织长期保持竞争优势的基本原则，超越了产品或行业的寿命周期、技术突破和管理嬗变，是组织得以持续经营的基础。愿景体现核心经营理念，它通常包括两个部分：核心价值观和核心目的。

核心经营理念的第一个成分是核心价值观，它是一个组织重要和永恒的信条，它是一小部分不随时间而改变的指导原则。核心价值观无须外界的批判，它对于企业内部成员有着内在的价值和重要性。宝洁公司的文化中"对卓越产品的关注"，并不是仅仅作为获取成功的战略，而是近乎一种宗教信条。很多历史悠久的企业，都自创始之初就有了强烈的关于本企业的某些信念，在经历了长时间的检验之后，它们依然可以存在于这个激烈的商战之中，因此我们不得不重视核心价值观的重要性。

核心经营理念的第二个成分是核心目的，它是组织存在的理由。有效的目的反映了人们在组织中从事工作的理想动力。它并不是仅仅描述组织的产量或目标客户，它抓住的是组织的灵魂。这里的核心目的不是具体目标或是企业战略，它应该维持相当长的一段时间。一个企业可以实现目标或是企业战略，但是不可能彻底实现目的，它是一种永恒的追求，这也从另一个方面说明企业或组织永远不可能停止变革和发展。3M 公司把“创造性地解决那些悬而未决的难题”作为永远的追求；麦肯锡公司的核心目的不是进行管理咨询，而是帮助企业和政府更为成功。也就是说可能多年以后，不管是 3M 还是麦肯锡公司，都有可能做本行以外的其他事情。

2. 生动的未来前景

愿景规划框架中的第二个部分，是生动的未来前景。它包括两个部分：一个是 10～30 年实现的大胆的目标，一个是对实现目标后将会是什么样子的生动的描述。“生动的未来前景”这种表达有些难理解。一方面，它传递了具体有形的信息，即一些可见的、生动的、真实的东西；另一方面，它包括了还没有到来的时间，诸如梦想、希望和渴求。

（1）大胆的目标。企业在制定愿景规划时，大胆而创新的目标和尝试是不可或缺的。具有远见卓识的公司常常以大胆的目标作为促进发展的有力手段。所有的公司都有目标，但差异却十分显著：有的公司仅仅是有一个目标而已；有的公司则愿意面对重大的、令人胆怯的挑战。真正大胆的目标应该是清楚明确而且引人入胜的，它是一个共同努力的目标，是团队精神的催化剂。

愿景规划需要的是一种特殊类型的、愿景基础上的大胆的目标。它可以应用于整个组织中，并要经过 10～30 年的努力才能实现。在为企业的长远未来而设置大胆的目标时，不应该只停留在现有经营能力和现有环境层面上，而要深入下去进行思考。制定这种目标需要高层管理团队具有远见卓识而不仅仅是在战略或战术上考虑。大胆的目标不应该是一种赌博（它可能只有部分成功可能性），组织必须坚信自己一定能实现目标。实现大胆的目标需要付出极大的努力，可能还要一些运气的成分。企业在设置愿景水平上的大胆的目标时，建议从以下四个大方面来思考，具体如表 2-6 所示。

表 2-6　设置愿景目标的四个方面

定量或定性的目标	中兴通讯愿景：2008 年进入通信行业世界前列，成为世界级企业；2015 年成为世界级卓越企业 沃尔玛公司：在 1990 年的目标是在 2000 年成为拥有 1 250 亿美元的公司
竞争对手	耐克公司 20 世纪 60 年代的目标是击败阿迪达斯 本田 20 世纪 60 年代的目标是击败雅马哈
角色或榜样	斯坦福大学：成为西部的哈佛 强生公司 1996 年制定了“20 年后受人尊敬的程度与当今惠普公司相同”的目标
内部改造或转型	华为：依靠点点滴滴、锲而不舍的艰苦追求，使我们成为世界级领先企业 联想集团：未来的联想应该是高科技的联想、服务的联想、国际化的联想

（2）生动的描述。生动的描述即是用一种形象、鲜明、引人入胜和具体明确的描述，来说明实现未来前景后会是什么样子。企业愿景最初的灵感来自员工心中的梦想，个体或团队期望变为现实的东西。愿景创建取决于企业对现实的理解和对未来的把握，这极大地受到既有价值观的影响。所以，愿景创建团队要抛开任何可能干扰这一过程的因素，甚至撇开理性，将自身的想象力发挥至极限，综合经验、信息、概念、判断和直觉等诸多因素，超越过去和

现在而面向将来。

“描述”重要的组成成分是激情、感染力和令人信服，把握住这三点，愿景的描述一定会更加生动。例如，亨利·福特用生动形象的描述给“汽车大众化”这一目标赋予了生命：“我要为大众生产一种汽车……它的价格如此之低，不会有人因为薪水不高而无法拥有它，人们可以和家人一起在上帝赐予的广阔无垠的大自然里陶醉于快乐的时光中……当我实现它时，每个人都能买得起它，每个人都将拥有它。马会从我们的马路上消失，汽车理所当然地取代了它……（我将会）给众多人提供就业机会，而且报酬不薄。”也有一些简短而生动的愿景，比如，苹果计算机公司愿景——让每人拥有一台计算机；通用电气愿景——使世界更光明。可见，生动形象的企业目的的描述愿景对人的感染和说服能起到非常重要的作用。

小链接

什么样的愿景才是有效的、有价值的？

什么样的愿景才是有效的？

詹姆士·贝拉斯科（James A. Belasco）为有效的愿景描述提出了五条标准。任何企业要想生存和取得成功，都必须有一系列合理的信念并且坚持下去。

(1) 一个简短的叙述。

(2) 某些增值和市场优势。

(3) 明确地识别你的企业。

(4) 给所有与公司有交往的人（顾客、雇员、供应商）留下印象。

(5) 提出明晰而鼓舞人心的决策制定标准。

什么样的愿景才是有价值的？

只有精心策划、措辞恰当的愿景才具有真正的价值。一个具有价值的企业愿景体现在下述几个方面：

(1) 使公司的高层管理者对公司的长期发展方向有一个清晰的认识。

(2) 可以减少管理部门由于缺乏企业愿景所面临的风险。

(3) 它表达了公司的目标以及公司员工的内在承诺，激励公司员工竭尽全力为实现公司的目标而奋斗。

(4) 它是一个指向标，低层次的管理部门可以据此来确定部门使命，制定部门的目标体系，并制定公司的发展方向和战略协同一致的部门及职能战略。

(5) 它有助于公司为未来做好充分的准备。

资料来源：休·戴维森．承诺：企业愿景与价值观管理 [M]．廉晓红，李小君，凌勇，廉莉莉，译．北京：中信出版社，2004.

(三) 愿景的有效构成

要形成一个有效的愿景，需要企业最高管理层、文化、组织结构及员工这四个方面的有机配合，如图 2-1 所示。

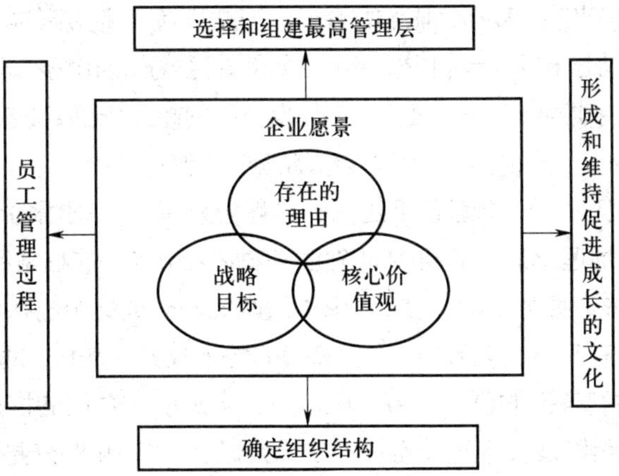

图 2-1　愿景的框架

最高管理层是愿景在组织内贯彻实施的关键，承担着倡导者和领导者的角色。最高管理层应力争使所有成员在战略选择的认识上达成一致。

文化对企业愿景的强化作用是巨大的。当企业文化与愿景所体现的核心价值观相一致时，对企业发展的影响要远远大于任何正式系统。企业最高管理层设定企业文化的方针，确保企业文化与愿景相协调。

组织结构既可以支持愿景，又可能侵蚀愿景。组织总面对这样一对矛盾：既鼓励多样性，又要求统一意志，即在允许乃至鼓励每个员工张扬个性，尽可能发挥其积极性、主动性和创造性的同时，又要求齐心协力、协同整合，共同实现组织愿景。

员工管理对愿景能否贯彻始终至关重要。员工管理的最终责任，在于企业的最高管理层如何招募新员工，如何使他们适应企业环境，如何把员工个人的抱负和公司的目标有机结合，以及如何留住优秀员工，这些都是能否实现企业愿景的关键因素。

五、如何创建企业的愿景

企业愿景是企业发展的阶段性理想，是企业实践核心价值观、使命的一种体现，是企业期望达到的中长期战略目标与实现目标的发展蓝图。愿景会随着时间的推移、市场的变化和企业战略的调整而改变。一个好的企业愿景可以引人入胜，让人看到未来美好的景象。

在评估愿景时应注意五个问题：是否能感受到是一个引人入胜的梦想？是否能感受到企业存在的目的与价值？是否符合时代的需求？是否具有实现的可能性？是否很容易被大家理解？这五个问题的答案有助于评估企业当前愿景，以决定是继续用，是修改，还是重新制定企业愿景。

在创建愿景之前应对以下几点进行思考：各部门描绘企业整体及本部门未来目标，各部门提出自己认识的愿景，共同决定企业愿景，评估愿景，取得各部门对愿景的承诺。

在开发公司愿景时，不但要在各部门对愿景进行描绘和评估，还应该对未来的企业动向有一定的认识和分析，因此，以下问题值得关注：我们所在的市场竞争区域正在或将要发生什么变化？这些变化对我们未来的行动有何影响？我们应该准备满足哪些新的或不同的顾客需要？我们应该关注哪些新的细分市场？我们应追求哪些新的地区或产品市场？公司业务在五年后将是什么样子？我们应试图成为什么样的公司？怎样使公司创造性地迎接未来竞争的挑战？

一般来讲，创建一个有效的企业愿景应包括五个步骤：

（1）建立规划小组。这个小组着手建立的过程应该是一个领悟力训练，通过这个训练，人们能够分享并更好地理解他人心目中对企业将来形象和状态的想象和希望。

（2）形成愿景的核心要素。第一步，要求小组内每一个成员说出各自心目中企业的情形状态是什么样的，把各自的观点看法压缩为简短的句子或者不严格的词组。第二步，要求小组的每个成员讨论他们各自的愿景。每个成员对自身及所在企业的抱负志向是什么？他们的期望是什么？本小组以及关于整个企业的具体目标、价值观和观念是什么？

（3）讨论这些核心要素。通过第二阶段的练习，我们已形成了愿景的一些可能的要素清单。这时，小组成员通过头脑风暴法来判断哪些因素对愿景来说是关键的。

（4）阐述经过考验的愿景说明。对愿景的考验应该根据所建立的预测，明确详细地检查组织行为和组织绩效。可以选定一个部门来测试：该部门员工对这个愿景的反应积极吗？如果存在抵制情绪，这种抵制情绪产生的原因是什么？

（5）在组织范围内推广愿景。一旦制定了愿景，就要对其“大肆渲染”，最重要的是要“推销”愿景。“推销”愿景就是要将其传达到企业的每个角落。有些企业召开全体会议宣布愿景，有些企业则将愿景陈述印在名片、旗帜和招贴海报上。

表 2-7 提供了一些愿景陈述的例子，读者可以进行讨论和评价。

表 2-7 国内外知名公司愿景举例

国内知名公司	阿里巴巴集团的愿景：我们旨在构建未来的商务生态系统。我们的愿景是让客户相会、工作和生活在阿里巴巴，并持续发展最少 102 年 小米公司的愿景：让每个人都享受科技的乐趣 中国移动的愿景：成为卓越品质的创造者 江苏中烟的愿景：成为拥有高端中式卷烟领跑品牌的优秀企业 万达集团的愿景：国际万达，百年企业
国外知名公司	微软公司愿景：计算机进入家庭，放在每一张桌子上，使用微软的软件 摩托罗拉的愿景：保持高尚的操守，对人永远地尊重 花旗集团的愿景：做一家拥有最高道德行为标准、可以信赖、致力于社区服务的公司 柯达的愿景：只要是图片都是我们的业务 通用汽车的愿景：成为全球运输产品和相关服务的领先者 宝洁的愿景：成为世界上最优秀的消费品公司，并得到顾客认同 迪士尼公司的愿景：成为全球的超级娱乐公司 谷歌的愿景：Google 用户体验团队致力于创建有用的（Useful）、快速的（Fast）、简单的（Simple）、有吸引力的（Engaging）、创新的（Innovative）、适合大众的（Universal）、有用的（Profitable）、漂亮的（Beautiful）、值得信赖的（Trustworthy）、个性化的（Personable）的应用

第三节 企业伦理

好的伦理意味着好的经营,败坏的伦理可以令最优的战略计划脱离轨道。本节将概要介绍企业伦理及其在战略管理中的重要性。

一、伦理与企业伦理的内涵

(一) 伦理及其本质属性

伦理是调整人与人、个人与群体、个人与社会之间行为规范的总和。在人类生活中伦理是一种特殊的社会现象,同法律规范、政治规范和其他各种规范相比,伦理规范的特殊性在于:其一,它以善和恶、正义和非正义、公正和偏私、诚实和虚伪等伦理范畴来评价个人和群体的行为;其二,它通过社会舆论、传统习俗、内心信念等非强制性力量来影响人的心理,实现调节作用。

伦理的本质属性体现在两个方面:① 伦理是由一定经济关系所决定的社会意识形态,它植根于社会经济基础,是人们的物质利益关系的反映。② 伦理以强烈的目的性和实践性,指导人们的社会活动和行为,并以形成良好的人际交往、协作关系,改善社会生活环境乃至促进整个人类文明程度的提高为目的。

(二) 企业伦理的内涵

企业伦理是指在企业这一特定的社会经济组织中,依靠社会舆论、传统习惯和内心信念来维持的,以善恶评价为标准的伦理原则、伦理规范和伦理活动的综合。

企业伦理是伦理的特殊形态,是一般社会伦理在企业关系和企业行为中的特殊表现。企业伦理既包括企业内部关系,也包括企业与社会的外部关系。企业作为独立法人,不仅直接参与社会经济活动,与企业内外部发生各种经济关系,同时,也参与社会精神、文化、伦理等活动,与消费者、政府等外部主体发生千丝万缕的关系。因此,任何企业的行为总是要发生伦理影响,并内在地蕴含着伦理价值的。

企业伦理的内涵是指企业在生产经营活动过程中,协调、处理企业内外部关系的行为规范的总和,它决定着企业行为可接受与否的原则和标准。在实践活动中,企业借助社会舆论、传统习惯和整体信息来指导和约束企业,调整企业和各方面利益的关系。

二、企业伦理的结构和功能

(一) 企业伦理的结构

企业在以法人资格和群体行为参与经济活动和社会活动时,发生着多方面的利益关系和伦理关系,从而形成了一个由多种要素构成的企业伦理体系。这一体系体现出企业的核心价值观,主要由三部分组成。

1. 企业的伦理意识

企业的伦理意识是企业在经营活动中形成的、以观念形态存在的、群体性的企业伦理。

这里的观念形态是指伦理认识、伦理情感和伦理理想。其中,伦理认识是企业伦理关系的反映,是对企业行为的善恶、是非、正邪、荣辱的认识和判断;伦理情感是在伦理认识的基础上形成的、企业群体行为中的一种爱憎或好恶的情绪、态度和倾向,具体表现为企业群体对社会、对国家、对他人的伦理责任感和伦理义务感;伦理理想是企业群体的奋斗目标的构想和价值追求,是凝聚企业力量、激发企业进取的精神动力。

2. 企业的伦理规范

这是企业活动中处理各种伦理关系的行为标准,以及判别自身或他人社会行为伦理价值的尺度。伦理规范调节个人和群体的行为,维护社会的正常秩序。企业利益关系的复杂性,决定了企业伦理规范具有丰富的内容,它构成一个相对独立的规范体系,并形成与其他社会伦理相区别的特征。

3. 企业的伦理实践

企业的伦理实践是企业在一定的伦理意识支配下所进行的各种伦理行为活动,诸如企业的伦理选择、伦理评价、伦理教育等。这些都是以群体的形式进行的有意识、有目的的活动。企业是实践活动的主体,但是当面临利益矛盾和伦理冲突时,行为选择与评价的具体操作,往往由代表企业的决策者或高管人员来进行。因此,企业的伦理实践活动不可避免地要受到企业决策者伦理素质的影响与制约。

(二) 企业伦理的功能

1. 内聚自律功能

企业伦理是一种群体意识,它通过确立共同的价值目标和行为导向,以舆论评价和监督的形式,促使人们形成积极的信念,追求正确的行为取向,从而使伦理成为一种强大的群体凝聚力和自觉的内在约束力。一方面,企业伦理像一种黏合剂,在共同的价值指向、理想目标和善恶认知的基础上,使企业与员工成为一种利益共同体和价值共同体;另一方面,企业伦理像一个控制系统,通过舆论和信念的作用,实现企业行为的自我监督、自我约束、自我控制,以确保企业行为的公正性和合理性,防止企业行为的越轨和失范。

2. 均衡调节功能

伦理是一种行为规范,其最基本的功能是均衡和调节利益关系与矛盾,以保证社会秩序的稳定、和谐。作为一种特定的伦理,企业伦理的均衡调节功能主要体现在两个方面:一是确定利益统一的价值标准,即要求社会、企业、客户、员工的利益相互统一,企业的经济效益与社会效益相互统一;二是构建企业行为的规范体系,指导企业正确处理内外部各种伦理关系,明确是非善恶的界限,以正当的行为谋取正当的利益。

3. 教育激励功能

教育激励是伦理调节功能得以发挥的思想基础。它通过造成社会舆论、形成企业风气、树立伦理榜样等方式,深刻影响企业群体的伦理观念和伦理行为,从而形成扬善弃恶的伦理环境。伦理的教育激励功能主要体现在两方面:一是树立良好的企业形象。企业形象的核心是企业信誉,而企业信誉本身就是一个伦理问题。比如,诚实无欺、信守诺言、公平交易等,体现了企业经济活动中的一种伦理关系和伦理要求。二是激发企业员工的积极进取精神。

员工是企业管理的主体,加强企业伦理建设、提高企业员工的伦理素质、提升精神追求,有助于增强员工的凝聚力,调动他们的积极性,激发他们的创造性。

(三) 企业的伦理立场

企业的法规环境和公司治理框架决定了企业对于其不同利益相关方所应承担的最低限度的义务。所以,企业内部的一个重要的战略问题就是企业对于利益相关方的义务所采取的伦理立场。企业的伦理立场(Ethical Stance)是指企业超出其对利益相关方和社会承担的最低限度义务的程度。不同的企业拥有迥然不同的伦理立场,企业的伦理立场与企业特点之间有着密切的联系。

图 2-2 概述了对伦理立场的四种不同类型的观念,以示差异。这四种类型所包含的利益相关方的利益逐渐增加,对企业成功与否的评判标准的广度也在不断扩大。

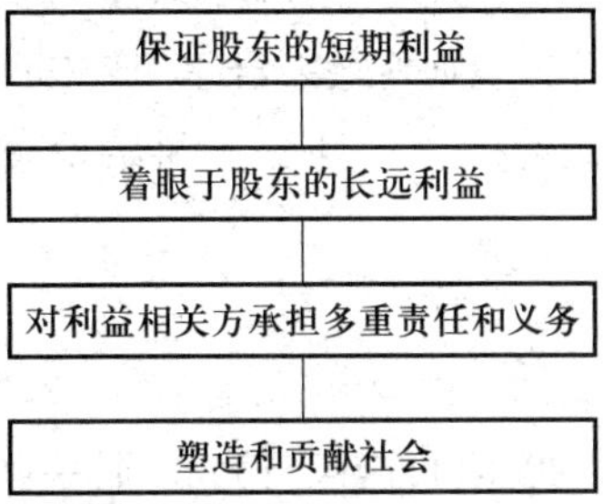

图 2-2 伦理立场的四种观念

三、伦理标准的理论来源

是与非、公平与不公平的伦理概念出现在所有的社会和文化中。根据小阿瑟·A. 汤普森的总结,伦理标准的观点主要来自三个不同的学派。

(一) 伦理普遍主义学派(Ethical Universalism)

根据伦理普遍主义学派,是非的最基本概念是普遍的且超越于文化、社会和宗教。例如,说真话在所有国家和不同民族都被鼓励,礼貌对待他人能够引起拥有不同文化的人们的共鸣。

不同文化和国家对于是非行为的共同伦理准则产生了可以普遍应用于所有社会、所有企业和所有商业人士的伦理标准。普遍伦理标准阐明了什么是有伦理的特征和行为,以及一个好人应该信仰什么和表现出什么样的特征和行为。所以,伦理普遍主义学派的追随者认为所有的商业人士都应该遵守这些共同的伦理标准。例如,大多数社会的人都认为,公司将明知道不安全或者有害的产品销售给客户是不道德的。

伦理普遍主义的优势是它吸收多个社会和文化的共同观点,提出一些道德和不道德的商业行为的清晰界限,不论公司所在的国家和文化。这意味着,在那些基本道德标准不怎么随着当地文化信仰、传统或者宗教不同而变化。所以,跨国公司可以开发一套道德准则,以平等地应用于其全球范围的经营中。它可以避免由于不同公司的员工在不同国家工作依赖不同的伦理标准而带来的一系列问题。

（二）伦理相对主义学派（Ethical Relativism）

虽然有一些普遍的伦理规范是不容置疑的，但道德或不道德行为的组成，每个社会都会有一些自己的标准。不同的宗教信仰、社会规范、传统、核心价值观和行为准则确实常常引起公平或者不公平、道德或者不道德、伦理上正确或者错误的不同标准。例如，欧洲和美国的管理者通常制定保护员工人身权利的商业行为和道德行为标准，如员工的隐私权等。日本的管理者相信，尊重社会的集体利益比道德考量更加重要。所以，伦理相对主义学派认为，以一个通用模板来判断商业行为和员工行为的适当性是完全不合适的。相反地，伦理相对主义的隐含理论是，因为跨国家或者跨文化存在不同的道德标准，所以当地伦理标准优先于公司母国的伦理标准。伦理相对主义学派认为，商业伦理很少有绝对的结论，所以也没有能够判断一个公司在多个国家和市场的行为的伦理绝对性。

尽管伦理普遍主义入乡随俗的规则看上去合理，但它导致了一个结论，即当地盛行的伦理规范就是正确伦理行为的决定性指导。但是，这种结论有时候会带来具有挑战性的伦理困境。

小链接

苹果公司加强《供应商行为准则》失败的案例

苹果要求供应商遵守公司的《供应商行为准则》，并作为成为中标合同商的条件。为了确保供应商遵守准则，苹果公司有一个供应商监控项目，它包括了供应商工厂审计、正确的行动方案和核实措施。在篇幅有 27 页长的《2011 年供应商责任进展报告》中，苹果公司在 2011 年对公司在中国大陆、捷克共和国、马来西亚、菲律宾、新加坡、韩国、中国台湾、泰国和美国的供应商工厂进行了 299 项审计。

苹果公司区分了违规行为的严重程度，“关键违规”是指那些直接违背《供应商行为准则》，必须立即修正的行为。2011 年的审计中，在 35 家工厂发现了关键违规，包括使用童工、超额招聘费用、不适当的废品处理、故意歪曲审计记录。苹果公司的回应是：确保采取及时的更正措施，暂缓使用违规供应商，计划在一年内再次对其进行审计。而且审计发现，74 家供应商工厂没有指派任何人来确保工厂遵守苹果的《供应商行为准则》。

资料来源：根据相关网络资料整理。

（三）整合社会契约理论（Integrative Social Contracts Theory）

整合社会契约理论对普遍主义和相对主义持中立态度。该理论认为，一个公司所应持有的道德标准受以下因素支配：① 有限数量的通用伦理准则，这些准则被公认为设定了所有环境下的行为的合法边界；② 进一步限定了构成伦理允许行为的当地文化、传统、价值观等条件。整合社会契约理论的优势在于其综合了伦理普遍主义和伦理相对主义中最好的部分。而且，整合社会契约理论为跨国公司的管理者提供了跨国伦理差异的清晰指南：公司伦理准则中涉及伦理普遍性规范的部分要在全公司巩固。但在这一界限内，伦理多元化仍留有余地，母国公司仍然有机会对在其他国家运营的业务单元的伦理标准产生影响。当跨国公司试图成为伦理真理的倡导者并将其对伦理准则的解读施加于全世界时，这种方法避免了由此产生的不一致。当当地伦理规范所允许的行为是不道德的，或者当地规范与公司伦理行为准则明显冲突时，公司伦理行为将不再高于当地伦理准则，这种方法同样避免了陷入麻烦的情况。

整合社会契约理论应用于企业的最好例子是贿赂和回扣行为。在许多国家，贿赂和回扣很普遍，然而不能因为贿赂行为在某一国家盛行，就认为它是正确的、合法的伦理规范。实际上，所有的伦理学派都谴责贿赂和腐败行为。因此，在这种情况下，跨国公司也许能够合理地推断出是有一些可观察到的通用伦理准则，其中之一是，不管当地的习俗如何也不管销售结果如何，都不能宽恕公司任何员工的贿赂和回扣行为。

四、伦理标准对战略的制定和实施的影响

（一）在战略中融入伦理标准的道德原因

伦理战略通常始于那些本身具有高道德品质的管理者。具有高伦理准则的管理者常常倡导公司的伦理准则，并且真正地维护公司价值观和伦理的业务准则。他们通过展现公司声明的价值观和遵守公司的业务准则与伦理标准，表现他们对伦理准则的承诺。因此，道德高尚的管理者有意识地选择那些能够经受严格道德考验的战略行为——他们不能容忍战略中有伦理争议的因素。

（二）在战略中融入伦理标准的商业原因

除了道德原因以外，在战略中融入伦理标准还有坚实的商业原因。追求不道德的战略和容忍不道德的行为，不仅损害公司的名誉，还可能导致一系列代价高昂的后果。表 2-8 列出了当公司不道德行为被曝光、公司员工的错误做法上了新闻头条，以及公司被强制弥补其行为时，可能引起的各种代价。公司的伦理失范越严重，它所付出的代价越大，对公司名誉造成的损害也越大。

表 2-8　不道德行为被发现的成本

可见成本	内部管理成本	无形或者不可见成本
• 政府的处罚 • 由起诉引起的民事处罚，目的在于惩罚公司对他人的侵犯和伤害 • 股东因较低的股价所承担的代价	• 公司导致的法律成本和调查成本 • 为公司员工提供矫正教育和道德教育的成本 • 采用正确活动的成本 • 确保未来遵守的管理成本	• 顾客背叛 • 名誉扫地 • 失去道德高尚的员工，让员工愤世嫉俗 • 更高的员工离职率 • 更高的招聘成本，很难吸引人才 • 对员工生产率的反作用 • 遵守更严格的政府规范的成本

资料来源：小阿瑟·A. 汤普森，等 . 战略管理：获取竞争优势 [M]. 北京：机械工业出版社，2011.

公司的伦理失范的附带后果不只是为其错误行为做补偿,它的影响往往是一系列的。修复公司已垮掉的名誉费时费力,顾客也会避开那些行为可疑的公司。行为不道德的公司很难招聘和留住优秀员工。债权人因债务人的不道德行为而感到气愤,因为这可能导致潜在的业务后果,公司随后可能逃债。公司的不道德行为可能为股东带来相当大的损害,如收入损失、高成本、低利润、低股价和商业名誉的降低。因此,在相当大的程度上,道德的战略和行为都是好的。大多数公司都理解以赢得供应商、员工、投资者和社会的支持的方式获取运营的价值。大多数商业人士都明白不道德行为的曝光所引发的个人危机和反作用。所以,公司有动机采用可以通过道德测试的战略。尽管公司的管理者不一定具有高尚的道德品质,对高道德标准也无个人承诺,但他们仍然有理由在道德边界内行事,即使仅仅因为这样可以避免他们不道德的行为所引起的尴尬、丑闻、处罚以及可能的监禁。

小链接

企业道德失范的案例——中国奶制品污染事件(三鹿事件)

2008 年中国奶制品污染事件(或称 2008 年中国奶粉污染事故、2008 年中国毒奶制品事故、2008 年中国毒奶粉事故)是中国的一起食品安全事故。事故起因是很多食用三鹿集团生产的奶粉的婴儿被发现患有肾结石,随后在其奶粉中发现了化工原料——三聚氰胺。

根据公布数字,截至 2008 年 9 月 21 日,因使用婴幼儿奶粉而接受门诊治疗咨询且已康复的婴幼儿累计 39 965 人,正在住院的有 12 892 人,此前已治愈出院 1 579 人,死亡 4 人,另截至 9 月 25 日,中国香港有 5 人、中国澳门有 1 人确诊患病。事件引起各国的高度关注和对乳制品安全的担忧。中国国家质检总局公布对国内的乳制品厂家生产的婴幼儿奶粉的三聚氰胺检验报告后,事件迅速恶化,包括伊利、蒙牛、光明、圣元及雅士利在内的多个厂家的奶粉都检出三聚氰胺。该事件亦重创中国制造商品信誉,多个国家禁止了中国乳制品进口。9 月 24 日,中国国家质检总局表示,牛奶事件已得到控制,9 月 14 日以后新生产的酸乳、巴氏杀菌乳、灭菌乳等主要品种的液态奶样本的三聚氰胺抽样检测中均未检出三聚氰胺。2010 年 9 月,中国多地政府下达最后通牒:若在 2010 年 9 月 30 日前上缴 2008 年的问题奶粉,不处罚。2011 年中国中央电视台《每周质量报告》调查发现,仍有 7 成中国民众不敢买国产奶粉。

资料来源:根据相关新闻报道整理。

第四节 企业社会责任

企业有义务促进社会进步的思想越来越被现代企业家认同。这一思想起源于 19 世纪,那时工业革命所带来的先进公司开始为工人提供住宅和便利设施。20 世纪 60 年代,公司管理者应该平衡所有利益相关者(股东、员工、顾客、供应商、社区及社会)利益的概念开始出现。

公司管理面临的最重要问题是平衡股东对于收益最大化的期望与公司其他目的。股东必须在获得好的收益的同时给予其他因素（顾客、员工、社区、供应商和社会）以适当的关注。领导层认为，通过给予开明的考虑以平衡所有因素的合理诉求，公司将更好地服务于股东。

一、企业的责任

企业的社会责任是什么？其中哪些应该是战略管理人员必须承担的？关于企业的社会责任，米尔顿·弗雷德曼 (Milton Friedman) 和阿奇·卡洛尔 (Archie B. Carroll) 分别提出了两种不同的观点。

（一）弗雷德曼关于企业责任的观点

米尔顿·弗雷德曼主张回到最小政府管制的自由放任的世界经济制度，反对社会责任观念。弗雷德曼认为，如果一个商人做出诸如花费投资来降低污染、雇用那些长期失业的人等“有责任”的行为，那么，他是在花费股东的钱谋求一般的社会福利。即使他得到股东的允许和支持而这么做，他也很可能并不是出于经济方面的动机，而且，从长远来看，这种行为会对企业正在努力帮助的社会产生危害。承担这些社会成本负担之后，企业会变得效率低下。这些结果对企业的长期效率有负面影响，甚至是致命影响。因此，弗雷德曼认为企业的社会责任是一种“彻头彻尾的颠覆性原则”，而且认为“企业有且只有一项社会责任就是运用它的资源，按照游戏规则经营来增加利润”。

（二）卡洛尔关于企业的四种责任的观点

阿奇·卡洛尔认为企业管理者有四种责任：经济责任、法律责任、道德责任、自愿责任。这些责任如图 2-3 所示。

<table>
<tr><td>经济责任
（必须履行）</td><td>法律责任
（不得不履行）</td><td>道德责任
（应该履行）</td><td>自愿责任
（可以履行）</td></tr>
<tr><td colspan="2">不属于社会责任的范围</td><td colspan="2">属于社会责任的范围</td></tr>
</table>

图 2-3 企业的责任

其定义如下：

（1）经济责任是提供对社会有价值的物品和服务，以使公司能够回报股东和债权人。

（2）法律责任指企业必须遵守政府制定的法律。

（3）道德责任是按照一个社会中的普遍信仰行事。例如，虽然在法律上并未要求企业、员工及社区共同承担应对失业的问题，但社会普遍期望由这几方共同承担这个责任。如果企业管理者回避了其道德责任，他们至少会感受到内疚并受到社会的谴责。

（4）自愿责任完全是公司自愿承担的责任。例如，慈善捐赠、培训长期失业者、提供日托所等。道德责任与自愿责任之间的差异是：只有极少的人期望公司履行自愿责任，但是，绝大多数人都希望公司履行道德责任。

卡洛尔进一步给出了这四种责任的优先次序。企业首先必须盈利，以履行其经济责任。

为了持续生存,它必须遵守法律,从而履行法律责任。在这两点上面,卡洛尔与弗雷德曼是有共识的。但是,卡洛尔更进一步认为,企业管理者还负有经济与法律之外的责任。

按照卡洛尔的观点,公司履行好上述两种基本责任之后,就应当履行其社会责任。企业要做那些法律中没有规定但是社会认为有价值的事情,以履行道德责任。履行好道德责任之后,企业就能集中于自愿责任,这些纯粹是志愿行动,社会并没有要求企业必须这么做。

今天的自愿责任,在明天也许会成为道德责任。例如,提供日托所,很快就从自愿责任转化为道德责任。卡洛尔认为,如果公司没有认识到某些道德责任或自愿责任,社会就会通过政府采取行动,使它们成为法律责任。而且,政府在做出行动时,是不会考虑公司的经济责任的。所以,与履行某些道德责任和自愿责任时相比,此时,公司要盈利将更加困难。

弗雷德曼和卡洛尔都从各自角度探讨了企业承担社会责任对其盈利的影响。弗雷德曼认为履行社会责任对企业效率有害。卡洛尔则认为,如果企业不履行社会责任,就会导致政府增加法律法规,从而降低公司效率。目前的研究表明,社会责任行为对一个公司的财务业绩有着积极影响。

企业在创造巨大财富、促进社会发展的同时,也带来了不少的问题,引起了人们的疑虑和反思。企业社会责任在企业战略中的意义日益突出,特别是我国本土企业能否从战略的高度来认识企业社会责任问题,将成为其能否可持续发展的关键。在竞争日益激烈的市场环境下,企业已经成为多种社会主体利益的交汇点,其经营决策将直接影响社会的稳定与发展。现代社会对企业的要求,已经从单纯的营利性组织发展到具有社会性使命的组织。由此,将企业社会责任观念融入企业战略选择和实施中,从利益相关者的角度出发,平衡经济、社会及环境三方绩效,使企业的愿景和使命得以真正实现,这不仅是社会和时代的要求,也是企业展现其价值观和优越性的重要方面。

二、企业社会责任的定义和内涵

企业社会责任(Corporate Social Responsibility,CSR)这一概念起源于20世纪初的美国,并随着企业和社会的发展而发展。如今,企业社会责任已经超越了以往企业只对股东负责的范畴,强调对包括股东、员工、消费者、社区、客户、政府等在内的利益相关者的社会责任。

但迄今为止,学术界在对企业社会责任的认知上,尚未达成共识。在表2-9中,我们列举了一些主要代表人物或组织关于企业社会责任的定义。

表2-9 一些学者对企业社会责任的定义

主要代表人物或组织	定义
William C. Frederick(1960)	企业社会责任意味着商人应该监督经济体制的运行以满足社会的期望,促进社会进步,生产和分配应以提高总体社会经济福利为目标
P. H. Werhane(1998)	企业社会责任是指企业具有的那种超出对其业主或股东狭隘责任观念之外的为整个社会所应承担的责任

续表

主要代表人物或组织	定义
Archie B. Carroll（2000）	企业社会责任可分为四大部分：企业必须负有生产、盈利及满足消费者需求的经济责任；企业必须在法律的范围内行动的法律责任；企业必须拥有符合社会准则、规范和价值观的伦理责任；企业必须具有坚定意志和慈爱心怀的慈善责任

综上，企业社会责任的概念，可以分为广义和狭义两种。广义的企业社会责任，是指企业作为社会的一分子，应该对社会发展做出自己的贡献，并履行相应的服务社会、贡献社会的责任。狭义的企业社会责任，是指企业在创造利润、对股东利益负责的同时，还要承担对员工、消费者、社区和环境等方面的社会责任；企业不仅要承担法律、行政法规等方面的强制义务，还需承担道德、慈善方面的自愿行为。

三、企业社会责任的本质和内容

企业社会责任的本质，就是企业对其自身经济行为的道德约束。它既是企业的宗旨和经营理念，又是企业用来约束生产经营行为的一套管理和评估体系。随着经济的发展和社会的变迁，很多企业已经意识到企业社会责任在企业战略中的意义，即企业要实现可持续发展，应当自觉地将对社会、环境以及利益相关者的责任融入企业经营活动中。从某种意义上讲，企业社会责任已经成为企业未来的战略竞争工具和方法。

企业社会责任的内容，包括经济责任、法律责任、伦理责任和慈善责任四大层面。图 2-4 所示的金字塔模型，由企业社会责任研究领域著名学者阿奇·卡洛尔提出。

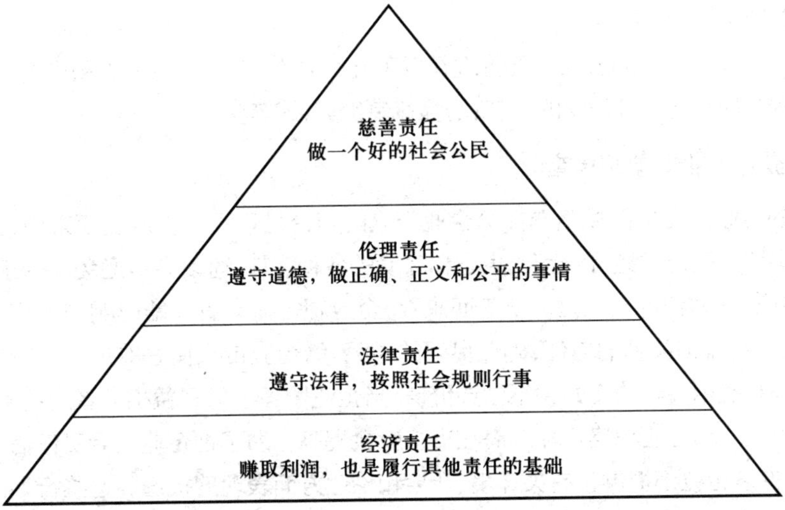

图 2-4 企业社会责任金字塔

资料来源：Carroll A B. Ethical Challenges for Business in the New Millennium: Corporate Social Responsibility and Models of Management Morality [J]. Business Ethics Quarterly, 2000, 10(1): 33-42.

归纳起来，企业社会责任的具体内容大致可以分为以下几个方面：

(1) 企业对员工的责任。员工是企业最宝贵的财富，强调企业对员工的责任，而不是把赚取利润作为企业唯一目标，注重在生产过程中对人的价值的关注，注重生产过程中人的健康、安全和应该享有的权益。企业对员工的责任主要体现在：① 不歧视员工；② 定期或不定期培训员工；③ 营造一个良好的工作环境；④ 善待员工的其他举措，如推行民主管理、提高员工的物质待遇、关注员工的身心健康等。

(2) 企业对顾客的责任。忠诚顾客的数量以及顾客的忠诚程度，往往决定着企业的成败得失。企业对顾客的责任主要体现在：① 提供安全的产品；② 提供品质优良的产品；③ 提供售后服务；④ 提供必要的指导；⑤ 赋予顾客自主选择的权利等。

(3) 企业对投资者的责任。企业首先要为投资者带来有吸引力的投资报酬。企业对投资者的责任主要体现在：① 提高投资收益率；② 提高市场占有率；③ 股票升值。

(4) 企业对政府、社区的责任。主要表现在：① 执行国家的法令、法规；② 照章纳税；③ 提供就业机会；④ 通过适当的方式把利润中的一部分回报给所在社区；⑤ 资助文化、教育、体育事业；⑥ 关注社会弱势群体，热心公益事业。

(5) 企业对其他利益相关者的责任。主要表现在：① 在偿还期内偿还债权人的债务，维护债权人的利益；② 维护中小竞争者的正当利益；③ 和供应商、分销商、零售商公平交易。

(6) 企业对环境的责任。企业既受环境的影响，又影响着环境。从自身的生存和发展角度看，企业有承担保护环境和生态的责任。企业对环境的责任主要体现在：① 企业要在保护环境方面发挥主导作用；② 企业要以“绿色产品”为研究和开发的主要对象；③ 企业要治理环境。

四、企业履行社会责任的意义

虽然履行企业社会责任不能给企业带来直接和快速的经济回报，但要意识到企业社会责任能给企业带来战略收益。

企业履行社会责任的意义主要体现在以下几个方面：提升企业形象和声誉；降低经营成本，吸引投资；拥有优秀且稳定的员工；增强竞争优势，等等。

(一) 提升企业形象和声誉

不同的企业社会责任战略选择给企业带来的声誉是不同的。从反面来说，企业在日常经营过程中切实履行对经济、社会、生态和环境的各种责任，可以有效避免因劳工、环境等议题引发的外部压力和诉讼风险。从正面来看，企业履行社会责任能影响利益相关者的态度和观念，取得利益相关者的信任，确保良好的关系，给企业带来良好的声誉。所有成功的企业都依靠与利益相关者的良好关系创造价值，当企业增强了与利益相关者的关系，每个利益相关群体对企业和企业战略目标的潜在支持就会提高。为了把企业社会责任信息传递给利益相关者，许多企业都提供了有关环境、社会和伦理方面表现的报道。这些行为能增进与利益相关者的关系，提高市场价值。

(二) 降低经营成本，吸引投资

企业的社会责任实践能改善员工的工作态度，提高生产力，从而提升财务、社会和环境绩效，实现经营成本的降低。2017年，中国提前三年完成了到2020年单位国内生产总值(GDP)的二氧化碳排放在2005年的水平上下降40%～45%的目标，中国正在形成具有自身特色的低碳发展道路。社会责任投资理念的深入，使得越来越多的企业意识到，履行社会责任与企业、社会的可持续成长及长期收益间有着密切的关系，企业可以通过履行社会责任吸引更多的投资，由此创造更多的价值。

(三) 拥有优秀且稳定的员工

企业依靠员工从事生产运营，所以员工价值是企业价值不可或缺的部分。经济报酬和企业的社会责任表现同为求职者的考虑因素。良好的工作环境，有利于提高员工的积极性、创造性和对企业的忠诚度；提高劳动生产率，确保产品及服务质量；具有社会责任感的企业能与员工的价值观相吻合，更能获得员工的认同感，进而降低管理成本，确保企业的成功。

(四) 增强竞争优势

企业社会责任行为通过各种方式帮助企业提高经济、社会、环境水平，例如，帮助企业明白在生产过程中如何使用生产要素，通过对能源和废物的积极管理降低作业成本，把环境保护作为新的资产，降低产品生命周期成本，提高生产效率。一个切实履行社会责任的企业，将通过产品或服务的创新来更好地实现企业的价值观和战略。企业竞争力在很大程度上取决于其经营所在地的环境，而企业社会责任被认为是改善竞争环境最具成本收益的一种方式，迈克尔·波特将其称为“竞争环境”。如慈善活动往往是改善竞争环境最具成本收益的一种方式，企业慈善可以提高企业的声誉，巩固和利益相关者的关系。

总之，企业社会责任能使企业以责任理念为经营导向，提升竞争力，促进企业可持续成长。企业社会责任对中国企业影响深远，面对企业社会责任的内外部压力，有助于企业形成不断创新的压力和驱动力，提高其战略适应力。中国企业应从战略角度思考，积极改善企业社会责任现状是提升企业竞争力的根本出路，从而促使企业将社会责任作为其可持续发展的战略选择。

五、企业战略与企业社会责任

尽管企业社会责任有益于企业的利益相关方，但对企业自身而言往往意味着成本和负担的增加。如果缺乏战略性视角，企业履行社会责任确实可能造成上述结果。因此，只有通过战略性地承担社会责任，企业才能对社会施以最大的积极影响，同时收获最丰厚的商业利益，实现双赢的局面。

(一) 战略视角下的企业社会责任内涵

随着经济的发展和社会的变迁，企业社会责任的战略意义日益突出。目前，国内已有学者提出了“责任型战略”，是指企业以承担社会责任为愿景，将诚信经营、节约能源、爱护环境、善待员工、热心社会公益的经营理念贯穿于企业采购、研发、生产、销售以及市场服务等价值链的各个环节，塑造具有高度亲和力和感召力的企业文化与品牌形象，更加有效整合社会资源，创造有利于企业经营和发展的内外部环境，从而打造企业社会责任竞争力，保证企业可持续发展的新型战略。

战略视角下企业社会责任的要点在于：一是基于诚信价值观。长期保持连贯性的企业责任战略，不仅要保证企业获取正常的商业利益，而且要为社会福利作出应有的贡献。二是展开合作。一个强有力的企业社会责任战略要求致力于与各种不同层次的利益相关方进行公开对话并建立有建设性的合作关系。三是尊重差异。在执行企业社会责任战略的过程中，企业应充分认识并尊重地方差异及其文化差异，采取特别行动对地方差异做出积极回应。

（二）战略视角下的社会责任分析框架

在一定程度上，企业社会责任已经成为企业未来的战略竞争工具和方法，这也要求现代企业必须从战略的高度对待企业社会责任。许多企业已经意识到，要实现持续发展，应当将社会、环境及利益相关方的责任成功融入企业当中。制定战略时不仅要考虑股东的利益，还应注重利益相关方的利益，把社会责任纳入企业的战略规划中。

企业战略框架中应当包含社会责任成分。战略决策包括四个主要方面：一是识别和评价契约的优势和劣势（能做的）；二是识别和评价环境中的机会和威胁（可能做的）；三是识别和评价管理者的个人价值观和管理抱负（想做的）；四是识别和评价对社会所应承担的责任（应该做的）。

（三）战略视角下中国企业的社会责任实践

中国企业能否从战略的高度来认识企业社会责任问题，将成为其能否持续发展的关键，同时也是在中国完全开放的环境下，企业能否成功应对国际挑战的关键。因此，企业主动承担社会责任不仅为企业声誉和竞争优势的建立带来诸多好处，而且可以造福于社会和生态环境。值得重视的是，越来越多的中国企业开始发布年度的企业社会责任报告，为外界了解企业所履行的社会责任提供了途径。

小链接

东方航空 2015 年社会责任报告摘要

2016 年 3 月，中国东方航空股份有限公司(600115.SH)发布第 8 份企业社会责任报告，东方航空以“幸福，从东方到世界”为主题，面向公众阐述了公司的社会责任理念和实践，报告从“发展之旅”“安心之旅”“精彩之旅”“绿色之旅”“追梦之旅”和“精彩之旅”等方面，展现了这家航空运输企业在拓展商业价值、可持续发展以及回馈社会等方面做出的成绩。

东方航空董事长刘绍勇在这份社会责任报告致辞中写道：“东航将按照‘创新、协调、绿色、开放、共享’五大发展理念谋划发展，加快结构调整和改革创新，以新技术、新产品、新业态、新模式推动转型升级，提供有竞争力的产品和服务，促进航空业和其他行业的融合，在价值链、服务链、产业链上获得更大发展。这个过程同时是东航不断创造幸福、感知幸福、传递幸福的过程，也是向员工、顾客、股东、社会释放幸福能量的过程。东航携手各方，共同进步，致力于更高质量、更高水平的可持续发展，让‘幸福’惠及广众，让‘幸福’从东方传到世界。”

东方航空的社会责任报告主要包括以下几个方面：

(1) 拓展商业价值。

(2) 以安全为基石。

(3) 创造美好出行体验。

(4) 低碳飞行和绿色运营。

(5) 与员工共建共享。

(6) 倾情回馈社会。

资料来源：东航公司网站。

当前，中国企业履行社会责任主要有三点值得关注：

(1) 强化人本管理，体现人性化的企业文化。企业的生命力在于创新，而创新的动力来源于人，尤其是异质型人力资本，人是企业核心竞争力的基础。当代企业管理更应该强调以人为中心的人本管理，更加自主、自觉地尊重劳动者的人权，维护其合法权益。同时承担更多的社会责任，以形成积极进取的企业精神和更具人性化的企业文化，从而激发员工的创造力，提升凝聚力，强化企业形象，提高市场竞争力。

(2) 积极采取企业社会责任战略，并将其纳入企业的战略目标管理系统。企业战略管理框架中不仅要有促进发展生产、提高效益的理念，还要体现劳动者权益保护、环境保护、诚信、改善就业、热心公益事业和促进社会稳定等方面应尽的责任，这样才能促进企业的可持续发展。同时，将社会责任理念融入企业战略发展目标中，无形中使自己的产品贴上符合责任要求的"社会标签"，有助于形成产品差异化的优势，提升企业的核心竞争力。

(3) 战略决策的关键在于对变化的高度掌控。企业实施有效的责任型战略，需要企业的管理者从战略的高度理解社会责任给企业经营带来的机遇与潜在的发展推动力，快速实施企业转型，打造责任竞争力，积极加入全球化市场，从而获取更广泛的社会资源和更广阔的市场空间。

在经济全球化下，企业要生存，不管是地方企业还是跨国公司，不仅要适应国内环境，更要适应国际环境。一个真正成功的企业，衡量的指标已不仅是利润，还应该像社会中成熟的、负责任的、正直的公民一样，要为社会作出贡献，尊重道德行为准则和规范，在决策过程中要以对社会有益为出发点。

复习思考题

1. 企业的使命对企业的发展具有什么意义？
2. 企业愿景和企业使命之间的区别是什么？
3. 企业伦理标准的理论来源所涉及的三种学派之间的区别与联系有哪些？
4. 企业应该如何处理经济责任、法律责任、道德责任和自愿责任之间的顺序和关系？
5. 企业进行慈善捐赠的目的是什么？能给企业的发展带来哪些影响？

在线测评

请扫描二维码，在线检验学习效果。

案例讨论

恒大集团助力毕节脱贫攻坚

在帮扶毕节的过程中，恒大集团坚持精准扶贫，因户施策、因人施策；坚持“输血”与“造血”并举；坚持既要“见效快”，又要“利长远”，运用市场化手段，建立长效脱贫机制，探索出可复制、可推广、可借鉴的帮扶模式。2018年12月5日，国务院扶贫办联合中国社会科学院共同发布了《企业扶贫蓝皮书(2018)》，恒大帮扶毕节脱贫攻坚的案例被评为“企业扶贫优秀案例”。

恒大集团积极响应党中央号召，在全国政协鼓励支持下，从2015年12月1日无偿投入30亿元开始结对帮扶毕节市大方县，到2018年年底实现18万贫困人口全部稳定脱贫；2017年5月3日开始，除大方县外，恒大又承担了毕节市纳雍县、威宁县、赫章县、织金县、黔西县、金沙县、七星关区、金海湖新区和百里杜鹃管理区的帮扶工作，再无偿投入80亿元，共计110亿元扶贫资金，由帮扶大方县扩展到帮扶毕节全市十县区。截至目前，恒大已捐赠到位60亿元扶贫资金，已协助毕节各级政府帮扶30.67万人初步脱贫，其中已助力黔西县于2018年9月成功脱贫摘帽。到2020年年底，还要协助毕节各级政府帮扶72.46万人稳定脱贫。

恒大紧紧抓住产业扶贫、搬迁扶贫和就业扶贫这三条主线，确保毕节市的贫困群众稳定脱贫。在产业扶贫方面，恒大无偿投入57亿元，帮助毕节打造我国西南地区最大的蔬菜瓜果基地和最大的肉牛养殖基地，帮助20万户、70万贫困人口发展蔬菜、肉牛以及中药材、果林等特色产业，为每个贫困户配备至少两个产业项目，并引进上下游龙头企业，形成“龙头企业＋合作社＋贫困户＋基地”的帮扶模式，实现“供、产、销”一体化经营。在搬迁扶贫方面，针对基本丧失生产生活条件的贫困群众，恒大依托县城和工业园区等，无偿捐赠44亿元，在毕节10个县区建设12个移民搬迁社区及50个新农村，并为每户配备了家具家电等基本生活用品，实现贫困户拎包入住，同时为安置区同步配建教育、商业等设施，配建适宜老百姓发展的产业项目，确保贫困群众“搬得出、稳得住”，实现持续脱贫。在就业扶贫方面，恒大组织贫困群众进行职业技能培训，计划推荐8万贫困家庭劳动力到恒大引进的上下游企业、恒大下属企业和战略合作单位就业。目前，全市有100 912名贫困群众参加了恒大组织的职业技能培训，69 259名贫困群众被推荐到当地产业就业和异地就业，人均年收入4.2万元，实现了“一人就业、全家脱贫”。

恒大集团参与脱贫攻坚，不仅出资金，更重要的是出人才、出技术、出管理、出思路。恒大从全集团系统选拔了 321 名优秀的扶贫干部和 1 500 名本科以上学历的扶贫队员，与大方县原有 287 人的扶贫团队组成 2 108 人的扶贫队伍，常驻毕节市扶贫前线，与当地干部群众并肩作战，工作到村、包干到户、责任到人。通过有效探索，恒大变点式帮扶为整市帮扶，变间接帮扶为直接参与，变单一捐资为立体帮扶，变大水漫灌为精准滴灌，并通过以扶引商和转变发展观念等方式，激发贫困群众持续脱贫的内生动力。恒大的扶贫模式，表现出了"直接参与、精准识别、市场导向、远近结合和高效执行"等特点，取得了显著的效果。

资料来源：根据相关新闻报道和网络资料整理。

讨论题：

积极承担社会责任能为企业的发展带来什么样的积极意义？企业应该如何处理追求股东利益和承担社会责任之间的关系？

参考文献

[1] 弗雷德·戴维．战略管理：获取竞争优势的方法 [M]. 徐飞，译．北京：经济科学出版社，2015.

[2] 格里·约翰逊，凯万·斯科尔斯．战略管理 [M]. 王军，译．6 版．北京：人民邮电出版社，2004.

[3] 胡恩华．企业战略管理 [M]. 北京：科学出版社，2010.

[4] 黄旭．战略管理：思维与要径．[M]. 2 版．北京：机械工业出版社，2012.

[5] 康丽，张燕．企业战略管理 [M]. 南京：东南大学出版社，2012.

[6] 刘益，徐波．战略管理：工具与应用 [M]. 北京：清华大学出版社，2010.

[7] 马云．企业的使命、愿景、价值观 [J]. 企业文化，2016(11)：79–82.

[8] 莫申江，王重鸣．国外商业伦理研究回顾与展望 [J]. 外国经济与管理，2009，31(7)：16–22.

[9] 吴照云，舒辉，胡大立．战略管理．[M]. 2 版．北京：中国社会科学出版社，2013.

[10] 小阿瑟·A. 汤普森，约翰·E. 甘布尔，A·J. 斯特里克兰德三世．战略管理：获取竞争优势 [M]. 蓝海林，李卫宁，译．北京：机械工业出版社，2011.

[11] 休·戴维森．承诺：企业愿景与价值观管理 [M]. 廉晓红，李小君，凌勇，廉莉莉，译．北京：中信出版社，2004.

[12] 徐飞，黄丹．企业战略管理 [M]. 北京：北京大学出版社，2008.

[13] 袁家方．企业社会责任 [M]. 北京：海洋出版社，1990.

[14] Carroll. A B. Social Responsibility and Strategic Management[J]. Journal of Modern Optics，1991，59(59)：245–249.

[15] Frederick. W C. The Growing Concern over Business Responsibility[J]. California Management Review，1960，2(4)：54–61.

[16] Werhane. P H. Moral Imagination and the Search for Ethical Decision-making in Management[J]. Business Ethics Quarterly，1998：75–98.

[17] Carroll. A B. Ethical Challenges for Business in the New Millennium：Corporate Social Responsibility and Models of Management Morality[J]. Business Ethics Quarterly，2000，10(1)：33–42.

第三章 内部环境分析

本章关键词

企业成长理论　资源基础观　动态能力　吸收能力　核心竞争力　竞争优势　价值创造　价值链　外包　战略柔性　组织资源协同

开篇案例

海信电视以“大”领跑

海信公司一直追求从用户满意的角度出发，做高质量的好产品，提高产品差异化水平，并推进产业链延伸和产业拓展，打造长期发展能力，力争由“电视企业”向“显示企业”转变。2018年1—6月，公司实现营业收入140.12亿元，同比增加3.28%，归属于上市公司股东的净利润为3.47亿元，每股收益0.265元。通过ULED、激光电视等高端产品结构调整，公司实现内销销售收入同比增长6.04%，整体毛利率提升1.14个百分点。中怡康数据显示，海信电视国内销售额占有率达到17.18%，同比提高1.25个百分点，在保持国内市场2014年第一的同时，领先第二名的优势进一步扩大。

这是继2017年海信大屏电视走俏之后，2018年继续收获的大尺寸红利。世界知名市场调研机构IHS Market发布的全球电视出货报告显示，2017年，海信电视全球平均出货尺寸达到47.3英寸，一举超过索尼跃居全球第一，并拉开了与三星和LG的距离，在平均出货单价方面达到407美元，位居中国第一。

此前，2017年10月，以中国自主品牌、拥有自主核心技术的高端产品，抢占国际高端市场的海信100英寸4K激光电视在美国市场成功上市。随后，海信激光电视在欧洲、大洋洲等国家陆续上市，从而掀起了一股海信大尺寸激光电视的消费热潮。

在技术上，海信已实现激光电视完全自主研发和自主生产制造，在4K光学引擎、4K镜头、激光光源、整机等方面具备充分的技术优势和产业资源整合能力，海信激光产品线拓展到80英寸、88英寸、100英寸、120英寸、150英寸五大规格，在大屏市场上全面布局，并实现了全面4K化升级。海信激光电视的激光光学引擎100%自主研发设计，从研发、设计到整机生产制造完全自主运营，最新的第三代产品应用了217项自主专利技术，70%以上的制造成本都掌握在自己手中。

根据中怡康的统计数据，2017 年，在 80 英寸及以上市场，激光电视零售量占比达到 42.8%，据预测，未来 5 年 80 英寸及以上大屏市场的年度增幅将达到 100% 左右。大屏产品将成为带动市场增长的主力军，激光电视也将成为推动大屏电视快速普及的主力军。

目前，海信已经成为全球激光电视市场的推动者和引领者。

资料来源：根据"同花顺财报"（2018 年 8 月 31 日）、"品途商业评论"整理。

讨论题：

海信如何成为全球激光电视市场的推动者和引领者？

由于全球经济发展的趋势，企业越来越难以寻找用以维持竞争优势的有效方法。为了制定和实施最好的战略，管理者必须弄清楚依托企业内部的资源、能力是否能建立比其他企业更具有持久性的竞争优势。因此，管理者需要从内部环境分析中把握战略选择的主动性。内部环境分析可以帮助企业认识到优势与劣势。优势指能使企业完成重要任务的资源和能力；劣势指企业在资源和能力方面的不足，导致重要任务难以完成。另外，由于每个企业都至少拥有一个其他企业不具备的资源和能力，内部环境分析要求企业管理者对创造出的资源组合以及异质性资源和能力的组合进行全面考察。资源是能力的源泉，某些能力则又能够促使企业发展自己的核心竞争力和竞争优势。图 3-1 表明了企业资源、能力和竞争优势三者之间的关系，也是本节的陈述逻辑。

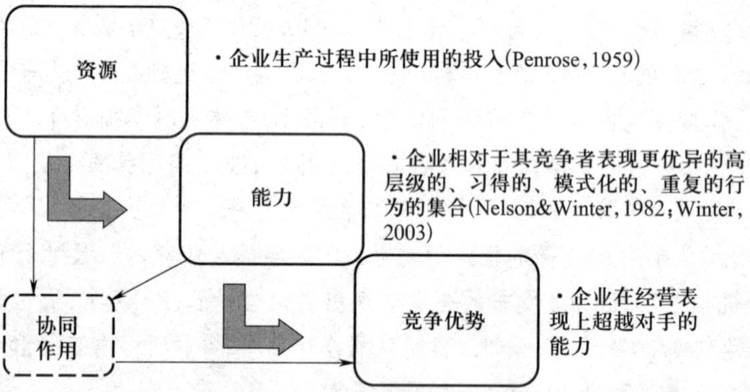

图 3-1 资源、能力与竞争优势

第一节 资 源

一、资源的概念及类型

什么是资源呢？在企业中能够展现组织核心竞争力的任何事物，如商标、员工知识、技能和能力、机械和技术、资本、契约，以及有效的程序和过程都可以称为资源（Wernerfelt，1984）。组织资源则被视为那些能够帮助组织更好地竞争并实现其愿景、使命、战略和目标的优势的一系列属性组合（Porter，1981）。

资源既可以以有形资产的形式存在，又可以以无形资产的形式存在（Caves，1980）。有形资源指那些可见的、能够量化的资产，生产机械、制造设备、销售中心以及正式的报告系统都属于有形资源；无形资源则是指那些深深根植于企业的历史之中，长期以来累积的资产，它们以独特的方式存在，通常不易被竞争对手了解、分析和模仿，比如知识、管理者和员工之间的信任和联系、组织制度、品牌、声誉等。

（一）有形资源

有形资源的大多数状况都是可见的。许多有形资源的价值可以在财务报表里得到反映，但是，由于忽略了无形价值，很难完全反映企业所有资产的价值。由于企业很难再更深地挖掘有形资源的价值，所以有形资源的价值通常是有限的，企业很难从有形资源中获取额外的价值。有形资源的四种类型包含财务资源、组织资源、实物资源以及技术资源，如表 3-1 所示。

表 3-1 有 形 资 源

财务资源	企业的借款能力 企业产生内部资金的能力
组织资源	嵌入制度、组织结构、业务流程、控制系统和经营行为中的资源整合技能
实物资源	企业地理位置、基础设施、厂房、车间、机器设备等
技术资源	技术含量，如专利、商标、版权和商业机密

资料来源：根据 Barney（1991）《企业资源与持续性竞争优势》与 Grant（1991）《当代战略分析》中阐释的观点绘制而成。

（二）无形资源

与有形资源相比，无形资源是一种更高级、更有效的核心竞争力来源，主要包含人力资源、创新资源以及声誉资源三种形式，如表 3-2 所示。实际上，在全球经济中，相对于实物资产，企业的成功更多地取决于先进的知识和出色的系统能力。管理人力资源的能力以及把人力资源转变为有用产品和服务的能力，变得越发关键。由于无形资源不可见，难以被竞争对手了解、模仿、购买或替代，企业更愿意将无形资源而非有形资源作为自己开发企业能力和核心竞争力的基础，因为一种资源越不容易被观察到，以之为基础建立起来的竞争优势就越具有持久性。此外，与大多数有形资源不同，无形资源的价值可以得到更大程度的利用：其使用者的范围越广泛，无形资源能够为各方带来的收益就越大。

表 3-2 无 形 资 源

人力资源	知识 信任 管理能力 组织惯例
创新资源	创意 科技能力 创新能力

续表

声誉资源	客户声誉 品牌 对产品质量、耐久性和可靠性的理解 供应商声誉 有效率的、有效的、支持性的、双赢的关系以及交往方式

资料来源：根据 Barney（1991）《企业资源与持续性竞争优势》与 Grant（1991）《当代战略分析》中阐释的观点绘制而成。

声誉这种无形资源是企业竞争优势的一个重要来源。良好的声誉能够为企业创造价值，但良好的声誉依靠企业的行动、宣传和培养，是企业用自己连续数十年在市场上的出众表现而换来的，体现企业各利益相关者对企业竞争力的认可。声誉表明企业的发展能够被利益相关者们认识到的程度，同时也表明他们对企业经营状况的认同程度。特别地，拥有高知名度的品牌名称是把资源转化为企业竞争优势的一种方式。企业不断投入资金进行技术创新和积极的广告宣传，都可以帮助企业将自己的声誉与品牌更加紧密地联系到一起。由于品牌会对企业的经营业绩产生重大的影响，很多企业都在想尽办法培养并保护好自己的品牌。

（三）作为期权的资源

第三种资源是那些可以作为期权的资源。当企业获得或创造的资源是为了未来的某种特定情况使用，那么这种资源就被看成期权（Options）。土地等实物期权使企业掌握了战略柔性：如果实物期权能够得到有效执行，就能实现保值，甚至还会增值。如果企业不想持有某种期权，就会把这种资源出售，从而收回成本，甚至获得额外收益。在该情况下，实物期权就代表着有价值的投资，且为企业未来战略的发展提供了机会。另外，以实物期权获得的资源对企业在高度不确定环境中进行竞争是大有裨益的：高新技术行业中的许多企业也利用自身资源获得期权，随后对技术研发进行投资，从而获得大量的技术储备，以期在将来需要时进行选择和使用；有些企业甚至会为了达到进军新行业的目标而对资源进行投资，从而获得能够帮助实现企业目标的期权，保持战略柔性，以防在行业发生巨变后，企业不会因为没有资源而不能适应行业变化。

二、企业成长理论

资源的经济学内涵首先来自彭罗斯的企业成长理论（Penrose's Firm Growing Theory）。1959 年，约翰·霍普金斯大学教授彭罗斯的著作《企业成长理论》试图从经济学角度通过研究企业内部动态活动来分析企业行为。彭罗斯认为，企业是一个行政管理框架并被限定边界的资源集合，企业内部的资源是企业成长的动力。进而，彭罗斯对资源做出定义：资源是企业生产过程中所使用的投入，本质上讲就是生产要素的代名词。

小链接

彭罗斯和她的《企业成长理论》

《企业成长理论》一书是企业战略领域的名著，具有划时代的开创意义。该书可以说是战略资源学派(包括核心竞争力理论)的思想源泉。该书以企业个体为分析对象,论述了企业成长的若干规律,探究了决定企业成长的因素和企业成长的机制,建立了一个企业资源—企业能力—企业成长的分析框架。该书结构严谨,思路清晰,描述准确而通俗,研究深入而浅出。

资料来源:百度百科。

根据彭罗斯的论点,资源本身从来不可能是生产过程的投入品,投入品只可能是资源所带来的服务。由资源所产生的服务是其被使用方式的函数——同样的资源,被用于不同目的或不同方式,并与不同类型或数量的其他资源相组合,会产生出不同的服务。

彭罗斯对资源和服务的概念区分具有革命性的意义。服务只能产生于对资源的使用过程,因此,每个企业在其经营活动中所产生的生产性服务就必然是独特的,即企业特定的或其他企业难以模仿的。

虽然彭罗斯没有在书中使用能力的概念,但其服务概念主要是指企业管理活动的服务,所以"服务"与"能力"的概念有相通之处。事实上,彭罗斯的服务概念在某种程度上正是对目前被广泛使用的能力概念的早期表述。彭罗斯认为企业使用自己拥有的生产资源所产生的服务是企业成长的原动力,所以企业的成长并非由市场的均衡力量所决定,而是由每个企业自身的独特力量(由使用资源所产生的服务或能力)所推动,而无论所有企业是否面临着同样的市场条件。

三、资源基础观

资源基础观(Resource-Based View)用于检验资源异质性造成的绩效差异。该理论主要基础假设有:行业中的企业可能拥有不同的资源;这些资源在企业之间具有不可复制性,由此,企业差异可以维持很久。资源基础观解释了企业如何在竞争环境中保持独特和持续的优势,侧重于考察不同企业管理效能的差异。

资源基础观认为,各种资源具有多种用途。企业的经营决策就是指定各种资源的特定用途,且决策一旦实施就不可还原。因此,在任何一个时点上,企业都会拥有基于先前资源配置进行的决策所带来的资源储备,这种资源储备将限制、影响企业下一步的决策,即资源的开发过程倾向于降低企业灵活性。尽管如此,企业仍然热衷于资源的开发利用,因为资源的开发增加了资源的专用性,有可能提高产出效率及资源的价值。

资源基础观作为企业进行内部环境分析的基本模式,认为企业往往通过创造一个独特的资源情境,使其竞争对手难以企及,无法对其形成威胁(Wernerfelt, 1984)。企业相对于其他企业的竞争优势是建立在其所拥有的异质性资源和关系基础上的(Rumelt, 1974)。企业是各种资源的集合体,由于各种不同的原因,企业拥有的资源各不相同,具有异质性,这种异质性决定了企业竞争力的差异。当企业采用一种独特的、能够创造价值、难以被竞争对手模仿的战略时,这种竞争优势便建立起来了(Barney,1991)。如果竞争对手始终无法了解和模仿这种战略,企业便会拥有持续性的竞争优势,这种持续性竞争优势的建立源于企业控制着有价值、稀缺、不可替代和难以模仿的资源和能力(Barney,1991)。与外部环境不同,企业对内部环境的状况可以进行直接的掌控。

企业竞争优势根源于企业的特殊资源,这种特殊资源能够给企业带来经济租金。在经济利益的驱动下,没有获得经济租金的企业肯定会模仿优势企业,其结果则是企业趋同,租金消散。因此,企业竞争优势及经济租金的存在说明优势企业的特殊资源肯定能被其他企业模仿。资源基础观认为至少有三大因素阻碍了企业之间的互相模仿:

(1) 因果关系含糊。企业面临的环境变化具有不确定性,企业的日常活动具有高度的复杂性,而企业的租金是企业所有活动的综合结果,即使是专业的研究人员也很难说出各项活动与企业租金的关系,劣势企业更是不知该模仿什么,不该模仿什么。并且,劣势企业对优势企业的观察是有成本的,劣势企业观察得越全面、越仔细,观察成本就越高,劣势企业即使能够通过模仿获得少量租金,也可能被观察成本所抵消。

(2) 路径依赖性。企业可能因为远见或者偶然拥有某种资源,占据某种优势,但这种资源或优势的价值在事前或当时并不被大家所认识,也没有人去模仿。后来环境发生变化,形势日渐明朗,资源或优势的价值日渐显露出来,成为企业追逐的对象。然而,由于时过境迁,其他企业再也不可能获得那种资源或优势,或者再也不可能以那么低的成本获得那种资源或优势,拥有那种资源或优势的企业则可稳定地获得租金。

(3) 模仿成本。企业的模仿行为存在成本,模仿成本主要包括时间成本和资金成本。如果企业的模仿行为需要花费较长的时间才能达到预期的目标,在这段时间内完全可能因为环境的变化而使优势资源丧失价值,使企业的模仿行为毫无意义。在这样一种威慑下,很多企业选择放弃模仿。即使模仿时间较短,优势资源不会丧失价值,企业的模仿行为也会耗费大量的资金,且资金的消耗量具有不确定性,如果模仿行为带来的收益不足以补偿成本,企业也不会选择模仿行为。

因此,从资源基础观的角度来看,企业资源、能力与竞争优势的独特性可以影响一个或多个战略的选择。持续竞争优势和劣势的建立不需要太长的时间。在早期的时候,资源基础观并不关注资源的静态或动态特征,而近年来研究的注意力逐渐集中在了资源如何随着时间的推移而发生变化、调整和演变上。

第二节　能　　力

无论企业是将获取的资源作为期权还是马上加以利用,对于打造竞争优势而言,仅仅拥有资源还远远不够。单个的资源无法创造竞争优势,只有资源的互相配合形成能力,它们的价值才真正体现出来,才会产生竞争优势。因此,能力是将众多资源结合运用以完成一项任务或活动的才能,是企业相对于其竞争者表现更优异的高层级的、习得的、模式化的、重复的行为的集合(Nelson & Winter, 1982; Winter, 2003)。现有三种关于能力的理论:核心能力、动态能力、吸收能力。

一、核心能力

企业本质上是一个能力集合体,能力作为对企业进行分析的基本单元,是企业维持长期竞争优势的关键，积累、保持和运用核心能力是企业长期竞争优势的根本性战略。企业持续竞争的源泉和基础在于核心能力（Core Competence）。核心能力又被称为核心竞争力，是组织中的集体学习，特别是关于整合多种生产技能并有机结合多种技术分支的学识（Prahalad & Hamel, 1990），是企业独具的、与他人不同的一种能力。简而言之，核心能力就是所有能力中最根本的能力。

由企业的核心能力作为战略流程的出发点，Prahalad 和 Hamel（1990）提出了著名的企业战略模型——核心竞争力模型。他们认为，随着世界的发展变化，竞争加剧，产品生命周期的缩短以及经济全球化的加强，企业的成功不再归功于短暂的或偶然的产品开发或灵机一动的市场战略，而是企业核心竞争力的外在表现。按照他们给出的定义，核心竞争力是能使公司为客户带来特殊利益的一种独有技能或技术。企业核心竞争力是建立在企业核心资源基础上的企业技术、产品、管理、文化等的综合优势在市场上的反映，是企业在经营过程中形成的不易被竞争对手仿效并能带来超额利润的独特能力。在激烈的竞争中，企业只有具有核心竞争力，才能获得持久的竞争优势，保持长盛不衰。在资源基础观基本理论框架内，核心能力理论流派逐步兴起，企业核心能力具有适用性、价值性、难模仿性，能够成为企业竞争优势的来源。

传统的自外而内（Outside-in）战略（例如波特五力分析模型），总是将市场、竞争对手、消费者置于战略设计流程的出发点上。核心竞争力理论恰好与其相反，认为从长远来看，企业的竞争优势取决于企业能否以低成本并以超过对手的速度构建核心竞争力。核心竞争力能够造就料想不到的产品。竞争优势的真正源泉是企业围绕其竞争力整合、巩固工艺技术和生产技能的能力，据此，小企业能够快速调整适应变化了的商业环境。核心竞争力是具体的、固有的、整合的或应用型的知识、技能和态度的各种不同组合。

二、动态能力

随着核心能力理论的快速发展，核心能力的一些局限性也浮现了出来：尽管资源基础观理论（包括核心能力理论）近来在战略管理研究中广泛运用，对该理论更大的挑战来自企业外部竞争环境的变化，因为动态环境下企业获取持续竞争优势的基本模式已经从获取持续的竞争优势转向持续地获取一系列暂时竞争优势。在超竞争的经营环境下，企业所积累的竞争优势会被快速的技术创新侵蚀，因此，企业必须迅速响应外部需求，及时调整内部资源配置。为了解释在一个动态变化的环境中，动态市场上企业如何获取竞争优势以及为什么某些企业具有持续竞争优势，Teece 等人（Teece, Pisano Q Shuen, 1997）以资源基础观为基础，对该理论进行继承和发展，提出了改变能力的能力即动态能力（Dynamic Capability）的概念。

企业向同批客户销售同一量级的同一产品用以谋生的能力，属于“零级”能力（Winter, 2003）。与之不同，动态能力是通过帮助企业整合、构建和重新配置其内外部资源和能力来适应快速变化的环境，进而生成的一种新能力（Teece, Pisano & Shuen, 1997），为“一级”能力。换句话说，一般的“零级”能力是对现有资源的有效开发，而动态能力是对新机遇的有效开发和实施（March, 1991）。企业在回应和创造环境的过程中，采用动态能力可创造和维持相对于其他企业的竞争优势(Teece, 2007)。

Teece 等人从可复制性和可模拟性方面对动态能力的属性进行了研究,认为能力包含隐性知识从而具备内部结构的模糊性、多种能力之间互相牵动,以及能力形成的历史特殊性等多种因素,导致能力是难以复制的。此外,知识产权保护、商业秘密、商标和企业风格等方面的限制,也会阻碍竞争对手的模仿。因此,企业的动态能力是企业竞争优势的来源。

然而,相反的意见则认为动态能力本身并不是企业竞争优势的来源,而是动态能力所配置和调整的资源结构,构成了竞争优势的来源。尽管不同企业培育某一动态能力的起点和路径不同,但对于某一项动态能力,存在一个行业的最佳标准,因此最终不同的企业都将趋于类似水准的动态能力,从而使得该项动态能力不再成为企业持续竞争优势的来源。另外,动态能力是可模仿的,可以通过多种学习途径发展而成,在不同的企业乃至不同产业之间具有共同点。因此,动态能力本身不是长期竞争优势的来源。但不可否认的是,随着各类市场机会的出现、碰撞、演化和消失,动态能力是可以为企业带来短期的竞争优势的。

三、吸收能力

吸收能力理论(Absorptive Capability Theory)考察了企业如何识别新知识的价值,吸收并将其应用于企业目标实现过程中(Cohen & Levinthal, 1989, 1990)。企业通过吸收新知识会变得更具创新性和灵活性,相比于不吸收新知识的企业,具有更高的绩效水平。企业主要通过图 3-2 所示的四种途径获取新的技术知识。在吸收新知识方面能力较强的企业更具竞争优势。

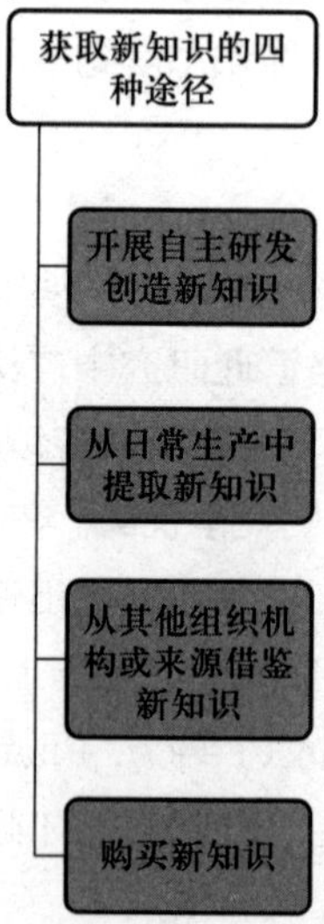

图 3-2 获取新知识的四种途径

企业吸收能力包括四种:知识获取能力、知识吸纳能力、知识转化能力和知识开发利用能力。其中,知识获取能力是指对外部产生的、对本企业有关键作用的知识加以判断和获取的能力;知识吸纳能力则强调外部知识在企业内有效地被阐释和理解,不能被理解的知识是很难被再利用开发的；知识转化能力则是要将新的外部知识与内部已有知识有效地整合；知识开发利用能力是指通过将内外部知识共同运用而开发出新知识。

第三节 竞争优势

随着时间的推移，企业能力得到发展，辅之以动态管理来实现超额利润，进而形成核心竞争力，最终发展成为竞争优势。打造竞争优势意味着企业需要利用自身的资源、能力和核心竞争力努力为自己的产品或服务增加独特的价值，且自身产品所能创造的价值量要超越竞争对手的产品。有两种工具可以帮助企业识别并形成自己的竞争优势：第一种工具是由核心竞争力的四个具体标准组成的，企业可以用这四个标准来判断哪些资源和能力可以为企业提供核心竞争力；第二种工具是通过价值创造，采用价值链分析法，选择那些需要不断维护、更新或发展并能创造价值的核心竞争力，或者挑选出那些应当进行外包的核心竞争力。此外，企业在适应环境变化时，采用战略柔性来减少环境变化对企业的冲击，所以战略柔性能帮助企业保持持续性的竞争优势。

一、建立核心竞争力

企业应当重视的四种核心竞争力分别是有价值的能力、稀有的能力、难以模仿的能力和不可替代的能力（见表 3-3），不能满足这四个核心竞争力标准的能力不能被视为核心竞争力。有价值的能力指那些能够帮助企业在外部环境中通过利用机遇或降低威胁而创造价值的能力，通过有效利用企业的各种能力来把握外部环境中的难得机遇，企业就能源源不断地为客户创造价值；稀有能力指那些最多只有极少数的竞争对手能够拥有的能力，很多竞争对手同时拥有的能力不可能成为企业竞争优势的来源，而有价值但又普遍存在的资源和能力则可能造成对等的竞争，只有当企业创造并发展了一些与竞争对手不同的能力时才能获取竞争优势；难以模仿的能力指由于表 3-3 所示的一个原因或三个互相结合的原因，无形资源或无形资源对能力建设所起到的作用无法被轻易识别，导致其他企业难以通过模仿建立这样的能力；不可替代的能力指那些不具有战略对等性（两种能力可以分别用来执行相同战略）的能力。

表 3-3 核心竞争力的四个标准

有价值	指能够通过利用机遇或降低威胁为顾客创造价值
稀有	该能力最多只能被极少数的竞争对手掌握
难以模仿	历史性：独特而有价值的组织文化和品牌 模糊性：竞争能力的原因和应用不清楚 社会复杂性：管理者之间、供应商及客户间的人际关系、信任和友谊
不可替代	除了自己，任何现有的其他资源或能力都不能为顾客完成同样的任务和提供同等的价值

资料来源：根据迈克尔·希特等人在《战略管理：理论与案例》与《战略管理：竞争与全球化》中阐释的观点绘制而成。

正是这四种衡量核心竞争力的标准决定了企业参与竞争的最终结果以及其在竞争中的各种表现。对于既没有价值、不稀有、能被模仿又存在某种替代品的资源和能力，企业无论是在制定还是在执行战略时都不应该给予过多的关注，而应多支持那些能够产生竞争对等性、暂时的或持久的竞争优势的能力。

二、价值创造

企业在利用其核心竞争力或竞争优势为顾客创造价值时，即使不能超越也要满足行业竞争所要求达到的价值标准。价值（Value）是由产品的功能特性和顾客愿意为之支付的产品属性来衡量的。具有竞争优势的企业为顾客提供的价值往往会超过竞争者提供的价值，并往往通过对资源和能力的创造性组合以及杠杆原理来创造价值。在价值创造模式中，价值链分析能够帮助企业理解运营环境中有哪些能够创造价值，又有哪些无法创造价值，理解这些问题对于企业而言非常重要，因为只有当企业经营过程中所创造的价值大于其消耗的成本，企业才能获得超出平均水平的回报；当企业的资源和能力不能被视为企业竞争能力和竞争优势的来源，为了降低风险，提高战略柔性，减少企业的资本投资量等，企业往往会采取从外部供应商那里购买可创造价值的服务的方式，也就是外包。

（一）价值链

波特价值链模型（Michael Porter's Value Chain Model）由美国哈佛商学院著名战略学家迈克尔·波特提出。他认为企业内外价值增加的活动可以分为基本活动（见表 3-4）和支持性活动（见表 3-5），基本活动和支持性活动构成了企业的价值链（见图 3-3）。在对价值链活动的所有项目进行评估时，企业必须将其与竞争对手的能力进行比较。要想成为企业竞争优势的一种来源，某一种资源或能力必须能够使企业以一种能够超过竞争对手价值的方式来执行任务，或以一种竞争对手无法做到的方式来执行价值创造行动。只有在该条件下，企业才能不断为客户创造价值，并且拥有收获这种价值的机会。

表 3-4 基本活动

进料后勤	原材料处理、库存、存货控制；接受、储存和分配原材料的行为
生产	把输入的物资转换为最终产品所必需的行为，包括加工、包装、装配、设备维护以及其他运营行为
发货后勤	包括收集、储存以及发送最终产品给客户的行为，例如最终产品的仓储、原材料的处理以及订单处理
销售	为客户提供采购产品的手段以及诱导他们采购的行为。为了有效地推广和销售产品，企业引入了广告和促销活动，选择合适的配送渠道以及销售队伍
售后服务	用于维护和扩大产品价值的行为。企业参与的一系列与服务相关的行为，包括安装、修理、培训和调试，每种行为都必须与竞争对手做比较

资料来源：根据迈克尔·波特（1985）在《竞争优势》中阐释的观点绘制而成。

表 3-5 支持性活动

采购	购买企业生产产品所需要材料的行为。采购的物资包括生产过程中要消耗的材料,如原材料以及机器、实验设备、办公设备、办公楼等固定资产
研究与开发	用于改进企业的产品以及生产产品过程的行为,可采用多种形式,如改良设备、基础研究和产品设计、服务
人力资源管理	包括设计所有员工的招聘、聘用、培训、职业发展以及工资薪酬的行为
企业基础设施	包括总体管理、计划、财务、会计、法律支持、政府关系,这些都有对整个价值链起支持作用的行为。通过企业基础,企业不断识别外部机会和威胁、识别资源和能力,从而支持核心竞争力

资料来源:根据迈克尔·波特(1985)在《竞争优势》中阐释的观点绘制而成。

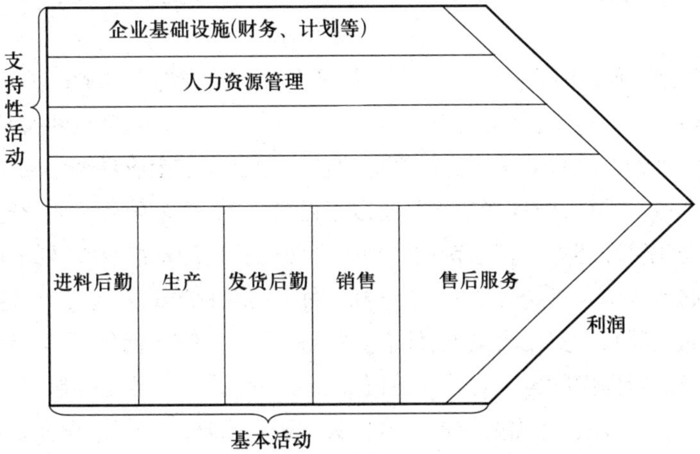

图 3-3 基本的价值链

资料来源:根据迈克尔·波特(1985)在《竞争优势》中阐释的观点绘制而成。

价值链表现了一个产品从原材料阶段转移到最终客户手中的整个过程。对于企业而言,价值链的本质就是尽量以最少的成本创造最多的价值,并最终获得那些价值。在全球范围的竞争中,价值链中最有价值的部分属于那些拥有客户知识和信息的人。这种产生价值的可能性对于零售、服务商和生产商都是同样成立的。此外,对于所有行业内的组织来说,电子商务的发展使得企业越来越有必要开发出具有增值能力的知识流程,以抵偿过去互联网从实体经营过程中获得的价值和利润所产生的损耗。

不同企业参与的价值活动中,并不是每个环节都创造价值,实际上只有某些特定的价值活动才真正创造价值,这些真正创造价值的经营活动就是价值链上的“战略环节”。企业要保持的竞争优势,实际上就是企业在价值链某些特定的战略环节上的优势。运用价值链的分析方法来确定核心竞争力,就是要求企业密切关注组织的资源状态,要求企业特别关注和培养在价值链的关键环节上获得重要的核心竞争力,以形成和巩固企业在行业内的竞争优势。然而,由于专注于线性模式、单边市场,而忽略了环境对价值创造的作用分析,价值链在描述互联网时代的价值创造过程方面存在局限性。

(二) 外包

如果企业在其基本活动和支持性活动上不能拥有实现核心竞争力所需的一切资源和能力,为了处理企业的基本活动和支持性活动,外包是可供考虑的一种解决办法。作为一种战略管理模型,外包(Outsourcing)指的是从外部供应商处购买的一种可创造价值的服务(Power, DeSouze & Bonifazi, 2006),包括三种类型:生产制造型外包,即代工;BPO(业务流程)外包,如销售外包、人力资源外包、网络管理外包、财务管理外包、物流管理外包;IT服务外包,如软件开发、市场测试、数据中心、信息系统设计。

企业为维持组织的核心竞争力,且因组织中人力不足等困境,可将企业那些非核心的部门或业务外包给相应的专业企业,从而集中有限资源,建立自己的核心竞争优势,构筑所在行业的进入壁垒,减小公司规模,精简组织,使组织更加灵活地参与竞争,并降低风险和与合作伙伴分担风险。因此,有效的外包行为将企业解放出来以更专注于基本活动,增强了企业的竞争力。

如今,很多营利组织和非营利组织都在积极地将外包作为自己的一项决策。在全球范围内的多种行业中,向外包趋势迈进的步伐正在不断加快。在某些行业中,几乎所有的企业都在通过有效的外包方式来寻求更高的商业价值。为了确定企业是否选择了合适的基本活动或支持性活动进行外包,管理者应当具备以下四种能力:战略思考能力、交易决策能力、关系管理能力和变化管理能力。管理者需要理解企业的外包活动能否以及如何为其创造竞争优势——他们必须能够从战略角度思考问题。为了实现有效的外包交易,这些企业管理者必须成为明智而又果断的交易决策者,他们要能够从外部供应商那里确保自己的权利,促使其尽力为企业管理者提供服务。此外,在外包活动中,企业会与接受外包活动的供应商达成合作关系,因此企业管理者还需要对这一合作关系进行合理的监督和管理。最后,由于外包活动会对企业的运营方式造成巨大的影响,管理者还需要处理外包活动对企业带来的问题,消除员工们因改变而产生的抵触情绪。

外包还会带来一些其他问题,这些问题都与企业创新能力的缺失和工作职位的减少有关,因为企业需要把原本由其承担的一部分生产活动外包给其他的企业。由此,创新和技术的不确定性就成为企业在制定外包决策时必须考虑到的重要问题。企业必须及时认识到这些问题,要做好充分准备来迎接各方的不满与质疑。此外,产品或服务的控制风险、质量和服务风险、培养竞争对手的风险也都是企业在制定外包战略时必须考虑的三个重要问题。

与所有战略管理工具和方法一样,企业也必须建立一些标准来指导外包决策的进行。可以说,外包是一项规模庞大的业务活动,但并非所有的外包决策都能够获得成功。因此,企业应当对外包的可行性进行认真的研究和分析,以确定外包活动的执行为企业创造的价值的确会超过由此造成的成本。

三、战略决策

在即将完成内部环境分析的时候,企业必须找到并确定自己在资源、能力和核心竞争力方面的优势和不足。如果企业在能力方面存在不足,或者无法找到有效的核心竞争力为企业的竞争优势提供来源,那么它们就必须尽量获得必要的资源,开发出必需的能力和核心竞争力。企业也可以将自己不擅长的某个职能领域或者某项生产活动外包出去,以此来提高其为顾客提供的价值。

因此,企业需要拥有合适的资源和能力来制定出合理的经营战略,并为顾客以及其他的利益相关者提供价值和回报。企业管理者应当理解,掌握有大量的资源并不等于掌握合适的资源。此外,当企业的资源受到限制时,决策制定者有时甚至会更加投入,工作也更加有效。那些需要承担决策责任的人必须帮助企业赢得合适的资源、能力和核心竞争力,并能够充分地将其加以利用,以保证这些资源、能力和核心竞争力能够为企业带来具有价值创造能力的竞争优势。高水平的企业管理者应当对以上所有的任务负责。

一些类似于外包的管理工具能够帮助企业集中全部精力,使企业的核心竞争力成为竞争优势的来源。然而,事实证明,企业绝对不能想当然地认为自己的核心竞争力一定能够成为持久的竞争优势。企业之所以要在这些方面保持警惕,原因就在于所有的核心竞争力都有可能造成核心刚性。核心能力容易形成核心刚性,其中最普遍但也是最不被人意识到的原因之一是过分强调目标。企业内部的核心刚性,要受到企业家行为、企业文化、组织结构等具有明显路径依赖特征的因素的影响。因此,核心刚性其实质在于对企业内部风俗、习惯或惯例的过分遵循。这些风俗、习惯或惯例是企业内部最难改变的。这些惯例大多是信息性的,却无时无刻不影响着企业成员,包括领导者与普通员工的行为,束缚着他们的心智模式和整个组织的行为模式。基于以上的认识,企业核心刚性指当企业具备的核心竞争力与内外环境不相适应时,核心竞争力表现出的很难改变的路径依赖特征,是阻碍核心能力作为企业持续竞争优势源泉的惯性系统。因此,一项核心竞争力可能既是一种优势又是一种不足。之所以是优势,那是因为它能够成为企业竞争优势的来源;另一方面,如果一项核心竞争力不再具有竞争优势,企业对其的过分依赖反而会为企业的刚性埋下隐患。

四、战略柔性

随着企业面临的环境不断发生重大变化,变化本身已成为企业所面对的环境的基本特征。当企业对不断变化的未来做准备的时候,它们发现在稳定的环境下帮助企业成功的传统战略管理理念已经无法适用于如今的动态环境:由于环境的不确定,企业已有的竞争优势很难持续较长的时间。在这样的情形下,企业的战略柔性特征开始引起管理人员和研究学者的注意。企业通过提高战略柔性可以更好地适应环境变化,减少环境变化的冲击。战略柔性可以帮助企业建立持续性的竞争优势。

战略柔性指企业识别外部环境变化、在应对变化的行为及行动中快速投入资源、运用自如的投放资源的能力(Shimizu & Hitt, 2004)。在快速变化和高度不确定的环境中,企业的资源很容易由于无法适应环境的变化而失去价值,所以资源需要拥有柔性的特征来适应环境的变化(Barney, 1991)。同时,企业仅仅依靠所拥有的资源也无法实现自身的竞争优势,其必须对所拥有的资源进行有效的利用。所以,在不断变化的环境中,战略柔性不仅需要拥有柔性的资源,还需要有效利用资源的能力。

于是,Sanchez(1995)提出战略柔性由资源柔性和协调柔性组成。其中资源柔性是由资源本身的属性所决定的,而协调柔性则反映了企业利用资源的能力。根据Sanchez的研究,必要的资源柔性可以用资源潜在用途的三个维度来描绘:① 资源可被利用的使用范围较大时,资源的柔性较大。在本质上,当资源可用来开发、制造、分配或销售不同的产品时,资源柔性增大。② 资源从一种用途转变到另一种用途的成本和难度较小时,资源柔性就较大。例如,当从生产一种产品转变到生产另一种产品的转换成本降低时,生产线的柔性就提高。③ 资源从一种用途转变到另一种可选的用途所需的时间较少时,资源柔性就较大。当从生产一种产品转变到生产另一种产品所需的时间减少时,生产系统的柔性就增大。资源柔性的这一维度隐含的意思是,从一种用途转变到另一种用途期间要承担机会成本。协调柔性包括下列三个重要维度:① 确定资源使用的范围。这种能力包括决定组织将创造、生产销售哪些产品或服务等。② 识别并建立能应用于战略转换的目标用途的资源链。这种能力反映了组织能利用资源的共享或网络化的程度,并在创造、生产和销售产品与服务的活动的"价值链"中与资源相联系。③ 通过将可获得的资源运用于目标用途的组织系统和过程来利用资源。

第四节 资源与能力的协同作用

什么样的资源才具备巴尼(Barney, 1991)所说的资源的四个特点?如何获得企业的持续竞争优势?根据基于资源的观点和基于动态能力的观点,"资源选择"和"能力构建"是企业获取竞争优势并创造经济租金的两种机制,但是资源选择和能力构建之间的关系如何,它们是互补还是替代? Makadok(2001)进一步指出,对这一问题的回答是理解企业如何配置其资源和能力的必要前提。为此,作者提出建立在资源基础上的组织协同作用将使企业资源选择和能力构建有机地进行组合。

20世纪60年代,随着企业规模不断扩大、业务不断扩展,与多元化息息相关的协同效应就成为研究热点。安索夫(Ansoff, 1965)首次提出"协同"的概念,并且解释了为什么企业整体价值可能大于各部分价值总和,确定了协同的经济学含义。波特(Porter, 1985)通过"价值链"方法研究了业务单元之间的关联,为准确识别组织内的协同机会奠定了基础。到80年代末,强调内部独特能力的企业资源观点的盛行,组织内部业务单元之间的协同关系再次成为焦点。组织"动态能力"的提出又是为了适应动荡性和经济关联性日益突出的环境的。能力理论强调,以动态眼光看待和建立不同业务单元之间可共享的技术或能力是成功企业的主要战略目标,企业在竞争中取得优势的关键是不断培育出独特的、难以模仿和替代的资源、技能和能力,并将它们应用到各种最终产品上。这些能力效用的发挥依赖一系列企业行为的整体协调性。进入90年代,协同管理研究从组织内走向组织间的协同,例如,跨国、联盟、合资或外包等经营模式中的协同管理,反映出环境的动态性特征。可以看到,对协同的研究在资源观点中的重要性不但没有削弱反而更加突出了,组织协同作用的研究并没有随着战略研究的"钟摆"(Hoskisson et al., 1999)而摆动。

“协同”通俗来讲就是“1+1＞2”，是“企业在业务单元间共享资源的活动”，通过协同所获得的收益大于协同增加的成本，从而形成企业的竞争优势。协同包括对组织内有形资源和无形资源的共享。例如，企业可以利用规模经济，从不同业务单元生产设备、研究开发或其他服务等方面，以采取资源共享、降低成本的方式实现协同效应；企业还可以通过专业技能或专有知识的共享或转让，使各业务单元在生产、营销或其他领域获得新的、更好的运作方法；也可以实行纵向一体化战略，通过控制原材料供应或销售渠道来获取协同效应。另外，协同还是企业进行业务剥离、业务重心调整或企业重组等决策时所考虑的关键问题，与组织结构、协调机制、企业制度、管理程序和企业文化等都密切相关。

一、企业资源的协同类型

企业的资源配置一直就是战略管理领域关心的问题。我们知道，资源分布在组织的不同层次，资源的协同机会就蕴含在设计、生产、营销、交货等生产经营的各种具体活动中。组织业务流程恰恰是集合了多种不同的生产技能和技术流程来完成的。这种组织协同将构成组织的核心能力，形成持续的竞争优势。如果只是从有形、无形资源的角度来泛泛地分析协同，会使组织很难发现真正有价值的协同机会，而从资源角度出发，以业务流程中的资源组合为基础来划分，就可以发现组织竞争优势的真正来源。

结合组织的有形、无形资源，我们从组织流程的角度划分了五种主要的资源协同类型：

(1) 采购协同，涉及在不同业务的公共投入品的采购价格、质量和供货服务等方面进行协同。

(2) 生产协同，主要指不同业务在零部件制造、装配、检验等方面形成协同。例如，某企业同时生产三种化工产品，通过协同运用样本烘干、检验等工艺流程优化，提高了产品质量和数量，在国内该行业中形成了长期的竞争优势。另外，间接性的价值创造活动(如安装、调试、维护的设施共享)也提供较好的协同机会。

(3) 营销协同，指在联合销售、渠道共享、品牌共享、客户关系共享等方面的协同，如某股份公司生产的变压器业务和电线电缆业务通过区域市场、品牌及销售等协同，形成了业内的竞争优势。

(4) 研发协同，包括相关技术和不相关技术的协同。例如，本田的发动机技术既用于摩托车也用于汽车等业务(相关技术的协同)，索尼的微型化技术就由众多分散不相干的技术整合而成(不相关技术的协同)等。

(5) 管理协同，主要指在不同业务之间的日常管理协同，包括在财务、法律、会计和人力资源等企业基础设施和管理活动方面形成协同效应。例如，体现在财务和资本利用上的组织协同，各业务单元对资金的反周期和反季节需求使资金的有效利用成为可能。

二、企业资源的协同机制

对于上述资源的协同可以通过图 3-4 所示的资源协同机制发挥作用。

企业的组织协同机制主要由三部分构成：战略导向、组织协同能力和资源整合与配置。

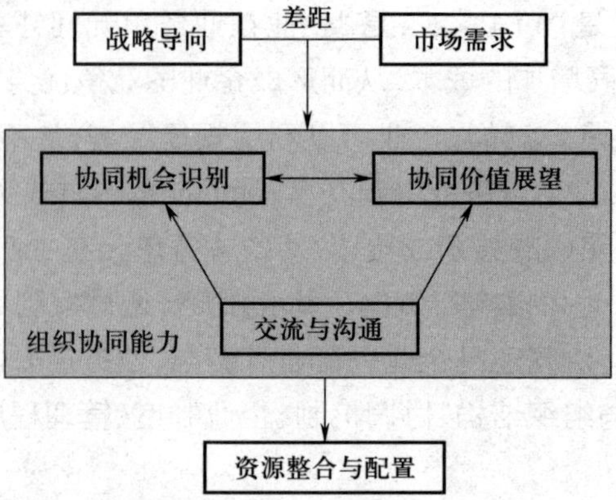

图 3-4 组织资源的协同机制

(1) 战略导向为企业发展确定了方向,市场需求则是顾客需求价值的体现,企业通过不断发现其战略导向和市场需求的差距,为组织协同机制的发挥提供一个动态的指向基础。

(2) 通过组织协同能力的作用可以实现组织资源的协同。组织协同能力的内容包含了协同机会识别、协同价值展望以及交流与沟通。

① 协同机会识别即寻求组织中哪些地方可能产生协同。通过分析业务行为共享对如何产生竞争优势的影响的价值链及其延伸等多种方法,可以识别资源(有形、无形关联)的协同机会。同时,寻求协同的机会不仅要充分发现现有资源之间的协同,也可以通过努力发掘现有资源的新用途及开发新的资源来获得。当然,识别协同机会要同时考虑协同价值展望与可能的成本之间的关系。

② 仅仅对某项资源的价值进行判断是没有意义的,而对资源使用的协同价值的判断才能更好地了解组织资源的价值。对资源协同价值的展望、识别与判断(也包括通过恰当的手段获得该资源),将决定组织资源的整合、配置的选择和实施。

③ 组织通过建立组织内部及与其他组织的协作和交易关系而创造价值构成了组织的价值网络。这种协作和交易使组织的不同投入资源以更加有效的方式组合在一起。交流与沟通则是组织价值网络的协作和交易的关键。资源协同价值展望和协同机会识别是通过在企业内外(内部员工、外部顾客和投资者)进行广泛深入、有效的相互沟通,从而使协同及其价值被清晰地理解、认同和接受,并转化为企业员工自觉的行动。

(3) 糟糕的实施与管理协调可能直接影响组织协同的实现。资源整合与配置不仅实现组织的有关价值增值活动,而且为相关的主体创造价值。因此,资源整合与配置的方式将直接影响组织的协同效应和资源所创造的价值。通过建立上述组织协同能力对组织资源进行有效的整合、配置,将会得到良好的组织协同效应和绩效。

三、企业资源组合的协同效应

企业的采购、生产、营销、研发及管理等方面通过组织资源协同机制主要产生图 3-5 所示的协同效应。

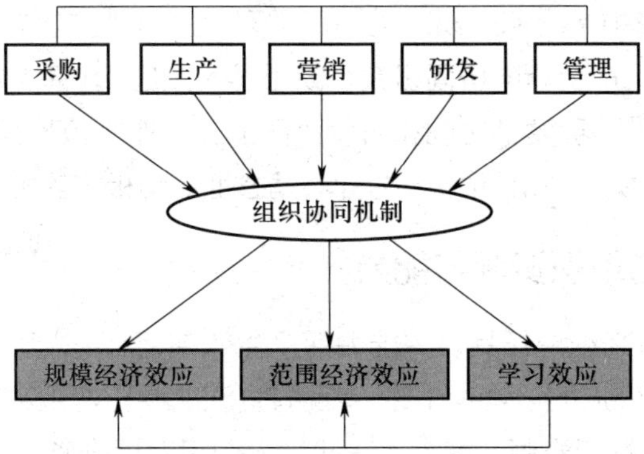

图 3-5 组织资源的协同效应

(一) 规模经济效应

由协同的定义人们首先想到的是规模经济效应。这种由规模经济带来的协同效应与企业具体生产过程密切联系,所获得的规模效应通常可以直接观察到。企业通过对生产(或采购)过程的协调管理,发挥资源的组织协同效应,就可以在技术水平和要素组合比例不变的条件下,通过扩大规模降低单位产品平均的生产(或采购)成本。发生规模经济效应的主要是有形资源层面上的采购协同和生产协同。

(二) 范围经济效应

范围经济更能够反映出组织协同效应的实质,即通过不同业务之间的协调管理,企业以更低成本、更快速度发挥已有的资源优势,并建立新的竞争优势。范围经济与规模经济既相互联系又有所区别。如果增加投入,企业能够减少单位成本,则存在规模经济;如果随着企业生产活动多样化增加而减少成本,则存在范围经济。通常组织用平均成本来定义规模经济,而用相对总成本来定义范围经济,也就是说,组织多业务同时进行的总成本小于单个业务各自分别进行的成本之总和。范围经济效应主要体现在营销协同(如在更大市场中或多业务之间分摊广告费用和形成品牌效应)、采购协同(批量采购所形成的价格、质量及对供应商的谈判方面的竞争优势)和研发协同(如研发成果在多业务之间的外溢现象)。

(三) 学习效应

组织协同效应中最关键的是学习效应。学习效应是指因组织过去的经验而导致单位成本减少以及组织新的协同的产生。与规模经济效应(大量生产以降低单位成本)和范围经济效应(业务范围扩大而降低成本)不同,组织资源协同的产生需要通过组织内部广泛而深入的相互沟通和协调,组织协同能力的发挥必然伴随着正式和非正式的组织学习。知识的沟通和共享形成了组织协同的学习效应。例如,组织的业务组合 BCG 矩阵就很好地体现了组织协同的学习效应。通过现金牛产品、问题产品和明星产品等业务之间的协同与学习,确保稳定的现金流来为其他经营活动提供财务上的支持,从而在市场上获得持续的成本优势。同样,通过组织的知识沟通和共享也会发现并创造新的组织资源的协同机会。组织内部价值网络的形成,使组织内部不同资源之间通过学习和交易建立起有效的协作组合方式。交流与沟通则是这种协作中学习和交易的关键。学习效应是协同效应的核心，不仅为组织协同提供坚实的基础，而且产生新的协同机会。缺乏学习效应，组织就失去了协同的可能。学习效应主要体现在管理协同、营销协同和研发协同上。另外，组织的学习效应还会通过组织的学习反映到组织的规模经济和范围经济方面，动态地加强相应的协同效应。

四、互为基础的组织资源与能力

企业中的许多资源必须依托其有关能力而产生效率，而许多能力只有在相关资源基础上才能发挥作用。企业的战略柔性可以拓宽现有资源的使用范围和提高使用效率，同时也可以提高组织识别和发掘新资源的能力。一些被人们视为战略形成基础的资源恰恰是由企业的某种能力所支配的，而一些被企业家追求的能力又恰恰受资源的制约。据此，学者们提出了企业内互为基础的组织资源与能力的关系（李垣，刘益，1997）。

（一）建立在组织能力基础上的资源特征

基于能力的资源（Capability-Based Resource, CBR）是指在企业能力得到某种程度提高的基础上，才能发挥出所期望的效果的资源。这种资源至少有以下三种类型。

（1）新生资源。这类资源是能力提高的直接产物。例如，随着企业管理水平的不断提高，有关人员和组织根据企业发展的需要，提出并制定了新的管理办法、规章制度等。这些管理办法一经产生并投入企业运营过程就将产生效益，于是它们就成为企业的一种有价值的重要资源。显然，这类资源的产生依附于企业能力的提高，当企业战略所需要的资源为这类资源时，选择并提高相应的能力应是战略形成的重要基础。

（2）条件资源。这类资源是企业目前拥有但因能力所限而没有真正使用的资源。由于企业已经投资于这类资源，因此，它将在企业的成本中有所反映，当企业能力提高后，这类资源将发挥作用而不增加企业原有成本。反之，这类资源不仅被闲置，而且企业往往因为维护这些资源需重新增加投资。例如，我国许多企业在与国外企业合作过程中，往往引进一些关键设备。如果这些企业具有很强的技改能力，使现有设备与引进设备实现良好的匹配，则既可节约投资又可提高现有生产加工水平。但是，如果企业缺乏相应的技改能力，则很难使引进设备正常发挥作用，甚至有些企业长期将引进设备闲置，浪费资源，占用空间，得不偿失。

（3）扩展资源。它是指这样一类资源：当企业的能力提高后，原来被正常使用的资源具有了新的功能和用途，从而提高了这些资源的使用价值。在这类资源中，最典型的是企业的人力资源和一些无形资产。例如，当企业对人力资源的组织能力提高后，会更加合理地配置各类人员，激励他们为企业发展作贡献。在这种条件下，各类人员按照企业发展要求成才的积极性和主动性就会高涨，从而造就出一批一专多能的技术工人、能力突出的技术人员和善于管理创新的管理人员。

（二）建立在组织资源基础上的能力特征

基于资源的能力（Resource-Based Capability, RBC）是指在企业资源得到相应改善（包括数量和质量两方面）后，企业得到相应增强的那些能力。与 CBR 相对应，这里可列出三种基本类型。

（1）新生能力。这类能力是企业因增加资源存量、改善已有资源质量或两者兼而有之，从而使原有能力提高到新的水平或形成的新能力。严格地说，任何一种新能力的产生都需要相应的资源支持。关键的问题在于，如何更有效地处理好新生能力与资源质量改善和资源数量增加的关系。

（2）重新利用的能力。它是指企业已具有这类能力，但由于缺乏实施对象或因某些资源约束而不能正常利用。当增加某些资源或改善资源约束后，这些能力可得到重新使用。在企业战略形成过程中，重视这部分能力的挖掘不仅可使企业以更低的成本克服进入障碍或增强讨价还价能力，而且在这一能力的基础上更易快速提高，形成竞争优势。

（3）延伸能力。这类能力是在资源变动的基础上，使原有能力的适用范围扩大、使用效果提高后而形成的能力，这类能力的产生是资源变动的直接结果，同时，它又使资源的效益得到改善。一般地，当企业在原有竞争领域要进一步提高竞争力或持续维持其竞争优势时，这类能力显得至关重要。

因此，在企业战略形成过程中，除了资源或能力的单纯影响外，更多地表现为两者之间的联动影响。客观上存在基于能力的资源和基于资源的能力，并且根据不同的特点，可以划分出各自三种类型。在特定环境下，建立在基于资源的能力和基于能力的资源的基础上的战略模式，拓宽了以往战略形成和实现战略目标的可行路径，也为选择适用而有效的战略措施提供了更广阔的可行区域和更加合理的选择标准。

复习思考题

1. 有形资源和无形资源之间的差别是什么？
2. 资源和能力之间的差别是什么？
3. 什么是价值链分析？企业可以从价值链分析中获得哪些收益？
4. 什么是外包？企业为什么要进行外包？
5. 如何建立公司的核心竞争力？主要考虑的因素有哪些？

在线测评

请扫描二维码，在线检验学习效果。

案例讨论

空调行业中的中央空调

随着中国经济的飞速发展，空调销量整体呈上升趋势。2017 年 7 月，空调销量为 1 396

万台，同比增长 52.4%。作为重要组成部分的中央空调，近年来随着空调行业的迅猛发展，增速显著。

受整体经济环境影响，中央空调在公建市场销量受限，厂商纷纷将重心转移至家装零售市场。2014—2016 年家装零售市场中央空调市场容量依次为 150 亿元、170 亿元、220 亿元。2017 年上半年市场容量已达到 160 亿元，全年市场容量创造历史新高基调已定。多联机空调依旧为中央空调销售主体，2017 年上半年多联机空调销售额占总额 68.8%，较 2016 年整年度提高 0.6%。2017 年上半年中央空调市场容量为 240 亿元，其中家装零售和工程项目类分别为 160 亿元、80 亿元，家装市场较 2016 年同期同比增长 50%，项目类同比增长 10%。在家装零售渠道销量快速增长拉动下，2017 年上半年中央空调行业市场销售额已突破 430 亿元，较 2016 年同期同比增长 22.9%，为近几年市场容量最高值。

目前空调市场的高速发展主要由以下多种因素综合形成：① 核心消费区域高温期提前、极端高温天气数破极值；② 消费结构升级，终端用户审美提升；③ 国内地产开发商精装修配套比例逐渐提升；④ 家用零售领域竞争对手增加导致市场不断扩容；⑤ 主流企业开始尝试电商平台渗透推广；⑥ 厂商通过优化成本，每年降低 3% 的空调单价持续刺激市场交易。

推动消费者选择中央空调的原因可以总结为以下四点：

（1）价格劣势逐步消除。中央空调为适应中小户型需求，通过减配降低价格。加之分体壁挂机价格的上涨，二者价格差距逐步缩小。

（2）空间占用量优于传统机型。中央空调安装可隐藏在吊顶内，占用较小空间，降低压抑感。考虑大规模使用空调地区，如华东、华南等地区每平方米地价较高，使用中央空调显著优于使用传统机型。

（3）基于对美观的考虑。现在房价较高，如何在小空间内设计出层次感成为困扰住户和设计师的一个问题。而中央空调和住房的融合度最高。

（4）基于对舒适度的考虑。中央空调安装在屋顶，使用者身处空气互流区，感觉较舒适。而传统空调出风范围小，存在直吹现象且调温不均匀。

基于以上四点原因，相对传统机型，中央空调性价比显著提升，较小户型已经开始考虑使用中央空调。区域家装零售市场容量显示，发展较早的华东、华南地区以 47.8%、14.6% 的占有率排在前两位；华中地区作为后起之秀，市场占有率从 2016 年年底的 9.3% 上升至现阶段的 13.4%，位居第三。考虑后续发展进程，较早发展市场将逐步趋稳、新市场开发力度加大，中央空调家装零售市场有望保持高速发展。

资料来源：2018 年中国家用中央空调行业分析报告——市场深度调研与发展趋势预测．中国报告网，2018-04-19.

讨论题：

如何提高公司的竞争能力？提高竞争能力有哪些途径？

参 考 文 献

[1] 罗伯特·E.霍斯基森，迈克尔·A.希特，R.杜安·爱尔兰，等．战略管理：理论与案例[M]．北京：

清华大学出版社，2012.
[2] 李垣，刘益. 企业竞争战略形成的整合分析模式 [J]. 西安交通大学学报（增刊）. 1997 (S1): 127-132.
[3] 李垣,刘益. 基于价值创造的价值网络管理 (I):特点与形成 [J]. 管理工程学报,2001 (4): 38-41.
[4] 迈克尔·A. 希特，R. 杜安·爱尔兰，罗伯特·E. 霍斯基森，等. 战略管理：竞争与全球化 [M]. 北京：机械工业出版社，2009.
[5] 彭罗斯. 企业成长理论 [M]. 上海：上海三联书店，2007.
[6] 弋亚群，刘益，李垣. 组织资源的协同机制及其效应分析 [J]. 经济管理,2003 (16): 12-16.
[7] Ansoff H I. Corporate Strategy[M]. New York, NY: McGraw-Hill Companies, 1965.
[8] Barney J. Firm Resource and Sustained Competitive Advantage[J]. Journal of Management, 1991, 17(1):99-120.
[9] Caves R E. Industrial Organization, Corporate Strategy and Structure [M]// Readings in Accounting for Management Control. Springer US, 1980:64-92.
[10] Cohen W M, Levinthal D A. Innovation and Learning: The Two Faces of R & D[J]. Economic Journal, 1989, 99(397):569-596.
[11] Cohen W M, Levinthal D A. Absorptive Capacity: A New Perspective on Learning and Innovation[J]. Administrative Science Quarterly, 1990, 35: 128-152.
[12] Grant R M. Contemporary Strategy Analysis[M]. Cambridge, U. K: Blackwell Business, 1991, 100-102.
[13] Hoskisson R E, Hitt M A, Wan W P, Yiu D. Theory and Research in Strategic Management: Swings of a Pendulum[J]. Journal of Management, 1999, 25(3): 417-456.
[14] Makadok R. Toward a Synthesis of the Resource-based and Dynamic- capability Views of Rent Creation[J]. Strategic Management Journal, 2001, 22: 171-180.
[15] March J G. Exploration and Exploitation in Organizational Learning[J]. Organization Science, 1991, 2(1):71-87.
[16] Nelson R R, Winter S G. The Schumpeterian Tradeoff Revisited[J]. American Economic Review, 1982, 72(1):114-132.
[17] Penrose E. The Theory of the Growth of the Firm[M]. John Wiley & Sons, New York, 1959.
[18] Porter M E. The Contributions of Industrial Organization to Strategic Management[J]. Academy of Management Review, 1981, 6(4):609-620.
[19] Porter M. Competitive Advantage: Creating and Sustaining Superior Performance[M]. Simon & Schuster Inc, 1985.
[20] Power M J, Desouze K C, Bonifazi C. The Outsourcing Handbook[J]. Kogan Page, 2006.
[21] Prahalad C K, Hamel G. The Core Competence of the Corporation[J]. Harvard Business

Review, 1990, 68(3): 275–292.

[22] Rumelt R P. Strategy, Structure, and Economic Performance[M]. Cambridge, M A: Harvard University Press, 1974.

[23] Sanchez R. Strategic Flexibility in Product Competition[J]. Strategic Management Journal, 1995, 16(S1): 135–159.

[24] Shimizu K, Hitt M A. Strategic Flexibility: Organizational Preparedness to Reverse Ineffective Strategic Decisions[J]. The Academy of Management Executive, 2004, 18(4): 44–59.

[25] Teece D J. Explicating Dynamic Capabilities: the Nature and Microfoundations of (Sustainable) Enterprise Performance[J]. Strategic Management Journal, 2007, 28(13): 1319–1350.

[26] Teece D J, Pisano G, Shuen A. Dynamic Capabilities and Strategic Management[J]. Strategy Management Journal, 1997, 18(7): 509–533.

[27] Wernerfelt B. A Resource-Based View of the Firm[J]. Strategic Management Journal, 1984, 5(2): 171–180.

[28] Winter S G. Understanding Dynamic Capabilities[J]. Strategic Management Journal, 2003, 24(10): 991–995.

第四章 外部环境分析

本章关键词

宏观环境 市场环境分析 行业与竞争环境 五力模型 竞争对手分析 消费者行为分析

开篇案例

易到—神州—滴滴—Uber

中国的易到用车和美国的Uber在2010年以高端路线几乎同时起步。易到缘起创始人周航。2010年,彼时37岁的周航已是一名成功人士,周航平时不喜欢去上海出差,因为在机场打车带给他的体验极其糟糕。

当大洋彼岸的Uber以“共享经济”的理念在国外专车市场星火已成燎原之势时,2014年年初,Uber进入中国,专门提供分层次的专车服务。与此同时,易到用车作为国内当时第一家,也是唯一一家网约车平台,初期占据了中国智能用车市场近90%的份额。两者都是通过互联网移动平台软件招车,后期发展到专车的概念,逐渐演变成高端用户喜爱的出行方式。

2014年年中,诞生于2012年的快的和滴滴在普通出租车服务的基础上,也先后推出了专车服务。作为竞争应对,Uber随后也在中国推出了相对于高端定位之下的“人民优步”,以低于出租车的价格杀入专车市场。2015年1月,神州专车诞生,它也通过高优惠政策成为这个新兴市场的一员。竞争对手的迅猛加入让原本沉寂的专车市场瞬间热闹起来。2015年2月,滴滴和快的宣布联盟;2015年4月,滴滴和快的最终合并成为滴滴出行。

易到采用O2O的运营模式,车辆来源一方面为公司购买的自营车辆,另一方面为合作的租赁公司提供。而神州专车采用B2C运营模式,提供专车服务的车辆和司机都属于公司。Uber则采用O2O运营模式,车辆来源以私家车加盟为主。滴滴出行也是O2O的运营模式,车辆来源为租赁公司,与之采用合作分成方式。

易到作为最早采用互联网叫车的公司,成立初期定位于服务企业和个人的商务出行需求,吸引了一批较忠诚的高端用户群。

随着竞争对手进入专车市场,易到进一步细分市场,在国内120多个城市、国外30

多个城市中，把车型细分为新能源、舒适型、商务型、豪华型、奢华型以及特斯拉，是拥有最多可选车型的公司。

易到前瞻的理念使之先后成功获得四轮融资。2015 年 10 月，乐视携其整个汽车生态战略，带资 7 亿美元控股易到，易到成功实现了具有战略意义的 D 轮融资。由此，易到进一步明确了打造乘客出行完美生态链，丰富乘客生活体验的战略方向。

滴滴打车与快的打车合并使滴滴出行成为打车市场中的霸主。除了最初的出租车之外，滴滴的专车、快车、拼车等方式将出行市场做了进一步的细分，每一种产品都对应了不同的人群。当初的打车软件已经培养出了用户习惯，操作方式几乎一模一样，让用户们没有陌生的感觉，接受新产品也变得容易起来。滴滴还拥有快车、顺风车、大巴车等业务，由于滴滴前期培养了用户的使用习惯，对乘客和司机的补贴非常高，因此用户数量庞大。《2015 年 6 月中国移动出行应用市场研究报告》统计，滴滴出行用户渗透率高达 81.2%，稳居行业首位。

神州专车定位于中高端群体，主打中高端商务用车服务市场，2015 年 7 月和 10 月分别获得联想、华平 2.5 亿美元和新华资本 5.5 亿美元，共计 8 亿美元的融资。相比较前三者，神州专车所选的车型较少，它目前的优势在于统一的车载无线网络和较强大的广告宣传攻势。

资料来源：李杰，滕斌圣．企业战略 [M]. 北京：机械工业出版社，2016.

讨论题：

如何认识市场环境和行业竞争环境？外部环境对企业可能产生什么样的影响？

第一节　外部环境分析的重要性和目的

一、外部环境分析的重要性

任何一个企业都不是孤立存在的，总是要与周围环境发生物质的、能量的和信息的交流与转换。离开了与外部环境的交流与转换，企业将无法生存与发展。

影响企业成败，又非企业所能全部控制的外部因素就形成了企业的外部环境。换句话说，企业的生存与发展要受到其所处的外部环境的影响与制约。在企业与外部环境的相互关系中，一般来说，环境的力量总是不以企业的意志为转移，总是处在不断发展变化之中，当今信息社会尤其如此。

企业应当努力认识环境的状况、特点及变化趋势，并在此基础上加以适应和防范。外部环境分析对于企业经营决策的重要性具体表现在以下几个方面：

（一）外部环境分析是制定企业战略的根本前提

如果企业不能敏锐地洞察未来两三年内会有什么样的宏观环境因素，不能预测会给公司的业务带来重大影响的潜在变革，那么管理者根本无法为制定与新的环境相适应的战略做好准备。同样，如果管理者不清楚各个宏观驱动因素的意义和作用，那么，他们所制定的战略就难以对驱动因素及其行业所产生的影响做出积极有效的反应。所以，外部环境分析对战略的制定具有十分重要的价值，是企业战略制定的根本前提。

（二）外部环境分析是企业经营决策的基础，为科学决策提供了保证

领导者的首要职责是做出科学、合理的决策，而领导者的决策过程一般都是从对外部环境的机遇与威胁的估计开始的，可以说外部环境分析的正确与否，直接关系到企业决策层对企业投资方向、营销策略、公共关系等一系列生产经营活动决策的成败。

（三）外部环境分析有利于企业发现新的市场机会、及时采取措施、科学把握未来

新的经营机会可以使企业取得竞争优势和差别利益或扭转所处的不利地位。当然，现实生活中，往往是机会与威胁并存，且二者可能相互转化。好的机会若没有把握住，优势就可能变成包袱、变成劣势，相反，抓住机会则威胁（不利因素）也可能转化为有利因素，从而使企业获得新生。因此，企业要善于细致地分析企业外部环境，善于抓住机会、化解威胁，在竞争中求生存、在变化中谋稳定、在经营中创效益，充分把握未来。

二、外部环境分析的目的

既然企业存在于外部环境之中，企业拥有资源的有限性必然导致其对外主体的依赖，并受到外部各种环境因素的影响。那么我们在制定企业战略时，就必须认真分析企业的外部环境，通过分析，了解企业所面临怎样的机会，又将遭遇怎样的威胁，以便制定相应的战略去捕捉机会和规避威胁，从而达到预期的目标。

在分析企业外部环境时要注意以下三个显著的特征：

（1）外部环境是不断变化、难以预测的，所以要用权变的眼光对待。

（2）外部环境的变化是客观存在的，不受单个企业所控制。

（3）外部环境对不同产业和不同企业的作用和影响是不同的。

三、总体环境与竞争环境

任何组织都处在一定的社会、政治、经济、技术和生态环境之中，组织的行为都是社会行为，社会环境和其他外部环境对企业的生存和发展有着十分重要的影响。企业如果无视环境带来的机遇和威胁，在激烈的市场竞争中是不可能取得竞争优势的，甚至根本不能在激烈的市场竞争中立足。

在一般环境分析中要关注各种环境因素的战略重要性，同时要注意其战略重要性随时间的变化而发生的变化。在改革开放初期，吸引外资可能最具战略重要性，但随着经济发展，如何提高劳动者素质、提高劳动生产率，可能变为头等重要的问题。另外，同样的环境因素对不同组织的战略重要性也不一样。如跨国公司首先关心的是政府间的关系问题，因为它们往往要在不同政治制度的国家设立工厂或子公司；本地企业对本国、本地的局势稳定特别关心，因为这会直接影响其经营的持续性。零售商关心的是顾客偏好和时尚变化，计算机制

造商最关心的则是导致其产品或设施淘汰的技术环境。很显然,把握环境因素的能力的高低,除了取决于丰富而可靠的信息渠道以外,还与分析人员感知和理解信息的能力有关。丰富的知识和熟谙的经验是提高分析能力的两条重要途径。

在进行了一般环境影响评审之后,针对所识别出的关键因素,需要进一步分析其战略含义。战略研究本身所处理的问题是不确定性问题。企业要投资建设一家工厂,要购进一批原材料,要生产一种新产品并出售出去,但没有人能够确保该项业务一定能取得利润。对环境因素来说,最重要的不是这些因素的过去和现状,而是未来,而未来是不确定的。要进行战略分析,就必须把这些不确定的因素归纳、简化为可以理解的和可以对之采取行动的形式,这就需要分析环境的性质。分析环境的性质就是要回答这些问题:未来环境变化的不确定性程度有多高?不确定性的来源是什么?如何处理这些不确定性?

可以认为,环境的不确定性随着环境变动性和复杂性的增加而增加。环境的变动性可以从变动速度和变动频率两个维度进行考察。而环境复杂性的分析则需要追根溯源。

静止而又简单的企业环境,其不确定性程度最低。例如,一个静谧村庄的邮电局,其环境变化很少,企业只需考虑为数不多的且起直接作用的因素就够了。当环境因素易于改变且复杂性提高时,不确定性就增加了,这时就需要运用比较复杂和灵活的方式来应付环境的变化。

总之,如果一个组织所处的环境条件比较稳定而简单,这时重点是对组织环境的历史进行详细的分析,也可基于历史趋势对未来做出预测,通过借鉴过去成功的经验就可以对未来做出可靠的决策,当然有可能出现不可预见的事件。

如果组织处于一种动态多变的环境中,战略分析应该更多地立足于理解未来。管理者应对未来变化保持高度的敏感,可借助灵敏度分析、风险分析、情景分析等方法来促进战略决策的制定。在这种情况下,管理上的短视和组织结构的僵化是最为危险的。

对于复杂环境情况,应充分依靠专家来进行战略分析,寻找降低复杂性的途径。例如,建立恰当的组织结构是解决复杂问题的基本方法;用模型和仿真方法有助于解决一些因素较少但关联复杂或变化迅速的环境问题。

第二节　宏观环境分析

本节主要介绍宏观环境分析的内容与方法。宏观环境分析思维导图如图 4-1 所示。

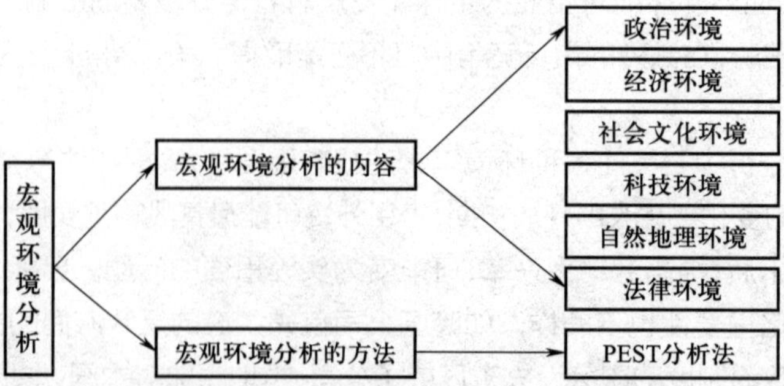

图 4-1　宏观环境分析思维导图

宏观环境指那些给组织生存发展带来机会和挑战的各种社会力量，主要包括政治、经济、社会文化、科技、自然地理、法律等因素。宏观环境分析的目的，在于确认和评价这些环境因素对组织战略目标和战略选择的影响。

一、政治环境

古典经济理论认为，市场是完美的，有一只“看不见的手”在自动调节市场的生产、交换和消费，使市场实现出清。新古典经济理论也认为，只有当市场出现失灵时才需要政府干预。然而，现实世界却超出了传统经济理论的界线，政府出于宏观经济发展的需要、保护消费者、保障工人的利益、促进市场竞争的公平、保护环境等原因，对企业施加了越来越多的影响。政府和企业是现代社会两大最有力量的机构，它们之间从合作到竞争，从友好到对立。自20世纪30年代特别是20世纪70年代以来，西方各国政府在各个方面和各个层次上加强了对企业的管理和控制，几乎所有层面上的政府都卷入了企业的决策，大量的涉及企业运作的国家法律和政府规章，对企业的生产经营环境施加了很大的影响。我们把对企业的生产经营活动产生影响的法律法规和政府的政策规章所构成的环境统称为政治环境。政治环境是指对组织活动、成长具有现时和潜在作用与影响的各种政治因素和力量。主要包括组织所在国家或地区的政治稳定状况、政治制度与体制、执政党所推行的基本政策以及这些政策的稳定性与连续性等。

政治环境包括两个部分：国家立法和政府规章。国家涉及企业的立法是大量的，比如美国的污染防治法案、食品质量保护法案、工资平等法案、空气污染控制法案、商品包装和标签法案、反就业年龄歧视法案、职业安全和健康法案、证券投资者保护法案、消费品安全法案、均等就业机会法案、反托拉斯修正案等。尽管这些法律存在交叉规定的情形，然而国家以立法的形式干预私人经济的程度的确大大地提高了。中国同样存在庞大的法律法规和政府规章系统，其中一些法律法规和政府规章以各种各样的方式影响着企业的生存与发展。

政府规章主要是政府机构对有关企业法律法规的细化。就美国来说，这些机构主要是环境保护局、食品及药物管理局、职业安全和健康署、消费品安全委员会、商品期货贸易委员会、联邦通信委员会、联邦贸易委员会、联邦能源管理委员会、国家劳资关系委员会、国际贸易委员会、证券交易委员会等。政府规章的范围从道路符合污染控制要求的标准到一个特定月份柠檬销售的规定、从大范围的工人健康和安全的规定到期货交易市场交易的特别限制等。中国国务院下属的各部委局都是制定法律法规细则和行政规章的主体，地方政府在其管辖的范围内也有制定和实施地方性政策规章的权力。由于传统计划体制的影响，政府部门对企业的干预程度相对比西方国家表现得大而且复杂。各种商业性法律法规和各级政府的各种各样的商业性政策规章为企业编织了一张巨大的、错综复杂的政治网络，这一政治网络给企业的生存和发展带来了巨大的影响。

小案例

政治环境的影响

古巴革命成功，卡斯特罗政府没收美国企业财产，美国为了报复古巴政府，对古巴长期实行禁运;伊朗巴列维国王被推翻,也没收了美国企业财产,美国同样对伊朗实施了贸易禁运。

二、经济环境

经济因素影响国家或地区的经济是否健康运行,从而决定了企业或者行业是否能够获得足够的回报。经济因素影响的水平和强度因企业而异,企业在进行经济要素分析时,需结合企业自身的实际情况,着重考虑对企业影响甚大的关键经济要素。经济因素分析的主要内容包括:

(一) 中国 GDP 的变化趋势

在宏观经济分析中,GDP 是人们最关注的宏观经济指标。从 2012 年开始,中国 GDP 增长率步入 7% 区间,中国经济进入结构性减速阶段。这是因为:第一,低劳动成本优势正在消失。在过去相当长的一段时间内,由于农村存在大量富余劳动力,我国通过将劳动力从低生产率的农业部门,转移到高生产率的工业部门,从而实现了经济的高速增长。2007 年在内地,一个农民在农村的年收入大约是 5 000 元,但是,他到城市打工年收入大约是 20 000 元。可见,一个农民从农村转移到城市,就他的个人收入而言,为 GDP 做出的贡献就提高了 3 倍。但是,目前我国劳动年龄人口下降,农村富余劳动力正在消失。受此影响,过去那种结构性的增长方式无以为继,导致潜在增长率下降。第二,从国外引进先进技术的空间正在变小。赶超中的发展中国家,之所以可以在短时间内走完发达国家长时间走过的道路,是因为它可以通过引进发达国家现有的先进技术和制度,实现全要素生产率的高速增长。但是,随着发展中国家技术逐渐接近先进水平,可以低成本引进的先进技术或者知识就越来越少。第三,高投资率无以为继。长期以来,我国的投资率一直保持在很高的水平,在工业化过程中,特别是进入重工业阶段,产业链条不断加长,中间投入持续扩大;人口和生产向城市集中,国内市场一体化程度不断提高,城市化水平迅速上升,对基础设施建设和房地产的需求不断扩大,这给资本逐利提供了许多良机。随着工业化和城市化水平的提高,高收益的投资机会逐渐减少,投资收益边际递减。除了工业化和城市化之外,在过去,出口也为包括外资企业在内的境内企业创造了许多投资机会。目前,随着出口的停滞,出口引致的投资也在减少。

根据研究,在“十二五”规划期间(2011—2015 年),中国的潜在增长率估计平均为 7.5%;在“十三五”规划期间(2016—2020 年)估计平均为 6.1%。目前,虽然中国不追求短期高速增长,而是致力于通过改革实现中长期持续稳定增长,但是如果增长率低于经济增长目标值,政府有可能出台适度的经济刺激政策,进行微调。

(二) 通货膨胀和货币政策

通货膨胀以及相关的货币政策也是人们关注的重要的宏观经济指标。通货膨胀对不同行业会产生不同程度的影响。当通货膨胀到来时,对通货膨胀敏感的行业价格会迅速上涨。一般来说,对通货膨胀敏感的行业是价格黏性低的行业,比如说房地产行业就是一类典型的价格黏性低的行业。房地产行业价格黏性低在很大程度上可归因于房地产行业的垄断特性。这一垄断特性的形成是因为:第一,房地产是一种“不动”的商品,较少面临来自其他地区商品的竞争压力，在一定区域范围内，它具有垄断性；第二，房地产是一种投资品，当房地产价格开始上涨时，投机性需求会随之增加，进一步放大房地产的垄断性。而家电行业则是价格黏性高的行业，对通货膨胀反应非常迟钝。这是因为，家电是一种流动性很高的商品，只要哪个地区价格稍微高一些，其他地区的家电就会流入该地区，从而压低价格。

一般来说，只有在事前对通货膨胀做出准确的判断，才可获益，但是，判断通货膨胀趋势相当难，因此，在分析通货膨胀时必须采用科学的分析工具。近年来，发达国家大多采用"新凯恩斯菲利普斯曲线"（New Keynesian Phillips Curve，NKPC）作为分析通货膨胀、制定货币政策的标准工具。传统的菲利普斯曲线只是根据观察到的通货膨胀和 GDP 缺口的经验规律绘制而成，缺乏微观基础。而在 NKPC 中，通货膨胀率和 GDP 缺口的关系，是根据企业利润最大化行为推导出来的。在 NKPC 中，决定通货膨胀率的主要是未来的 GDP 缺口。NKPC 的出现，大大推进了通货膨胀率和实体经济的关系的研究以及货币政策的研究。

（三）可支配收入

2008 年全球金融危机爆发之后，出口需求大幅度萎缩，内需被寄予厚望。影响内需的因素非常多，其中最主要的因素就是消费者的可支配收入。改革开放以来，我国 GDP 增长很快，消费者的可支配收入也有了较大幅度的增长。

但是，这一过程中收入分配差距比较严重，低收入群体收入增长缓慢，高收入群体收入增长较快，导致消费需求不足。一般来说，可支配收入低的人边际消费倾向较高，可支配收入高的人边际消费倾向较低，通俗地讲就是："想花钱的没有钱花，有钱的不想花。"目前，低收入群体在我国仍然占大多数，而收入分配差距的形成又有复杂的社会经济背景，中短期内预计很难有太大的改观。

因此，预计我国在中短期内扩大内需的空间非常有限，企业特别是寄期望于内需的企业在调整发展方向上应该充分关注我国收入分配结构和可支配收入结构的变化。

（四）劳动力成本

劳动力成本优势一直被看作中国企业的竞争优势。即便是这种优势，也面临着消失的危险。中国劳动力成本优势主要依靠广大的农村提供源源不断的劳动力，但是根据 2007 年在 9 省市近 100 个农村的初步调查结果，农村 80% 的青壮年劳力已经外出打工。按农村居民的说法就是"该出去的都出去了"。近年来沿海地区招工难就是这一现状的反映。虽然全球金融危机曾经一度缓解了这一局面，但是劳动力成本提高的基本趋势不会改变。因此，劳动力密集型行业在未来竞争将会越来越激烈。

（五）能源的影响

中国 2003 年成为全球第二大石油输入国，50% 石油需求依赖进口。在错综复杂的世界局势中，石油供应充满不确定性。在全球金融危机之前，国际石油价格屡创历史新高。国际油价在 2008 年 1 月 2 日首次突破每桶 100 美元大关。随后在 7 月 11 日国际油价上触每桶 147.27 美元历史高点。2008 年 9 月，由于美国第四大投资银行雷曼兄弟公司宣布破产，全球金融危机爆发，打击了投资者对全球经济的信心，引发了交易者对世界原油需求的下降，油价也随之下降。在金融危机平息之后，油价重拾升势，近两年又一路走低。但是，总的说来，油价上涨的基本趋势不会改变，在能源的影响下，节能和环保行业未来可能有较大的发展。

三、社会文化环境

社会文化环境是指一个国家和地区的民族特征、文化传统、价值观、宗教信仰、社会结构、人口趋势、文化水平、消费习俗等因素。这些因素直接影响市场购买行为，进而对组织的宗旨和目标、各项活动的开展以及社会责任产生重要影响。

价值观念是指人们对社会生活中各种事物的态度和看法。不同文化背景下，人们的价值观念往往有着很大的差异，消费者对商品的色彩、标志、式样以及促销方式都有自己褒贬不一的意见和态度。组织必须根据消费者不同的价值观念设计产品、提供服务。

宗教是构成社会文化的重要因素，对人们行为的影响很大。不同的宗教在节日礼仪、商品使用等方面有自己独特的要求和禁忌。为此，组织在开展各类活动时要尊重不同的宗教信仰，避免由于矛盾和冲突给组织活动带来不利影响。

文化水平的不同，导致公众对商品和服务需求的差异。通常文化水平高的国家或地区的消费者要求商品包装典雅华贵，附加功能多。因此，企业的市场开发、产品定价和促销等活动都要考虑到消费者所受教育程度的高低，从而制定不同的策略。

消费习俗是指人们在长期经济和社会活动中形成的一种消费方式与习惯。不同的消费习俗，形成对不同商品的需求。研究消费习俗，有利于组织制定正确的战略决策，推动组织稳定发展。

由此可见，研究组织战略，绝不能忽视社会文化环境的影响。

小案例

中国白酒的文化营销

以水井坊为首的白酒品牌对历史文化的挖掘，开创了中国白酒企业历史文化营销的潮流，在此之后，剑南春的盛唐文化、五粮液的明代文化、西凤的商周文化……纷纷进入人们的视野。水井坊元、明、清文化的打造，使得全兴酒实现了从低端品牌向高端品牌的跨越，并且一度成为中国高端白酒的风向标，现在则被国际奢侈品巨头帝亚吉欧成功收购，成为进驻伦敦市场的中国高端白酒品牌。

在以金六福为首的在对品牌本身文化烙印提炼的潮流下，孔府家的儒文化、洋河的蓝色文化、舍得酒的舍得文化、蒙古王的草原文化等纷纷涌现，众多白酒品牌，推动了中国白酒文化营销的发展。

四、科技环境

科技环境是指组织所面临的科学技术要素及与该要素直接相关的各种社会现象的集合，包括那些引起时代性、革命性变化的文明，与生产有关的新技术、新工艺、新材料的出现，发展趋势及应用前景。

技术的发明和进步不仅影响行业的生产和发展，而且影响企业具体的生产和销售活动。因此，绝大多数成功的企业都对新技术的发展情况给予了极大的重视。科技力量主要从两个方面影响企业战略的选择。

首先，技术革新为企业提供了机会。表现在：第一，新技术的出现使得社会和新兴行业增加了对本行业产品的需求，从而为企业开辟新市场和新的经营范围提供了机会。第二，技术进步可使企业通过利用新的材料、新的生产方法、新的生产工艺等途径，生产出高质量、高性能的产品，同时也可大大降低产品成本。第三，互联网技术的广泛推广和应用可以使企业在全球范围内实现最优成本采购和全球流通配送。

其次，新技术的出现使企业面临着挑战。技术进步会使社会对企业产品和服务需求发生重大变化，技术进步对某一行业形成了机遇，对另一行业则构成威胁。另外，新技术也使产品更新换代的速度加快。因此，企业要认真分析技术革命带来的影响，注意市场对新技术和新产品的需求，认清本企业和竞争对手在技术上的优势和劣势，制定能够推动企业可持续发展的战略。

五、自然地理环境

自然地理环境主要指企业从事经营活动所需要或受经营活动所影响的自然资源。从长期观点来看，自然环境应该包括资源状况、生态环境和环境保护等方面。这些因素都会不同程度地影响企业的经营活动，有时会对企业的生存和发展起决定性作用。企业要避免自然地理环境带来的威胁，最大限度地利用环境变化可能带来的市场机会，就应不断地分析和认识自然地理环境变化的趋势，根据不同的环境来制定各项战略决策。

首先，自然资源是指自然界提供给人类各种形式的物质财富，如矿产资源、森林资源、土地资源、水利资源等。这些资源分为三类：一是无限资源，如空气、水等；二是有限但可以更新的资源，如森林、粮食等；三是有限但不可再生资源，如石油、锡、煤、锌等矿物。由于自然资源的分布具有地理的偶然性，分布很不均衡，因此，企业制定投资战略或营销战略前必须详细了解该地的自然资源情况。

其次，一个国家或地区的地形地貌和气候，是企业选择战略必须考虑的地理环境因素，这些地理特征对企业的经营产生一系列影响。例如，气候（温度、湿度等）与地形地貌（山地、丘陵等）特点，会影响产品和设备的性能和使用。在沿海地区运转良好的设备到了内陆沙漠地区其性能可能发生急剧变化。有些国家地域辽阔，南北跨度大，各种地形地貌复杂，气候多变，企业必须根据各地的自然地理条件生产与之相适应的产品，以适应市场的需要。气候、地形地貌不仅直接影响企业的经营、运输、分销等活动，还会影响一个地区的经济、文化和人口分布状况。因此，企业开展经营活动，必须考虑当地的气候与地形地貌，使其管理活动适应当地的地理环境。

六、法律环境

法律环境是指对组织活动加以约束和要求的法律和法规条文等，包括组织所在国家或地区的法律、法规条文以及相关规则的完备程度，法律法规调整的难易程度与迅捷程度等。这些因素常常制约、影响着组织的行为，尤其是影响组织较长期的活动。

目前，世界上很多国家都对企业的商务活动做了大量的立法，它们对企业的影响和约束在不断地增强。就我国而言，商业立法工作也在不断完善，国家陆续颁布了乡镇企业法、公司法、证券交易法、房地产管理法、反不正当竞争法、预算法、物价法、劳动保护法等法令法规。

此外，法律环境因素还包括服从法规的成本。例如，可口可乐在欧洲的市场份额超过50%，当地政府就要求可口可乐公司让度一部分货架空间给竞争对手，以保证消费者有更多的选择。

法律环境对企业来说是不可控的，带着明显强制性的约束力，只有适应这些环境的要求，使自己的行为符合国家的政治路线、政策、法律和法规的要求，企业才能稳定而持续地生存和发展。

扩展阅读

PEST 分析法及扩展

PEST 分析法是外部环境分析的基本工具，它通过对企业面临的政治的（Politics）、经济的（Economic）、社会的（Society）和技术的（Technology）四个方面的影响因素进行分析，从总体上把握企业所处的宏观环境，评价这些因素对企业战略目标和战略制定的影响。

政治方面有政党结构、政局稳定性、政治制度、政府政策、国家的产业政策、相关法律及法规等。经济方面主要内容有经济发展水平、规模、增长率、政府收支、通货膨胀、产业结构等。社会方面有人口构成、地理分布、社会阶层、价值观念、道德水准等。技术方面有基础技术水平、技术研究突破性、高新技术、工艺技术等。

在基本的 PEST 分析基础上，有更多环境分析涉及的因素：

PESTG 分析——Political, Economic, Sociological, Technological, Global

PESTL 分析——Political, Economic, Social, Technological, Legal

PESTLE 分析——Political, Economic, Sociological, Technological, Legal, Environmental

PESTLEE 分析——Political, Economic, Social, Technological, Legal, Environmental, Ethical

PESTLEID 分析——Political, Economic, Social, Technological, Legal, Environmental, International, Demographic

第三节　行业与竞争环境分析

一、行业的定义

行业可以定义为一组提供彼此具有较高替代性的产品或者服务的企业，也就是说，满足同样顾客基本需求的产品或者服务的企业。企业最直接的竞争对手就是那些提供同样顾客需求的公司。由于碳酸饮料、果汁和瓶装水都可以满足顾客对清新、冰凉、非酒精饮料的需求,相互之间替代性很强,因此,我们可将之称为软饮料行业,主要的企业有可口可乐、乐百氏和汇源等。类似地,台式机和便携式计算机能够满足顾客运行应用软件、上网、聊天、发电子邮件以及存储、播放数码影像等基本需求,我们可以将之称为个人计算机行业,主要的企业有戴尔、惠普、联想和苹果等。

外部分析从企业所在的行业入手进行分析,企业必须清楚地意识到自己属于什么样的行业,正确地定义行业边界。在定义行业时,人们总是习惯性地根据产品来界定行业,如啤酒业、服装业等,这样的界定会让企业面对市场时不足以应对相关的市场需求。因此,在定义行业时,企业最好还是从企业为顾客提供的基本需求出发来定义所处的行业,也就是,企业最好采取顾客导向的观点而非产品导向的观点。行业是市场的供应方,行业内的公司是供应商;顾客是市场的需求方,是行业产品的买方。市场提供的基本顾客需求定义了行业的边界。企业认识到这一点非常重要,因为如果企业没有正确定义行业的边界,当出现用不同产品满足同样基本顾客需求的竞争者时,可能猝不及防。例如,可口可乐长期一直认为自己从事的是苏打水行业——碳酸饮料行业,实际上它从事的是软饮料行业,软饮料行业包括不含碳酸的软饮料。20 世纪 90 年代中期,喜欢喝瓶装水、喝果汁饮料的人越来越多,开始挤压苏打水的需求,可口可乐公司大吃一惊。可口可乐公司马上采取行动应对这些威胁,向市场推出了符合潮流的 Dasani 瓶装水,收购了几个饮料公司,包括果汁源和 Glaceau 公司(著名的维生素水制造商)。因为将行业的边界定义得过于狭窄,可口可乐公司几乎错失了软饮料行业内非碳酸饮料需求快速增长带来的商机。

在定义行业时,有必要对行业和产业加以区别。产业是由一组密切相关的行业组成的,例如,计算机产业由几个相关的行业构成:计算机零部件行业(如光驱行业、半导体行业和计算机显示器行业),计算机硬件行业(如 PC 行业、手持计算机行业,这一行业包括苹果的 iPhone 和 iPad 等智能电话,以及大型计算机行业),软件行业。产业内的各个行业彼此有密切的关系,表现形式多种多样。计算机零部件行业的公司是计算机硬件行业的供应商。计算机软件行业的公司为计算机硬件提供重要的配套产品:硬件上只有安装相应的软件,才可以运行。个人计算机行业、手持计算机行业和大型计算机行业之间存在间接的竞争关系,因为它们提供的产品在某种程度上都存在一定程度的相互替代性。例如,PC 销售额增速下降的主要原因之一是智能手机需求大量增加。

在定义行业时,也有必要区分一下行业以及行业内的细分市场。细分市场是依据顾客的个人属性和特定需求等方面的差异,把市场内的顾客再划分为若干顾客群的市场分类过程。每一个顾客群就是一个细分市场,每一个细分市场都是由具有类似的个人属性和特定需求的顾客构成的群体。例如,在 PC 行业,也存在多个细分市场,有喜欢台式机的顾客;有喜欢 iPad 的顾客。个人计算机生产商认识到细分市场的存在,他们提供不同类型的产品吸引不同细分市场的顾客。然而,所有细分市场的顾客都有一个共同的需求,那就是需要有可以运行应用软件的装置,这是个人计算机提供的基本需求。

因为顾客需求在不断变化,或者新的技术使得不相关行业的公司可以用新的方法满足现有顾客的需求,行业边界也在随时间发生变化。我们曾经提到过,在20世纪90年代,软饮料的顾客口味发生变化,越来越喜欢瓶装水和非碳酸的果汁饮料,可口可乐公司发现瓶装水和果汁饮料事实上跟自己是同一行业的,在这种情况下,可口可乐面临着瓶装水和果汁饮料公司的竞争。

在技术变革如何改变行业边界上,一个有名的例子即现在计算机和手机行业正在融为一个行业,形成移动PC行业。历史上,手机行业是一个不同于计算机硬件的行业,手机和计算机是两种互不相关的产品。然而,目前手机越来越像计算机,结果两个行业的边界越来越模糊。例如,诸如苹果iPhone等数字无线智能电话只不过是一部小型的无线手持计算机加电话通话功能。因此,三星、诺基亚等移动电话制造商发现他们现在面临着苹果等传统的计算机公司的直接竞争。

二、行业的竞争结构分析

迈克尔·波特曾说过,企业获得超额利润的条件是:进入一个有发展潜力的行业,并且在这个行业中占据有利竞争地位。行业是企业生存和发展的空间,行业的兴衰存亡对企业的影响非常重要。

行业与竞争环境分析的首要任务是:探索企业所在行业的长期盈利能力、发现影响行业吸引力的因素。行业分析集中讨论以下几个方面的问题:企业所在的行业具有怎样的经济特征?所在行业的竞争环境如何?行业的关键成功因素有哪些?引起行业变化的驱动力是什么?哪些经济因素对企业具有决定性的作用?准确回答这些问题,可以帮助企业战略管理者明确哪些因素影响行业的变化,并对行业未来的发展方向做出客观的预测。

(一)行业主要经济特征分析

行业由一群生产相近替代品的公司组成,它们的产品有着许多相同的属性,以至于它们为争夺相同的顾客群而展开激烈的竞争。正因为每一个行业在结构、侧重点、顾客群体、优势劣势等方面都存在很大的差异,身处行业之中的企业在制定战略的时候,必然会受到行业特征的影响。我们在进行行业环境分析时,首先要从整体上把握行业的主要特征。概括某一行业的特征应考虑以下因素:市场规模、增长速度和行业成长周期;竞争范围、竞争者数量和相对规模、竞争者的产品或服务的差别度;购买者数量多少和相对规模大小;一体化程度高低;分销渠道的类型;技术变革速度快慢;规模经济或学习效应或经验曲线;能力利用率高低;资源要求与进入及退出难度;行业盈利性水平的高低,等等。

(二)行业竞争结构分析

行业竞争状况决定了该行业的竞争强度与盈利水平,也决定了该行业的吸引力与投资价值。行业竞争结构分析,可以通过迈克尔·波特创立的五种竞争力量分析模型(五力模型)来加以分析的。波特在1980年推出的《竞争战略》一书中提出:存在于行业中的竞争力量远不止现有企业,应该包括五种竞争力量,即新进入者的威胁、现有企业间的竞争、顾客的议价能力(力量)、供应商的议价能力(力量)、替代品的威胁,如图4-2所示。这五种竞争力量的状况及其综合强度的较量,共同决定了行业的竞争激烈程度及盈利水平,从而决定了企业在行业中的竞争优势和最终盈利能力。当竞争激烈时,意味着行业的总体盈利能力较低,导致许多企业纷纷退出该行业;相反,当竞争不激烈时,行业的总体盈利水平较高,这时,吸引大量的企业纷纷进入。当然,对于不同的企业来说,所面临的五种竞争力量的相对强弱情况会有所差异,因而其对于企业经营及盈利的相应影响也有所不同,每一个企业都应认真评价这些力量,有重点地分析其对于企业经营的不同作用。

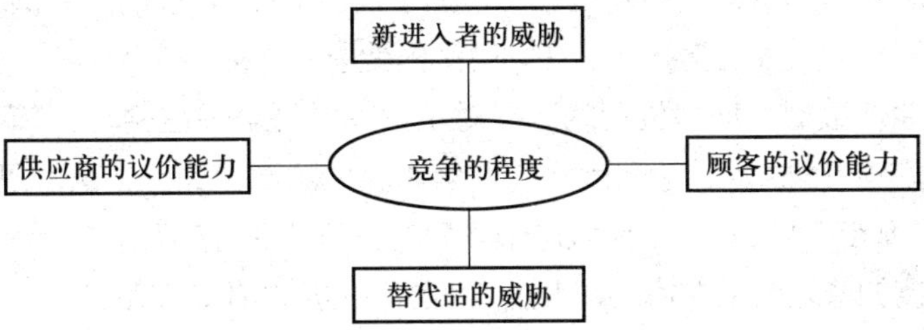

图 4-2 五力模型

1. 新进入者的威胁

新进入者进入之后,将导致行业生产能力增加,加剧行业的竞争程度。新进入者的威胁取决于行业进入壁垒,行业进入壁垒就是潜在的进入者进入市场必须逾越的障碍。行业进入壁垒有高有低,对于不同的企业也有不同的含义,而且一般来说,行业进入壁垒都具有一定的时效性,在分析新进入者威胁的时候,应注意行业进入壁垒能够维持多久。行业进入壁垒通常包括以下五种因素。

(1) 规模经济性。许多行业都存在最低规模经济水平,当生产规模低于这一水平时,企业无法盈利。通常,新进入企业形成规模生产需要一定的时间,在达到最低规模之前,难免会出现亏损,如果企业认为这一亏损超过未来的盈利预期,就会放弃进入该行业的企图。

(2) 资金门槛。从理论上讲,在资本市场非常发达的经济中,只要某个项目能够盈利,资金来源应该就没有问题,也就不存在什么资金门槛了。但是,在实际经营活动中,一方面由于企业融资渠道有限,另一方面进入各个行业的投资规模越来越大,资金门槛往往形成较大的壁垒。可以说,资金门槛仍然是影响各个行业竞争程度的一个重要因素。随着中国资本市场的发展,资金门槛对竞争程度的影响将会逐渐下降,这将影响以资金门槛构建竞争壁垒的企业的生存。

(3) 产品差异性。在产品有差异的行业中,现有企业拥有品牌认可和顾客忠诚的优势,随着时间的推移,顾客会逐渐相信一个企业的产品是独特的,这样就形成了进入壁垒。新进入者想要占有一定的市场份额,就必须同现有企业竞争顾客。这就迫使进入者花费大量的资金来消除现有的顾客忠诚度,然后建立自己的客户群。这往往是一个缓慢的、代价高昂的过程。在这个时期,新进入者不得不承受缓慢的收入增长、较高成本和较低利润甚至是亏损,无形中给企业带来特殊的风险,如果进入失败的话,就会血本无归。

(4) 绝对成本优势。现有企业可能拥有新进入者难以复制的成本优势。新进入者可以通过一定的手段来克服现有企业的这些成本优势,但这样又会增加企业的成本、减少利润。下面列举了几种常见的与成本优势无关的因素:

① 专利和专利技术。在很多产业中,企业为了获得竞争优势自主研发技术,这些技术得到专利法保护,为企业带来竞争优势。例如,在药品行业,企业的专利技术确保企业能够将竞争者挡在门外。

② 原材料来源优势。原材料是制造企业生产的起点,因此原材料的来源在一定程度上影响了企业最后的获利能力。购买到优质、价格低廉的原材料可以有效地建立企业的成本优势。但对于新进入者来说,现有企业已经占据了优质的原材料,而且与供应商建立了良好的关系,要取得原材料来源优势并不是在短时间内就能完成的。

③ 有利的地理位置。地理位置的选择对企业来说是至关重要的。有利的地理位置可以大量降低企业的运输成本。排名世界 500 强第一位的零售业巨头沃尔玛在创建初期,选择在偏远的中小城镇开店,避开了大城市中激烈的竞争,同时又得到了廉价的土地和人工成本。可以说,早期的选址策略在很大程度上为沃尔玛的成功奠定了基础。

④ 政府政策。政府往往对关系国计民生的重要产业(如金融、航空、能源、交通、医药等)及对财政收入有重要贡献的产业实行严格的控制。另外一些公共事业,如广播等,政府也会限制进入。

(5) 现有企业表现出的反击决心。当现有企业采取降价等措施反击新进入企业时,潜在竞争对手就会评估这种情况下自己进入现有市场的损益。如果威胁是可信的,并且在这种情况下自己得不偿失,潜在竞争对手就会打消挑战现有企业的企图。在现实生活中,我们经常可以看到现有市场出现新的竞争者时,现有企业就会采取降价促销的措施,这一方面可以将刚进入这一市场的新的竞争者挤出市场,另一方面可以阻吓还可能接踵而来的潜在竞争者。

2. 替代品的威胁

普遍来讲,一个产业的所有公司都与生产替代产品的产业竞争。替代品是指那些来自不同产业的产品或服务,它们具有的功能大致和现有产品相同。替代品的进入必然会对现有企业的销售和收益造成威胁,如眼镜生产商面临隐形眼镜生产商的竞争,报纸同电视媒体在提供新闻方面展开竞争。

不同的替代品对现有产品的替代程度是有差异的。例如,同是飞机的替代品,高速列车的替代能力就比客运大巴强。替代品的存在为产品价格设置了上限,当产品价格超过该界限时,用户将转向购买替代品。不难发现,在开通高速列车的城市之间,飞机折扣后的价格接近于列车票的价格。替代品为现有产品设定了价格上限,也就意味着现有企业只能在有限的利润空间内竞争,竞争对手之间的竞争将更加激烈。

替代品不仅会挤压现有产品的利润空间,更重要的是,它还会冲击现有产品的市场空间。最典型的案例当数数码相机了。自数码相机问世后,传统的胶卷生产企业的生存便受到了威胁,最终导致胶卷生产巨头柯达向法院提出破产申请。而在 2000 年之前,谁也不会想到柯达会有如此的结局。

价格上有吸引力的替代品往往会给现有企业带来很大的竞争压力,替代品会迫使现有企业为保持一定的销售额和留住现有顾客而降低产品价格。如果替代品的价格比现有产品的价格低,那么现有企业就会受到降价的压力,从而不得不降低成本来吸收降低价格的压力。

当然，顾客在注重价格的同时，也会比较替代品与现有产品在彼此的质量、性能、服务等方面的差别。替代品生产商往往会以比竞争对手低的价格，提供在质量、性能和服务等方面差不多甚至更好的产品来与竞争对手争夺市场份额。

来自替代品的竞争强度的另一个决定因素是本产业中的顾客转向替代品的难度和成本。常见的转换成本有：可能的设备成本、员工培训、建立新供应关系的成本等。如果转换成本较高，那么替代品就必须提供某种特殊的性能或是更低成本来吸引顾客脱离原有的供应商。如果转换成本较低，那么替代品供应商说服购买者转向他们的产品就要容易得多。

总之，替代品的价格越低、质量和性能越好、购买者的转换成本越低，其产生的竞争压力就越大；反之，就越小。

3. 供应商的议价能力

供应商是为企业提供原材料、设备等投入品的企业，供应商的力量指供应商与现有企业的讨价还价能力，供应商对现有企业的影响主要体现在价格与质量上。在以下几种情况下，供应商的议价能力可能相对大一些：

(1) 供应商的数目很少并高度集中。当供应商数目很少并高度集中时，供应商的力量就相当强大，供应商借机抬高价格或通过降低品质来减少成本的能力也就比较强。例如，计算机芯片产业一直被英特尔公司垄断，虽然出现了诸如AMD等竞争对手，但是实力相差很远，它们同样要生产与英特尔标准兼容的芯片。在这种情况下，英特尔具有较强的讨价还价能力，因此它可以收取较高的价格。在我国，通信产业也存在同样的情况。对于手机用户来说只有移动和联通两家主要的运营商，可供选择的机会太少，就使得这两家运营商有很强的议价能力。

(2) 替代品很少。当缺乏其他产品来替代供应商的产品时，供应商的议价能力就很强。在中国市场，上海宝钢是汽车用钢板的最主要供应商，因此宝钢在产品定价方面拥有很高的话语权。

(3) 更换供应商的成本太高。在企业生产过程中，往往或多或少存在对供应商产品的路径依赖问题。路径依赖指的是习惯了某种事物，并且产生了某种依赖性的现象。有些企业在长期使用某一供应商的产品或者服务之后，企业的生产工艺、员工的工作习惯等都比较适应这个供应商产品的特点，相互之间已经有了一种默契。如果更换了供应商，生产工艺要重新调整，员工适应新的供应商产品需要一个过程，有时候成本相当高。因此，企业在选择供应商时都比较慎重，一般来说，不太会轻易更换供应商。

除此之外，企业之间长期交易有利于形成隐性契约，隐性契约有利于降低交易成本。如果更换供应商，就将失去隐性契约这一无形资产。

(4) 现有企业并非供应商的主要客户。通常，供应商的客户清单上有主要客户和非主要客户之分，非主要客户主要是零售客户。主要客户是供应商维持销售额的主体，供应商看重的是销售额，通常会给主要客户较大的折扣；零售客户对于供应商销售额影响不大，供应商看重的是利润，通常不会给予折扣。在某些情况下，两者价格差距甚至大到让普通消费者难以置信的地步。一般来说，非主要客户是无法撼动供应商的定价的，只能是价格的接受者。

4. 顾客的议价能力

为了降低购买成本，购买者通常会讨价还价。他们总是希望以低廉的价格购买高质量的或包含更多优质服务的产品。购买者的这一议价能力必然影响行业内现有企业的盈利能力。一般来说，满足以下条件的买主可能具有较强的议价能力：

（1）买方的数量较少。当顾客数量很少时，现有企业交易对象不多，没有多大的选择权，在这种情况下，顾客的议价能力就比较强。

（2）买方所购产品占其成本的很大比例。当顾客购买的产品占其成本很大比例时，顾客稍做让步，就有可能伤筋动骨。在这种情况下，顾客议价能力就会增强，让步的可能性很小。

企业的成本包括原材料成本和人工成本等，在一些企业中，原材料在成本中间的占比很高，例如，小麦成本占面粉加工厂总成本的95%以上。这类企业控制成本的最有效措施，就是压低采购价格。面粉厂在削减成本时，首先采取的措施就是优化采购流程，控制好原料成本。

（3）顾客的行业利润低。一般来说，当顾客所在行业的利润很低时，顾客对价格就会非常敏感，在讨价还价中斤斤计较。例如，零售行业利润比较低，供应商在向超市供货时普遍能感受到来自超市的价格压力。

（4）产品差异性小。当产品差别不大时，顾客有很多种选择，选择余地较大，相应地，议价能力就较强。比如说，饮料种类很多，品牌也不少，如果你不喜欢果汁饮料，你可以选择酸奶，而酸奶也有蒙牛和伊利，如果酸奶也不适合你的口味，你可以选择其他的。

（5）顾客具有后向整合能力。买方有能力实现后向一体化，而供方不可能前向一体化。这时，供方可能以后向一体化相威胁来获得讨价还价的优势。

（6）购买者转移供货渠道的成本很低。当购买者转移供货渠道的成本很低时，现有企业担心会失去客户，只要有可能，就会尽量满足客户的价格要求。在这种情况下，顾客议价能力就比较强。例如，中国服装、玩具生产厂商的质量水平近似，会为获得海外订单而相互压价；一旦中国供应商的价格失去优势，海外用户就会转向东南亚或东欧的企业。

（7）顾客掌握充足的市场和产品相关信息。信息不对称产生贸易机会，如改革开放初期，信息不对称的现象很普遍，从商就很容易挣钱。互联网的广泛使用，使许多消费者可以很方便地了解到各种产品的信息，所以许多商界人士都感叹："钱越来越难挣了。"当顾客掌握充足的市场和产品相关信息时，他的议价能力就很强。

三、主要竞争对手分析

一个企业处于某一行业中，它的发展要受到行业环境的影响，同时，每个企业都有自己的竞争对手，竞争对手的一举一动都会对企业的发展产生影响。分析竞争对手的目的是可以了解企业当前的经营状况、可能采取的战略行动、对行业环境的变化可能采取的应对措施等。由此可见，对竞争对手的分析是企业制定良好战略的先决条件。一个行之有效的战略必须建立在充分了解竞争对手战略的基础之上。

在对竞争对手进行分析之前，首先应该明确谁是行业内的竞争对手。显然，对行业内所有重要的竞争对手都必须进行分析，其中包括现有竞争对手和潜在竞争对手。预测潜在竞争对手并不容易，但他们可能是具有以下特征的企业：在本行业可以很容易克服进入障碍；进入本行业可产生明显协同效应的公司；可能前向整合或后向整合的客户或供应商。

与此同时，预测可能发生的兼并或收购，无论是在现有竞争者中发生还是包括行业外的公司，也是可行的办法。

通过成功地预测竞争对手下一步的行动，企业可以制定有效的防范措施，使企业在与竞争对手的对抗中处于势均力敌的地位甚至是超越竞争对手。当然，企业要想超越竞争对手，除了分析获得的关于竞争对手的信息外，还应该勇于改变“游戏规则”，不断创新。这样，企业才能在竞争中取得胜利，获得持续竞争优势。

小链接

迈克尔·波特及波特三部曲

迈克尔·波特（Michael E. Porter，1947— ）是哈佛商学院的大学教授（大学教授，University Professor，是哈佛大学的最高荣誉，迈克尔·波特是该校历史上第四位获得此项殊荣的教授）。迈克尔·波特在世界管理思想界可谓是“活着的传奇”，他是当今全球第一战略权威，是商业管理界公认的“竞争战略之父”。在2005年世界管理思想家50强排行榜上，他位居第一。

迈克尔·波特有14本著作，其中最有影响的有《品牌间选择、战略及双边市场力量》(1976)、《竞争战略》(1980)、《竞争优势》(1985)、《国家竞争力》(1990)等。迈克尔·波特是当今世界上竞争战略和竞争力方面公认的权威，是现代最伟大的商业思想家之一。他毕业于普林斯顿大学，后获哈佛大学商学院企业经济学博士学位，32岁即获哈佛商学院终身教授之职。他拥有瑞典、荷兰、法国等国大学的8个名誉博士学位。波特获得的崇高地位缘于他所提出的“五种竞争力量”和“三种竞争战略”的理论观点。作为国际商学领域备受推崇的大师之一，他的《竞争战略》一书已经再版了53次，并被译为17种文字；另一本著作《竞争优势》，至今也已再版32次。波特的三部经典著作《竞争战略》《竞争优势》《国家竞争优势》被称为“竞争三部曲”。

其中，《竞争战略》中提出了“五力模型”和“三种一般战略”。

决定企业获利能力的首要因素是“产业吸引力”。企业在拟订竞争战略时，必须深入了解决定产业吸引力的竞争法则。竞争法则可以用五种竞争力来具体分析。这五种竞争力包括：新进入者的威胁、顾客的议价能力、替代品的威胁、供应商的议价能力及现有企业间的竞争。

通常来说，成本优势和差异化是企业比竞争对手更擅长因应五种竞争力的结果。将这两种基本的竞争优势与企业相应的活动相结合，就可导出可让企业获得较好竞争位置的三种一般性战略：总成本领先战略、差异化战略及集聚战略。

《竞争优势》提出了企业的价值链分析工具。竞争优势源自企业内部的产品设计、生产、营销、销售、运输、支援等多项独立的活动。价值链将企业的各种活动以价值传递的方式分解开来，来检视企业内部的所有活动及活动间的相互关系，借以了解企业的成本特性，以及现有与潜在的差异化来源，从而有助于形成竞争优势。

《国家竞争优势》中指出，国家在企业竞争中扮演了重要的角色。波特提出了“钻石体系”（又称菱形理论）的分析架构。钻石体系是一个动态的体系，它内部的每个因素都会相互拉推影响其他因素的表现，同时，政府政策、文化因素与领导魅力等都会对各项因素产生很大的影响，如果掌握了这些影响因素，将能构建国家的竞争优势。

资料来源：百度百科。

第四节　市场环境分析

市场环境分析，主要包括市场结构、市场需求及消费者行为分析等。企业进行经营决策首先要了解其内部与外部环境及其他方面的信息，而准备掌握这些信息的途径就是进行市场分析。这里主要从市场结构和市场需求方面的分析入手，再结合对消费者行为分析，从而掌握可能影响企业进行经营决策的信息。

一、市场结构分析

企业的生存和发展离不开市场，在不同的市场结构中，企业的竞争也具有不同的特征。

（一）市场结构划分标准

市场结构问题从本质上说反映了一个市场中各个企业自身之间的竞争关系。通常我们可以根据以下标准来划分市场结构：市场上厂商的数目、厂商所生产产品的差别程度、单个厂商对市场价格的控制程度、厂商进入或退出一个产业的难易程度。

（二）市场类型的划分及特征

根据上述分类标准，可以将市场结构划分为四种类型：完全竞争市场、垄断竞争市场、寡头垄断市场、完全垄断市场。

1. 完全竞争市场

完全竞争市场的特征是：这个市场当中有无数的买者和卖者，价格不是由某一个厂商决定的，在这个市场当中买者和卖者都是价格的接受者，而不是决定者，不存在垄断现象。在完全竞争市场中，市场上每一个厂商提供的商品都是完全同质的；所有的资源具有完全的流动性；信息是完全的。

2. 垄断竞争市场

它是这样一种市场组织：一个市场中有许多厂商生产和销售有差别的同种产品。垄断竞争市场的条件主要有以下三点：

（1）在生产集团中有大量的企业生产有差别的同种产品，这些产品彼此之间都是非常接近的替代品。在这里，产品差别不仅指同一种产品在质量、构造、外观、销售服务条件等方面的差别，还包括商标、广告方面的差别和以消费者的想象为基础的任何虚构的差别。一方面，由于市场上的每种产品之间存在差别，或者说，由于每种带有自身特点的产品都是唯一的，因此，每个厂商对自己的产品的价格都具有一定的垄断力量，从而使得市场中带有垄断的因素。一般说来，产品的差别越大，厂商的垄断程度也就越高。另一方面，由于有差别的产品相互之间又是很相似的替代品,或者说,每一种产品都会遇到大量的其他相似产品的竞争,因此,市场中又具有竞争的因素。

(2) 一个生产集团中的企业数量非常多,以至于每个厂商都认为自己的行为影响很小,不会引起竞争对手的注意和反应,因而自己也不会受到竞争对手的任何报复措施的影响。

(3) 厂商的生产规模比较小,因此,进入和退出一个生产集团比较容易。

3. 寡头垄断市场

寡头垄断市场是指少数几家厂商控制整个市场的产品和销售的这样一种市场组织。西方国家中不少行业都表现出寡头垄断的特点,如美国的汽车业、电气设备业等,都被几家企业所控制。寡头垄断市场根据产品特征,可以分为纯粹寡头市场和差别寡头市场两大类。在纯粹寡头市场中,厂商之间的产品没有差别,如钢铁行业、电力行业、水泥行业等,而在差别寡头市场中,厂商提供的产品之间是有差别的,如彩电行业、汽车行业等。

4. 完全垄断市场

完全垄断市场是指整个行业中只有唯一的一个厂商的市场组织。该市场中只有一个厂商生产和销售产品,因此没有任何的替代品,其他厂商进入该市场也极为困难或不可能。在这样的市场中,排除了任何的竞争因素,故该垄断厂商可以控制和操纵市场价格。

(三) 不同市场结构中的企业对策

通常看来,完全竞争市场在现实中是不存在的,我们只是将一些农产品市场,如大米市场、小麦市场等看作比较接近完全竞争市场。因为如果一个市场是完全竞争的,则企业之间存在相互依存性,也没有任何对抗性的活动,显然,在现实社会中,这样的市场结构是不存在的,但它可以作为分析其他市场结构的基础。

在垄断竞争的市场结构中,各企业之间存在一定程度的相互依存性和对抗性的竞争关系,因此便构成了垄断因素和竞争因素并存的基本特征。在现实生活中,垄断竞争的市场组织在零售业和服务业是很普遍的,如理发、餐饮等。一般说来,企业可以采取价格竞争手段和非价格竞争手段,力争获得利润最大化。在这里,非价格竞争手段的实质是形成产品的差异化,主要是通过产品的质量、性能、包装,有效的分销渠道,多样的促销方式等,改变消费者对产品的心理感觉。由于企业数量很多并且市场份额小,故而企业决策可以相对独立地做出,往往不考虑竞争对手的反应。

在寡头垄断市场中,每个厂商的产量在全行业总产量中占有较大的市场份额,从而企业之间存在很强的相互依存性或激烈对抗的竞争。每个寡头厂商在采取某项行动之前,首先要推测或掌握自己这一行动对其他厂商的影响以及其他厂商可能做出的反应,然后才能在考虑到这些反应方式的前提下采取最有利的行动。因此,每个寡头厂商的利润都要受到行业中所有厂商的决策的影响。

严格意义上的完全垄断市场在现实中是几乎不存在的,但是确实存在形成垄断的内在原因,主要原因是十分显著的规模经济,即自然经济。通过对专利和资源的控制,以及政府赋予的特许权等,企业可以处于垄断地位,因此,这些企业还需要对政府的行为予以关注。

二、市场需求分析

决定企业获利能力的首要因素是市场对其产品的需求。由于需求是决定企业获利能力的一个主要因素,对未来市场需求的估计便成了企业全部计划活动的关键。市场分析的另一个重要方面就是对市场需求状况的分析。

（一）市场需求的决定因素

一种商品的需求是指消费者在一定时期内在各种可能的价格水平愿意而且能够购买的该商品的数量。根据定义,如果消费者对某种商品只有购买欲望而没有购买能力,就不能算作需求。需求必须是指消费者既有购买欲望又有购买能力的有效需求。

一种商品的需求数量是由许多因素共同决定的。其中主要的因素有:该商品的价格、消费者的收入水平、相关商品的价格、消费者的偏好和消费者对该商品的价格预期等。一般来说,一种商品的价格越高,该商品的需求量就越小。相反,价格越低,需求量就会越大;对于大多数商品来说,当消费者的收入水平提高时,就会增加对商品的需求量。相反,当消费者的收入水平下降时,就会减少对商品的需求量;当一种商品本身的价格保持不变,而与它相关的其他商品的价格发生变化时,这种商品本身的需求量也会发生变化。例如,在其他条件不变的前提下,当馒头的价格不变而花卷的价格上升时,人们往往就会增加对馒头的购买,从而使得馒头的需求量上升;当消费者对某种商品的偏好程度增强时,该商品的需求量就会增加。相反,偏好程度减弱,需求量就会减少;当消费者预期某种商品的价格在未来下一期会上升时,就会增加对该商品的现期需求量,当消费者预期某商品的价格在将来下一期会下降时,就会减少对该商品的现期需求量。

（二）需求价格弹性分析

当一种商品的价格发生变化时,这种商品的需求量会发生变化。除此之外,当消费者的收入水平或者相关商品的价格等其他因素发生变化时,这种商品的需求也会发生变化。同样地,当一种商品的价格发生变化,或者这种商品的生产成本等其他因素发生变化时,这种商品的供给量会发生变化。弹性概念在经济学中得到广泛应用。一般说来,只要两个经济变量之间存在函数关系,我们就可以用弹性来表示因变量对自变量变化的反应的敏感程度。具体来说,弹性是指当一个经济变量发生 1% 的变动时,由它引起的另一个经济变量变动的百分比。例如,弹性可以表示当一种商品的价格上升 1% 时,相应的需求量和供给量的变化的百分比具体是多少。

一般来说,一种产品价格越高,该产品的需求量就会越小;反之,价格越低,需求量就会越大。所以,需求曲线一般是向右下方倾斜的。与需求函数相关的另一个重要概念是需求的价格弹性,即需求对价格变化的反应程度。简单来说,如果需求相对价格的变化反应大,就意味着该产品的需求价格弹性大,反之,则意味着该产品需求价格弹性小。需求价格弹性在需求曲线上表现为曲线的斜率,即曲线的倾斜程度。

产品的需求弹性是市场需求分析的重要内容,它是决定公司收益水平的关键因素。产品的需求价格弹性可能是不同的(这种不同,可能表现为同一地域上的两种产品,也可能表现为一种产品在不同的地域),那么,生产厂商最佳的定价策略应遵循“逆弹性法则”,即对需求弹性低的产品定高价,而对需求弹性高的产品定低价。

(三) 影响产品需求价格弹性的主要因素

(1) 产品的可替代程度。一般来说,一种产品的可替代品越多,相近程度越高,该产品的需求弹性就越大;反之,该产品的需求弹性就越小。

(2) 顾客在某一商品上的支出在其总支出中所占的比重。一般来说,顾客在该商品上的消费支出在其总支出中所占的比重越大,该商品的需求弹性越大;反之,则越小。

(3) 顾客对商品的认知程度。一种新产品,顾客对其不了解时,需求弹性一般比较大,当顾客认知了,甚至产生了依赖,其需求弹性就会变小。

(4) 顾客转换到替代品的成本。转换成本越大,需求弹性就越小;转换成本越小,需求弹性就越大。

(5) 顾客对产品互补品的使用情况。例如,对一个拥有汽车的人来说,汽油价格的升降不大会影响他的汽油消费量。

(6) 商品对购买者的重要程度。一般来说,生活或生产必需品的需求弹性较小,非必需品的弹性较大。

影响需求价格弹性的因素与五力模型中影响购买者讨价还价能力的因素有很多相似之处,事实上,一种产品需求弹性与购买该商品的购买者的讨价还价能力是正相关的。

三、消费者行为分析

(一) 战略制定与消费者行为

美国市场营销协会把消费者行为定义为:“感知、认知、行为以及环境因素的动态互动过程,是人类履行生活中交易职能的行为基础。”这一定义中至少有三层重要的含义:第一,消费者行为是动态的;第二,它涉及感知、认知、行为以及环境因素的互动作用;第三,它涉及交易。

从制定战略的角度讲,消费者行为的动态属性显示,我们不能期望同一个战略在所有的时期对所有的产品、市场和行业都适用。虽然这一点看起来好像非常明显,但是的确有很多公司都没有很好地认识到在不同市场上调整其战略的必要性。理解消费者是制定战略的关键因素,几乎没有哪一个战略决策可以不考虑消费者行为。比如说,竞争分析需要弄清楚消费者对竞争品牌有何感受和想法;哪些消费者购买这些品牌,原因何在;消费者在什么情况下购买和使用这些竞争产品等问题。

(二) 消费者行为影响因素

消费者行为是指消费者受需求动机的影响而做出的购买决定、修改购买方案、完成购买过程的行为。消费者行为过程既是消费者的思维、心理过程,也是不断采取行动、产生方案、解决问题的过程。影响消费者行为的因素有社会的、历史的、经济的等多方面极其复杂的因素,其中最重要的是经济和制度方面的因素,而且这些方面的因素又可以分为外部环境因素和内在行为因素。这些因素之间相互联系、相互作用，共同构成了影响消费者行为的因素体系。

1. 社会阶层

消费者均处于一定的社会阶层。同一阶层的消费者在行为、态度和价值观念等方面具有同质性，不同阶层的消费者在这些方面存在较大的差异。不同社会阶层的消费者所选择和使用的产品是存在差异的。

2. 个性心理因素

消费者的行为会受到自身心理因素的影响。心理因素主要指消费者的心理活动。心理活动是人类特有的高级活动，也是世界上最复杂的活动之一。而消费者在消费过程中进行的心理活动，正是人类这一复杂活动的典型反映。对于消费者而言，他们的个性心理主要表现在个性倾向与个性心理两个方面。个性倾向包括兴趣、爱好、需要、动机、信念、价值观等，个性心理则是指人的能力、气质与性格等。正是由于个性心理的千差万别，面对同一消费对象或环境刺激，不同消费者才会产生完全不同的心理反应，并做出不同的行为表现。

3. 家庭

不同时期、不同类型的家庭具有不同的消费特点，在家庭仍作为独立的消费经济单位的条件下，家庭特点对于消费行为具有重要的影响。家庭成员知识结构，特别是家庭核心成员受教育程度、知识水平和知识结构不同，都能够影响消费的内容、结构和水平。一般说来，文化程度越高，理智程度也越高，对商品的品格要求也越高，对文化娱乐的要求也越高，对特殊商品的需求也越多。

4. 文化和亚文化

社会文化所包含的内容是多方面的，它的每一个方面都会影响社会成员的行为，当然也包括他们的消费行为。消费价值观属于人的经济价值观范畴，是指人们的消费行为、消费方式和价值取向。不同的消费者对同一种消费品的价值观是不一样的，由此会影响他们的消费行为。虽然价值观具有相对稳定性，但并不是说价值观是一成不变的。环境的变化、知识的增长、经验的积累，会影响人的世界观、人生观的改变，价值观也会随之变化。

5. 参照群体

心理学研究表明，一个人的习惯、爱好以及思想行为准则不是天生就有的，而是在后天的社会活动中，受外界影响而逐渐形成的。在多种外界的影响中，参照群体对消费者心理与行为有着至关重要的影响。其作用形式包括以下方面：提示、模仿、情绪感染与循环反应、行为感染和群体促进、认同等。

复习思考题

1. 从哪些渠道可以获得关于外部环境的信息？

2. 简述竞争对手分析的内容。

3. 解释影响一个企业的产业竞争环境的五种基本力量。以家电行业为例，分析产业竞争五种基本力量对家电行业的影响。

4. 以我国东南沿海地区为例，分析所在的产业集群现象及其对地区竞争力的影响。

5. 在消费者分析中如何划分顾客细分市场？

在线测评

请扫描二维码，在线检验学习效果。

案例讨论

“卖菜”的互联网巨头

2019 年伊始，美团、阿里、腾讯等互联网巨头相继瞄准“卖菜”市场，线上线下发力拓展业务边界。

近日，在上海上线两个月的美团买菜 App 正式进入北京，启动了北京天通苑与北苑两大居民区的便民服务站测试点，在社区设立集仓储、分拣、配送于一体的门店，距离社区 1.5 千米的社区居民可以使用“手机买菜”服务。美团买菜只做线上生意。除了面临线下传统商超的竞争之外，美团买菜更直接的竞争对手是每日优鲜、盒马鲜生等同类产品。

美团此次进军“卖菜”服务领域没有大规模宣传，也未在多个城市同时开店。根据美团的介绍，美团买菜是一款专门用来买菜的 App，以“生鲜电商”和“社区化服务”为切入口，足不出户就能买到新鲜蔬菜。不过对于美团买菜能够扩张到多少个城市，美团相关负责人向《证券时报·创业资本汇》记者表示，美团买菜业务现在北京区域仅为试点，国内其他城市仍待推进。

业内人士表示，美团买菜与盒马鲜生的定位存在差异。盒马主要在一二线城市，所售生鲜产品也多有优质、高价的特点。而美团买菜切入的是大众化的日常买菜需求，瞄准的是下沉市场。

显然，当前巨头不断渗透进生鲜市场。2019 年 3 月 29 日，谊品生鲜就获得了腾讯领投的 20 亿元 B 轮融资。苏宁小店也宣布将于 4 月下旬在小店 App 上线商品预售和苏宁菜场两大重点功能模块，其中苏宁菜场主打 24 小时内从原产地直发至门店，用户最快次日早上 7 点到门店自提。

在 2019 阿里本地生活生鲜伙伴大会上，口碑饿了么宣布将建立全新的生鲜开放平台，通过数字化、供应链、配送、流量、金融五大方式服务平台商户共同成长，其重点目标就是最近最火的线上卖菜市场。大会上，叮咚买菜与口碑饿了么签署战略合作协议，未来将共同探索包括物流、营销、售后、会员等在内的各类合作方向。

叮咚买菜通过高密度前置仓布局，进行单点门店库存精准预测，使用口碑饿了么提供的海量周边用户画像数据，进行更精准的数字化营销。据了解，接入饿了么之后，叮咚买菜过去一年在平台单量增长 20 倍，月交易额超过了千万元。

除了近日试水的美团买菜，据《证券时报·创业资本汇》记者不完全统计，目前线上卖菜的App包括叮咚买菜、买菜呗、便民买菜等多达50家。在阿里旗下盒马鲜生、腾讯旗下每日优鲜、京东到家等巨头纷纷布局生鲜市场并专注到细分领域之下，头部之间的竞争会更加激烈。

生鲜电商市场规模到底有多大？上海商情信息中心发布的《生鲜电商发展趋势报告》显示，从2012年至2016年，国内生鲜电商市场规模从40亿元增至950亿元。2017年中国生鲜电商市场交易规模约为1 391.3亿元，首度破千亿元，同比增长59.7%。2018上半年，生鲜电商交易规模为1 051.6亿元。

资料来源：王明弘．互联网巨头纷纷去"卖菜"，生鲜细分市场规模有多大？[N]．证券时报，2019-04-05.

讨论题：

企业如何策划市场进入？如何参与竞争？生鲜市场竞争中的关键点是什么？

参考文献

[1] 陈威如，余卓轩．平台战略：正在席卷全球的商业模式革命[M]．北京：中信出版社，2013.

[2] 王德中．企业战略管理[M]．成都：西南财经大学出版社，2002.

[3] 张明玉，张文松．企业战略理论与实践[M]．北京：科学出版社，2005.

[4] 迈克尔·波特．竞争战略[M]．陈小悦，译．北京：华夏出版社，2004.

[5] 迈克尔·波特．竞争力量如何影响战略[J]．哈佛商业评论，1979(3-4月)：137-145.

[6] 项保华．企业战略管理——概念、技能与案例[M]．北京：科学出版社，1994.

[7] 董晓霞．企业技术创新的外部环境分析[J]．软科学，2000，14(4)：64-67.

[8] 汪凤桂，庄汝华．企业战略管理的外部环境和内部条件分析[J]．广东农工商职业技术学院学报，2000(2)：34-37.

[9] 李晓明．一个企业外部环境的分析框架[J]．西北工业大学学报：社会科学版，2006，26(3)：42-44.

[10] 高勇强，田志龙．政治环境、战略利益与公司政治行为[J]．管理科学，2004，17(1)：2-6.

[11] 和金生，张保银．战略管理[M]．天津：天津大学出版社，2012.

[12] 潘泽清．战略管理：理论与实践[M]．北京：经济科学出版社，2015.

[13] 吴永林．战略管理[M]．北京：经济管理出版社，2014.

[14] 黄旭．战略管理：思维与要径[M]．北京：机械工业出版社，2015.

[15] 金彦龙．战略管理[M]．北京：高等教育出版社，2014.

[16] 李杰，滕斌圣．企业战略[M]．北京：机械工业出版社，2016.

[17] Kathandaraman P, Wilson D T. The Future of Competition Value—Creating Networks[J]. Industrial Marketing Management, 2001, 30(4): 379-389.

[18] Kuratko D F, Ireland R D, Hornsby J S. Improving Firm Performance through Entrepreneurial Actions: Acordia's Corporate Entrepreneurship Strategy[J]. Academy of Management Executive, 2001, 15(4): 60-71.

第五章 总体战略

本章关键词

一体化战略　多元化战略　战略联盟　并购

开篇案例

格力集团多元化战略

从2012年掌管格力之后,董明珠确实取得了非常亮眼的成绩。2018年格力电器总营收超过2 000亿元,实现了董明珠5年前许下的承诺。其中,格力空调实现营收1 600亿元。目前,格力空调的市场占有率约为40%,在整个国内空调市场,格力的市占率一直稳居前茅。

董明珠独立执掌格力电器6年时间,格力电器营收和净利润增长很快。2012—2014年,格力电器营收分别为993.16亿元、1 186.28亿元、1 377.50亿元,净利润分别为73.80亿元、108.70亿元、141.55亿元,增速明显。2015年和2016年,在行业整体下行的背景下,格力电器的业绩经历了暂时的滑坡,营收分别是977.45亿元、1 083.03亿元,净利润分别是125.32亿元、154.21亿元。2017年,格力似又回到了"冲刺跑道"。2017年,格力营收为1 482.86亿元,净利润为224.02亿元。数据显示,截至2017年,格力电器在暖通、家电领域保持着寡头地位。

格力电器2017年年报显示,空调业务营收占格力总营收的比重为83%。如果按照这个比例计算,格力空调业务2018年的营收应该在1 600亿元左右。这样的营收状态凸显了格力电器目前对空调业务的依赖。2012年格力创始人朱江洪卸任时,交给董明珠的已经是一个极为专业化的空调企业。而进入董明珠时代,董明珠则开始尝试将格力改造成一个多元化企业,这也是她近年来不断采取相关举措的原因。但6年时间过去,格力先后进军小电器、智能手机、新能源汽车以及家电芯片等一系列新行业,但目前均收效甚微。

2017年的年报显示,其生活电器业务在2017年的销售收入为23亿元,仅占总营收的1.55%;格力手机业务,更是从2015年3月首次亮相之后,一直没有大规模对外销售,去年更是被爆出强制员工购买的消息。新能源汽车方面,珠海银隆相关投资项目也在2018年11月发生魏银仓和董明珠对簿公堂的事件，原因是银隆新能源公司认为原董事长魏银仓、原总裁孙国华涉嫌侵占公司利益金额超10亿元。

最近，在提出2018年2 000亿元营收的目标之后，董明珠又立下了在2023年实现6 000亿元营收的宏伟目标。但是仅靠空调业务显然无法支撑起这一梦想，格力依然要在多元化方面寻找新的突破口，真正实现多条腿走路。

资料来源：

1. 格力集团官网。

2. 腾讯新闻，董明珠：接班人、多元化与6 000亿目标，2019年1月4日。

讨论题：

哪些企业需要多元化？为什么要多元化？格力多元化能否成功？

总体战略又称公司层战略，是公司最高层次的战略，也是公司的战略总纲。在存在多个经营单位或多种经营业务的情况下，公司层战略主要是指集团母公司或者公司总部的战略。三种常见的公司层战略有：一体化战略、多元化战略和外包战略。

第一节　一体化战略

一、概念界定

一体化战略，是指企业利用自己在产品、技术和市场方面的优势，将原来可独立进行的、相互连续或相似的经济活动组合起来。在实施一体化战略过程中，企业可以控制资源的流动方向，促使企业不断地向深度和广度发展。

一体化战略与迈克尔·波特提出的“价值链”概念紧密相连。价值链将企业内外价值增加的活动分为基本活动和支持性活动，基本活动涉及企业生产、销售、进料后勤、发货后勤、售后服务。支持性活动涉及人事、财务、计划、研究与开发、采购等。不同的企业参与的价值活动中，并不是每个环节都创造价值，实际上只有某些特定的价值活动才真正创造价值，这些真正创造价值的经营活动，就是价值链上的“战略环节”。

企业在生产经营中会经历一系列活动，包括获取原材料、生产产品及销售产品等，不同类型的活动都可能为企业创造价值。随着产业内分工的不断纵向发展，传统的产业内不同类型的价值创造活动逐步由单企业主导转变为多企业的活动，这些企业相互协调配合构成上下游关系。因此，处于产业链上的企业并不是全都实力相当，而是竞争优势各有侧重。一个企业在产业链的某个环节具有独特的价值优势，它下一步的行动可能就是进入产业链的其他环节，实施向前或向后的一体化战略，从而降低成本或者保证产品的销售，实现企业价值的最大化。

二、一体化战略的类型

一体化战略大体分为横向一体化和纵向一体化两大类，其中纵向一体化又分前向一体化和后向一体化两种类型。

（一）前向一体化

前向一体化指向产业链的下游延伸，即将业务延伸到企业的客户端。当一个企业发现价值链上靠近客户端的环节对它生存和发展至关重要时，就会加强前向环节的控制。例如，可口可乐公司发现决定可乐销售量的不仅仅是零售商和最终消费者，还包括分装商的作用时，就开始不断地收购分装商，并帮助它们提高生产和销售效率。

（二）后向一体化

后向一体化指向产业链的上游延伸，即将业务扩展到自己的供应商的领域内。例如，麦当劳对于原材料的成本和品质控制得非常到位，麦当劳食品供应都是由自己控制的，经过层层严格筛选把关的。

（三）横向一体化

横向一体化指同业间的横向并购。通常企业为了扩大生产规模、降低成本、巩固市场地位、提高竞争优势，会采取与同行业企业进行联合的战略，即横向一体化战略。例如，海尔在 20 世纪 90 年代先后兼并了原青岛空调器厂、冰柜厂、武汉希岛、红星电器公司等 10 多家大中型企业，集团资产迅速增长，现已发展成为中国第一家家电特大型企业。

图 5-1 反映了一体化战略的三种类型之间的关系。

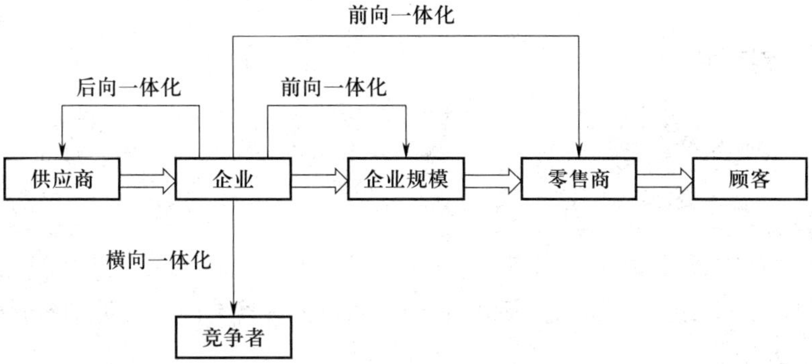

图 5-1 一体化战略

三、一体化战略实现途径

企业在选择一体化战略的时候，既要考虑外部环境因素，也要考虑企业内部环境。表 5-1 是企业实施不同类型一体化战略需要考虑的因素以及不同战略的实现途径。

表 5-1 一体化战略的适用条件及实现途径

战略类型	适用条件	实现途径举例
横向一体化	（1）企业所在产业竞争较为激烈	收购、兼并或联合竞争企业
	（2）企业所在产业规模经济较为显著	

续表

战略类型		适用条件	实现途径举例
横向一体化		(3)企业所在产业增长潜力较大	收购、兼并或联合竞争企业
		(4)企业具备横向一体化所需的资金及人力资本	
纵向一体化	前向一体化	(1)企业销售成本高	特许经营
		(2)企业目前的销售商不可靠或高质量销售商少	
		(3)企业所参与竞争的产业增长迅速	
		(4)企业具备销售自己产品所需的资金和人力资本	
		(5)企业需要维持生产的稳定性	
	后向一体化	(1)企业当前供货成本高或不能满足企业对零部件、原材料的需求	兼并供应商或与供应商合资
		(2)供应商数量少而需求方竞争者数量众多	
		(3)企业所参与竞争的产业发展迅速	
		(4)企业具备生产原材料、零部件所需的资源	
		(5)企业需尽快获取所需资源	

第二节　多元化战略

一、概念界定

企业多元化战略是指企业同时经营两种以上基本经济用途不同的产品或劳务的经营战略。

企业的多元化战略是由伊戈·安索夫于20世纪50年代提出的，它是指企业发展到一定的阶段，为寻求长远发展而采取的一种成长或扩张行为。现有研究中关于多元化战略的描述主要分为两种观点。

第一种观点强调多元化战略是企业的一种状态，即多元化战略是企业经营业务分布于多个行业的一种经营方式。戈特(Gort)认为如果两种产品之间的交叉需求弹性比较低，短期内生产这两种产品所需要的资源难以互相转移，则它们是异质的，这种经营方式即属于多元化经营。皮茨(Pitts)等认为，多元化战略是指企业同时从事不同种类业务的一种经营方式，这些业务在一种极端情形下可能通过技术或市场呈现出高度相关性，而在另一种极端情形下则可能缺乏任何有意义的关系。

第二种观点认为多元化战略是企业的一种行为过程，即多元化战略是企业进入新行业的一种成长方式。安索夫认为多元化战略是成长战略的一种，他将企业成长战略按照产品和市场两个维度划分为四种基本形式，即在现有市场现有产品内增长、在现有市场销售新产品、向新市场销售现有产品、向新市场销售新产品，其中，向新市场销售新产品便属于多元化战略。彭罗斯认为多元化是企业对已有产品或市场的偏离,通过技术、设备与生产工艺的创新,从而增加产品数量。

二、多元化战略类型

根据企业将要进入的业务的价值链与当前业务的价值链之间的联系情况,可以分为相关多元化战略和非相关多元化战略。

(一) 相关多元化战略

相关多元化是指企业扩展的产品、业务项目与现有产品、业务项目之间,在生产、技术、市场营销等方面具有高度的相关性或同质性,从而使这些产品(业务)在价值链上形成有价值的战略匹配关系。它们可以共用企业的某类经营性"资产"或共同从事某一价值活动,如联合采购从而对共同的供应商形成更强的讨价还价力量,联合生产零配件从而使生产企业提高规模经济性,分享企业的生产和技术经验、某些设备或生产线,共享营销网络或顾客基础,共享品牌或商誉及对用户的服务联合等。根据现有业务与新业务之间关联内容不同,相关多元化战略可以分为同心多元化战略和水平多元化战略。同心多元化战略是指企业利用原有的技术、特长、经验等开发新产品,丰富产品类型,从同一圆心向外扩大业务经营范围。同心多元化战略的主要特点是原产品与新产品之间具有较强的技术关联性。例如冰箱和空调都需要压缩机技术,从生产空调到生产冰箱业务的延伸就是同心多元化战略。水平多元化战略指企业利用原有市场,采用不同的技术来开发新产品,该战略的特点是原产品与新产品之间具有较强的市场关联性。例如从生产牙膏向生产牙刷业务的延伸就是水平多元化战略。

无论企业采取哪种类型的相关多元化战略,都可以形成范围经济,即在企业内部经营两种或多种业务时达到的节约成本的效果。当达到范围经济时,企业内部经营总成本小于各项业务独立经营的成本之和,成本节约的机会来自不同业务价值链之间的相互关系。

(二) 非相关多元化战略

非相关多元化是指企业所扩展或增加的产品、业务项目与原有产品、业务项目之间,在生产、技术、管理、市场营销诸方面极少或根本不存在关联性,更无同质性,不存在有价值的战略匹配关系,跨行业发展经营特征明显。只要存在有吸引力的市场前景、财务收益以及能给企业带来商业风险的分散,非相关多元化就鼓励企业进入任何适当的产业及项目。这种战略通常是规模较大的企业集团采用的一种发展战略。例如,美国通用电气公司旗下涵盖了飞机引擎、医疗器械、塑料和家用电器等多种业务,是典型的非相关多元化战略。

三、多元化战略的协同效应

协同效应是指多个事物有机地结合在一起,使企业获得与单一产品不一样的联合效果,即"1+1>2"。企业采用多元化战略后,新老产品、新旧业务、生产管理与市场营销的各个领域,如果具有内在联系,存在资源共享性,互相就能起促进作用。企业的协同效果表现在以下几个方面:

(1) 管理的协同效应。即生产的产品或经营的业务,在经营决策的基准上大致相同,对管理的方法或手段的安排比较一致。企业经营产品之间在管理上是否具有共享性是决定企业多元化战略成功与否的重要因素。

(2) 市场营销的协同效应。在不同的产品有共同的渠道和销售顾客时,往往会产生协同效应。老产品带动新产品的销售,新产品反过来又能为老产品开拓市场,从而增加销售总额。同时,由于面对共同的市场,因而企业不需要为新产品增加额外的销售费用,从而使企业单位营销成本降低。

(3) 生产的协同效应。如果老产品在生产技术、生产设备、原材料以及零部件的利用上具有类似性,那么,产品在生产上就会获取协同作用。

(4) 技术的协同效应。这里的技术主要指设计与开发技术。企业在实行多元化经营时,可以充分利用贯穿于这些产品之间的核心技术,可以大大减少新产品的研发费用,并提高新产品成功的概率。

第三节　虚拟经营战略

一、概念界定

(一) 虚拟企业

"虚拟"一词来源于计算机中的虚拟现实技术,它是一个可构建和体验虚拟世界的计算机系统,虚拟情景由计算机生成,通过视、听、触觉等感官系统给用户身临其境的仿真效果。William Davidow 早在 1992 年曾提出虚拟企业的定义:"虚拟企业是由一些独立的厂商、顾客,甚至同行的竞争对手,通过信息技术联成的临时网络组织,以达到共享技术、分摊费用以及满足市场需求的目的。它既没有中央办公室,也没有正式的组织,更不像传统企业那样具有多层次的组织结构。"

虚拟企业实质上是企业间的暂时联盟形式。联盟基础在于企业间是否具有技术上的优势互补性。这种联盟与合作的过程具有合作方式灵活、合作内容以高技术性项目为主、合作范围广泛等特点。这种联盟主要具有以下优势:竞争优势急剧扩大,其整体优势远远大于各联盟成员的优势简单叠加;分散了各联盟企业的经营风险,并且能够广泛拓展市场,快速敏捷地满足市场需求。

虚拟企业是由有共同目标和合作协议的企业组成,成员之间可以是合作伙伴,也可以是竞争对手,这就改变了过去企业之间完全你死我活的输赢关系,而形成一种共赢的关系。虚拟企业集合各成员的核心能力和资源,在管理、技术、资源等方面拥有得天独厚的竞争优势,通过分享市场机会和顾客,实现共赢的目的。虚拟企业是工业经济时代的全球化协作生产的延续,是信息时代的企业组织创新形式。目前人们对它的认识仍然处在不断探索的阶段,在相关文献中又被称为虚拟企业、虚拟公司、虚拟团队、虚拟组织等。

(二) 虚拟企业与传统企业

与现有的企业或企业集团相比,虚拟联合体中各生产要素之间仅仅是基于共同利益的联合,并不存在同一产权隶属关系;联合体与各要素之间也仅仅是利益基础上有限使用权的共享,而不是基于所有权、使用权之上的完全依附。与企业之间的委托加工相比,“虚拟联合体”各生产要素之间拥有更紧密的利害关系,各要素要依契约共同分享或承担联合体的获益或亏损。

虚拟组织与传统的实体组织不同,它是围绕核心能力,利用计算机信息技术、网络技术及通信技术,与全球企业进行互补、互利的合作,合作目的达到后,合作关系随即解散。以此种形式,能够快速获取处于全球各处的资源,为我所用,从而缩短“从观念到现金流”的周期。不仅如此,灵活的虚拟组织,可避免环境的剧烈变动给组织带来的冲击。虚拟企业与传统企业的区别如表 5-2 所示。

表 5-2 虚拟企业与传统企业的比较

	虚拟企业	传统企业
1. 核心能力	突出	模糊性、多元性
2. 功能与部门	分离	结合
3. 反应速度	迅速	迟缓
4. 竞争关系	双赢关系	输赢关系
5. 存在时间	短暂	不确定
6. 产品特点	小批量、个性化	大批量、同质化
7. 对信息技术和通信网络的依赖性	极强	相对较弱
8. 作业流程	并行	串行
9. 制造技术	柔性	刚性
10. 企业内外部关系	网络型	线型
11. 组织结构	扁平化	垂直化
12. 管理模式	项目管理、横向管理	职能管理、纵向管理
13. 开发与经营的风险	分散	集中
14. 工作地点	离散	集中
15. 员工组成	内部和外部	内部

(三) 虚拟经营驱动因素

信息技术的飞速发展,促使工业型社会正逐步向信息型社会转变。通信网络的发展,逐渐改变人们的生活方式,网上购物、电子商务已发展成为人们主要的生活方式。技术的进步,竞争环境的变化,顾客需求的个性化要求,使得企业愈发感觉到单靠自身力量难以满足市场需求,企业需要整合内外部资源来弥补自身不足。因此,虚拟经营也就应运而生。

具体而言,现有研究将虚拟经营的驱动因素归结为四个方面:

1. 资源利用的外向化

资源利用的外向化是指企业有利用外部资源的趋势。资源的有限性与市场需求的无限性是中小企业始终面临的主要矛盾，而技术创新压力、规模的不断扩大和瞬息万变的市场环境使中小企业仅靠其内部资源的方式已难以奏效。它迫切需要突破有形组织结构的界限，充分利用外部资源。随着敏捷制造、虚拟制造等先进生产模式的出现，传统的企业组织和资源配置方式发生了根本性的变化，市场竞争不再是单一企业的竞争，而将是联盟间的竞争，中小企业理应顺应此发展潮流。

2. 产品生命周期缩短

国内外企业新产品的研制周期越来越短。例如，AT&T新电话的开发时间由过去的2年缩短为1年；惠普新打印机的研制周期也由4.5年缩短为22个月，而且这一趋势在不断加强。这使企业必须投入大量的研发力量，比如资金和技术人才，而大多数中小企业在此等压力下捉襟见肘，从而不得不从外部寻找合作伙伴，以获取可利用资源。

3. 用户个性化需求增加

买方市场的到来使用户的个性化特征越来越明显，这给中小企业带来了新的挑战。传统的生产方式是“一对多”关系，即企业开发出一种产品后，可组织规模化大批量生产，用一种标准化产品满足不同消费者的需求。在新形势下，企业根据顾客的特别要求定制产品或服务，如海尔的HOPE开放式平台。这迫切需要中小企业联合各方面的力量，发挥整体优势。

4. “快鱼吃慢鱼”的威胁

近年来，竞争的主要因素在不断变化。20世纪60年代，企业竞争的主要因素是成本，到70年代转变为质量，80年代以后，主要因素转变为时间。这里所说的时间主要是指交货期和响应周期。用户不仅要求厂家按时交货，而且要求的交货期越来越短。中小企业由于自身的人、财、物规模较小，使其时刻面临着成为“慢鱼”被吃掉的威胁。另外，大企业的纵向一体化和多元化战略也在不断地挤压中小企业的生存空间，这些因素使中小企业不得不采用虚拟经营策略来借力造势，增强竞争力。

虚拟经营的最初形式是国外的企业通过对经营和生产部分加以分析，将一些劳动密集型产业的生产部分虚拟化，转移给劳动力成本较低的国家的企业来做。如耐克，主企业本身并没有自己的生产工厂实体，靠它们的虚拟企业生产的运动鞋却畅销全球。中国香港地区许多厂商的名牌服装也不是自己生产工厂加工的，是由内地一些厂家为其生产的。在国内，也产生了一些企业进行虚拟经营的弹性运作，并取得了较好的效果，而且将会有越来越多的企业走向虚拟经营，并产生较大的作用和影响。

二、虚拟经营战略的运作模式

在全球化的竞争环境和消费者需求快速变化的条件下，仅仅依靠单个企业自身的资源难以创新性地开发顾客需求。因此企业需要改变其经营方式，注重与其产业链条的上下游厂商的紧密联合，甚至与顾客、与同一产业链条环节上的竞争对手联合，以迅速地创新产品，赢得新的顾客。这种以顾客需求为导向，舍弃非核心业务领域，专注于企业核心产品、核心业务，以开发、培育使企业可持续发展的核心能力为目标，与价值链上非核心能力环节、优势企业甚至顾客、竞争对手等进行联营、联盟、外包等合作，以开发快速变化的市场机遇的经营指导思想，即虚拟经营战略。

虚拟经营之所以能够在这个时代普遍出现,信息通信技术也是一个重要的推动因素。不同企业合作、联盟,经营同一条价值链,需要企业彼此之间高度的协调与整合,以 Internet、Intranet 为代表的通信信息技术为远距离沟通协调创造了条件,从而为企业更大范围、更深层次的合作打下了一个坚实的基础,促使了虚拟经营的出现。虚拟经营战略是以往相对静态的市场发展到当今富于动荡的市场条件下,企业生存、发展的必然选择。

虚拟经营作为一种全新的经营模式,是对传统企业自给自足式经营方式的一种革命,是新型的、独特的经营模式和管理方式的融合。虚拟经营有六种主要运作形式:虚拟生产、虚拟销售、虚拟技术开发、虚拟共生、虚拟部门、战略联盟。当前,在知识经济和知识管理的大背景下,实施虚拟经营,正逐步成为国内外许多企业迅速发展的有效途径。

(一) 虚拟生产

虚拟生产(OEM),又称外包加工,是虚拟企业的最初运行模式。其主要是通过将企业的生产制造职能虚拟化,即将产品的生产加工外包出去,从而有效集中企业的资源加强产品研发、品牌塑造和营销网络的建设等核心能力的培养。在国外如生产运动鞋的厂商耐克和锐步,一个工厂也没有,而是集中公司资源,专攻附加值最高的设计和营销,生产则委托由人工成本较低的新兴国家代为完成。电器生产商菲利浦以及一些服装生产商在相当程度上采取了这种方式,它创造了品牌,企业却不拥有生产线。这使得企业不同产品生产的调整成本很低,所以可以很快地反映市场上的变化,专注于设计、营销的规划,创造企业高弹性的竞争优势。虚拟生产中企业会形成各种战略联盟模式,具体原理如图 5-2 所示。

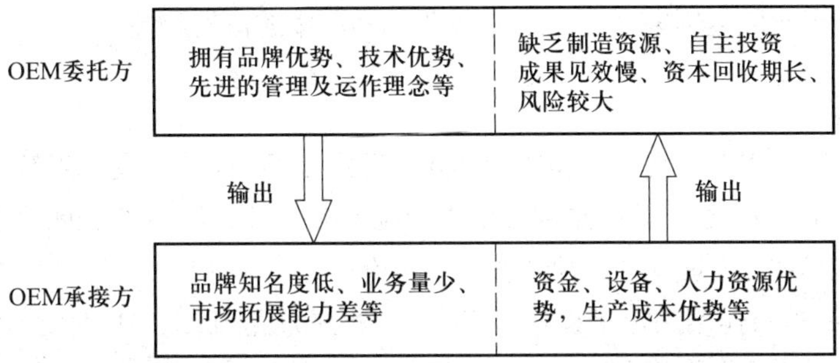

图 5-2 OEM 战略联盟模式原理

(二) 虚拟销售

虚拟销售是指企业将自身营销网络的建设虚拟化,有效地借用或整合外部销售力量和销售网络,以扩大和完善自身的销售能力。虚拟销售的各方借助契约、合同、公司规章以及行业操作惯例来确定各方的工作范围、工作方式、相关责任和利润分配。在这种情况下,总公司与下设销售网络中的各销售公司在产权上是相互分离的。也就是说,这种销售公司具有独立的法人地位,通过契约等形式与总公司达成共识,为其销售产品。这样,企业就可以真正通过虚拟销售的经营模式实现各方的战略意图。

虚拟销售对于总公司而言,首先可以节省一大笔开设许多销售网点所必须支付的费用,包括下属员工的工资、市场开拓费用、销售网点建设和营业费用等；其次，总部通过向不同的加盟商收取高低不等的特许经营费，无形中又积聚了一大笔资金；最后，这种灵活的经营方式可以吸引大批优秀的市场营销人员加入到公司的营销网络的建设中，从而为公司的销售事业带来无穷活力。

（三）虚拟技术开发

企业没有专属于自己的研发中心，通过虚拟取得技术上的竞争优势。从20世纪90年代至今，越来越多的组织认识到利用信息技术获得战略优势在于如何应用信息技术，而不在于是否拥有信息技术。所以，不仅一些小的公司开始外包其信息技术职能，甚至一些拥有成熟信息技术部门的大公司也将其信息技术职能外包。现在信息技术外包正在从单纯的市场型外包关系转向伙伴型关系。早期信息技术外包主要是将组织的非核心业务进行外包，最频繁外包的是设备维护和服务、培训与教育、故障修复、数据录入和系统集成的工作，而现在的技术外包已经越来越涉及组织的核心业务，而且一些组织通过外包还创建了新的核心竞争力。

（四）虚拟共生

一些在企业中仅作为一种支援性的工作，而企业本身又不擅长，由于在成本或保密的考虑下又不愿外包于人，于是几个同行共同组织一个作业中心，共同负担其成本，使其支援性工作业务达到规模经济状况，可以达到节省运作和管理成本的目的。例如，银行业并不擅长资讯管理，不想外包，又不愿独自负担培养专业人员的成本，于是，可由几家银行成立专门机构，使得资讯业务足以达到规模经济，可以实现节省成本的目的。

（五）虚拟部门

一个企业集团的总部，可将下属的部门如市场企划部、推广部、储运部等，寻求专业化公司承担该类部门业务。它的好处是利用外方的业务优势和实力，减少集团企业的负担，降低管理成本，且提高弹性管理水平，取得更显著的业绩。

虚拟部门的独特作用决定了其职责不同于一般的职能部门。从总体上说，虚拟部门的职责可以概述为：以企业发展和客户需求为导向，负责协调各部门之间的关系，统一行动、快速反应、集中处理由于组织结构问题造成的部门之间条块分割的状况，以更好地为客户服务，实现企业目标。

（六）战略联盟

战略联盟这种虚拟经营的方式正在世界范围内成为企业管理的潮流。它是指几家公司拥有不同的关键资源，而彼此的市场有某一程度的区隔，为了彼此的利益，进行战略联盟，交换彼此的资源，以创造竞争优势。

通过战略联盟的方式，利用合作伙伴所拥有的技术或资产等优势资源为顾客创造高附加价值的产品，同时还可以通过合作伙伴这个桥梁或纽带，接近新客户，开辟新市场等。此外，战略联盟的方式还可降低潜在风险，扩大利益，改善行业结构等。

第四节 并购与战略联盟

一、企业并购概述

(一) 并购的定义及分类

并购(Merger & Acquisition)是兼并和收购的统称,是企业最常用的一种发展方式。兼并是指对等的合并,如两家企业新创立一家企业;收购是指一个企业作为收购者收购另一家企业的行为。兼并和收购的具体特征及共同点如表 5-3 所示。

表 5-3 兼并与收购的特征及共同点

类型	特征	共同点
兼并	兼并是两个或两个以上法人合并为一个法人	并购企业的经营资源支配权发生了转移
收购	收购仅改变被收购企业的产权归属和经营管理权归属,不改变法人的数量	

并购是一种常见的发展战略方式,尤其是在自身发展和联盟的方式无法提供企业所需要的能力时,并购战略可以通过对其他企业所有权的获得,在企业间建立更紧密的联系,形成一体化的经营,从而获得企业自身发展所无法实现的优势,创造出比联盟更多的控制能力。

按照参与并购的行业之间的关系,并购可以分为以下几种:

1. 横向并购

横向并购是指处于相同行业、生产同类产品或生产工艺相近的企业之间的并购,目的是迅速扩大生产规模、降低成本、节约共同费用、提高通用设备使用率、便于采用先进的技术设备和工艺、便于统一技术标准、加强技术管理和技术改造、可以统一销售产品和采购原材料等。总之,可以通过共享企业的资源,最大限度地降低成本。这种并购实质上是资本在同一行业和部门内的集中。

2. 纵向并购

纵向并购是指生产和经营过程相互衔接、紧密联系的企业之间的并购。其实质是通过处于生产同一产品不同阶段的企业之间的并购,从而实现纵向一体化。纵向并购可以分为前向并购、后向并购和双向并购三种。纵向并购除了可以扩大生产规模、节约共同费用外,还可以促进生产过程各个环节的紧密配合,缩短生产周期,提高生产效率等。

3. 混合并购

混合并购是指处于不同产业部门、不同市场的没有特别生产技术联系的企业之间的并购。混合并购可以降低由于企业长期处于一个行业所要面临的风险。另外,这种方式可以使企业的各种资源得到充分利用。

(二) 并购的动因

1. 加强市场力量

并购的一个主要原因就是取得较大的市场力量。许多企业拥有较强的实力,但缺乏进一步扩展市场力量的某些资源和能力。在此情况下，通过并购同行业的企业和相关行业的企业，可以迅速达到加强市场力量的目的。

2. 克服进入行业的壁垒

进入壁垒是指为了进入某一领域所要克服的困难。例如，在一个已经有很多较大竞争者的市场上，很难再建立一家新企业。如果想进入这样的市场，新进入者为了取得规模经济并达到以竞争价格销售产品，就必须在生产设施、广告和促销活动方面进行大量的投资；为了达到足够的市场覆盖度，企业要拥有高效率的销售体系和销售网络；如果消费者已经对某一品牌形成忠诚，这时市场进入就更为困难。这时，通过并购市场上现有企业而进入特定市场就成为一个最佳选择。虽然并购可能投入很大，但通过并购企业可以立即进入特定市场，并且可以获得具有一定顾客忠诚度的现成的企业及其产品。实际上，进入的壁垒越高，就越应当考虑运用并购手段进入特定市场。

3. 降低成本、风险和提高速度

一般而言，在企业内部开发新产品和建立新企业需要大量的投资和相当长的时间。例如，在发达国家，新建企业需要 8 年才能取得利润，需要 12 年才能产生大量的现金流。而且据估计，88% 的产品创新不能取得足够的投资回报，大约 60% 的创新产品在获得专利后的 4 年内就被大量模仿。因此，内部开发常被管理者看成具有高风险的投资。另外，并购过程中由于可以对目标企业以往的经营业绩进行评估，并根据这些业绩预测未来的收入和成本，所以风险的不确定性要比内部开发小得多。更有人认为，可以用并购替代产品创新。因此，一些企业就把并购看作速度快、成本低、风险小的市场进入方式。

4. 多元化经营

实现多元化经营战略的最常用方法之一就是进行并购。事实上，企业认为在现有的市场或业务领域内开发新产品和建立新企业是比较容易的，这是因为企业的管理者对产品和市场都非常了解。然而，企业要开发与现有业务完全不同的新产品以及进入一个新的市场，管理者就会感到很困难。因此，多元化经营很少是通过内部开发来实现的，尤其是跨行业的非相关多元化，通常是通过并购来实现的。

5. 避免竞争

许多企业通过并购来降低在某一市场上的竞争，或是在更大范围内增强竞争的力量。例如，20 世纪 90 年代波音与麦道的合并，就是这种情况。

（三）并购的优势

1. 节省时间

时间在企业竞争中的作用已经越来越显著，企业间的竞争可以看作时间的竞争。如果企业采取内部发展的方式，就会受到建设周期、资源获得及配置等方面的限制，可能造成时机的延误。而通过并购的方式，企业可以在极短的时间内将规模扩大，把握先机，从而赢得竞争优势。

2. 快速进入壁垒，实现跨行业或跨国发展

对行业内的现有企业或国外市场上的现有企业进行并购，能够帮助企业越过某些进入壁垒，促进跨行业或跨国发展。企业在进入一个新的行业时会遇到各种各样的壁垒，包括资金、技术、渠道、顾客、知识等，这些壁垒不但增加了企业的进入难度，而且提高了进入的风险和成本。采用并购方式的企业可以通过控制一个行业内的企业来进入市场，这样就使企业越过了进入壁垒，降低了进入的成本与风险。特别值得注意的是，全球化竞争的格局已经形成，跨国发展已成为企业经营的一个新趋势。与国内市场相比，进入国外市场有着更多的困难，管理方式、经营环境、政府法规等都与国内市场有着很大不同。采取合并战略可以利用当地已有的一个企业作为切入点，克服跨国经营面临的障碍，加快进入速度，减少经营风险。

3. 实现协同效应

并购战略能够发挥协同效应，创造资源协同、财务协同、生产经营协同以及技术协同等方面的收益。资源协同包括企业的物质资源和人才、技术资源、营销资源等的共享。财务协同指并购在财务方面给公司带来收益，包括财务能力提高、合理避税和预期效应。生产经营协同指并购后公司的总体效益要大于并购前两个企业效益之和，即产生规模经济效应。技术协同指将收购企业的专利技术、专有技术等知识产权类无形资产注入目标企业，提高目标企业的产生效率和产品质量，使目标企业获得价值增量而产生协同效应。

4. 提高企业对市场的控制能力

并购战略可以提高企业生产和经营规模，获得效率和成本优势，提高企业对市场的控制能力。横向并购可以通过对竞争对手的并购来扩大市场份额，增强企业的竞争能力，同时由于竞争对手的减少，企业的行业垄断能力得以增强，企业可以用更低的价格获取原材料，以更高的价格出售产品，扩大企业的利润水平。此外，纵向收购也可以提高企业的垄断性，提高市场控制能力，使企业获得垄断利润。

二、并购后整合策略

并购是企业为了实现长期发展目标，追求利润最大化而采取的向外扩张行为。因此，并购方取得被并购企业的控制权只是实现了并购目标的第一步。并购后如何整合被并购企业，使被并购企业尽快地运转起来或使其在经营中与并购方协调起来，是每个并购企业面临的问题。通过并购后过渡与整合阶段的管理获得最大利润，这才是企业并购所追求的目标。许多企业并购的研究表明，如果整合不顺利，或阻力很大，也可能使整个并购归于失败。为此，可以引入项目管理的方法，将并购后的整合阶段当作一个特别的项目来对待，并专门设计一个整合项目管理的组织结构。

(一) 整合项目管理

对于整合项目管理者来说，一种有效且实用的组织结构包含三个层次：

1. 指导委员会

一般由 2～4 人组成，全部是高层管理人士或资深战略专家。指导委员会的工作重点是给整合工作提供战略与政策方面的指导，保证整合的目标与并购目的相一致。其成员并不将全部时间都用于整合工作，所以应当定期开会，以审批整合计划和检查进展情况。

2. 并购管理小组

并购管理小组是真正负责推动整合工作发展,并保证以专业化的方式进行有效项目管理的部门,由3～5名专职人员组成,其主要甚至全部时间都投入到整合项目的管理工作中,以保持管理工作的整体性和连续性。这个小组应有一名高级管理人员作为整合项目的领导人,对项目的进展总负责。从总体上讲,并购管理小组的宗旨是:为使整合工作按既定的日程发展提供指导,进行日常决策,并且建立根据预期成果对执行情况进行衡量的框架,以此进行监督与督促。

3. 职能工作小组

这是若干个不同的职能小组,通常为3～5人,任务是解决并购整合工作中的一些需要注意的具体问题。有的小组可能专门解决某些资源问题,如财务、人力、信息技术等方面的问题;有的可能解决某些经营中的作业问题,如某一经营单位、生产线或地区业务方面的问题。各职能工作小组执行并购管理小组的指令,并向其负责;并购管理小组对指导委员会负责。在整合项目领导人的日常指导下,并购管理小组负责协调各职能工作小组提出的对策建议,并付诸实施。

(二) 并购整合的内容

1. 调整产业和经营结构

竞争战略理论认为,产业结构是决定企业赢利能力的关键因素。企业可以通过选择和执行一定的竞争战略(总成本领先、产品差异化)影响产业结构,改善和加强企业的相对市场地位,获取竞争优势。被并购方多是产业结构不合理、经营不善的公司。并购后首先在对目标企业拥有的各项资源进行科学的评估的基础上,在符合国家产业政策和整个企业发展战略的前提下,进行市场定位和细分、产业结构调整和改善,使整个企业中各个业务单位之间形成一个相互联系、相互配合的战略体系,从而达到企业并购的最终目的。

2. 转换企业经营机制,完善法人治理结构

公司治理结构是用以支配在企业中有重大利益关系的团体投资者(如股东、贷款人)、经理人员、职工之间关系的制度安排。有效的公司治理目标,从微观上看,是实现股东价值的最大化,从而实现代理人及利益相关者的利益;从宏观上看,则是维持社会经济的健康运行和促进生产力的发展。公司治理结构决定了企业的管理和运作模式。资产整合成功与否很大程度上取决于公司治理结构的整合结果。公司治理结构的整合是否符合本公司的实际情况也决定了并购后整个公司的生存与发展。

3. 整合不同类型的组织文化

组织文化,包括集体价值观、信仰、行为规范等,是激励人们提升效率和动力的源泉。企业文化的形成是慢慢积累起来的,但在兼并时是作为一个整体被接收,而合并后的公司可能有截然不同的信息决策程序和激励机制。并购公司与目标公司只有在企业文化上达到有效融合,才意味着双方真正地融合,并购后整个企业才能真正协调运作。表5-4列举了四种不同类型的企业文化,不同组织文化的企业之间的整合存在整合风险。

表 5-4 组织文化类型

类型	主要特征
力量	独裁者，对挑战者进行压制，强调个人决策比组织决策更重要
角色	强调官僚性和等级森严，重视正式规则和程序，具备迅速、有效和标准的消费者服务
任务	强调团队精神，任务决定工作的组织，具有灵活性和自主性，需要创造性的氛围
个人	强调平等，重视个体成员个性的培养

不同类型的组织文化融合可能产生不同的后果，例如，当并购企业的文化是任务型，而被并购企业的文化是角色型时，两者的并购可能存在组织文化难以融合的问题。因此，并购过程中要考虑到不同文化类型之间的匹配关系。

三、战略联盟

(一) 战略联盟的定义及分类

战略联盟可定义为两个或两个以上相互独立的组织一起合作开发、生产或者销售产品及服务。如图 5-3 所示，战略联盟可以分成三种类型：非股权联盟、股权联盟和合资。

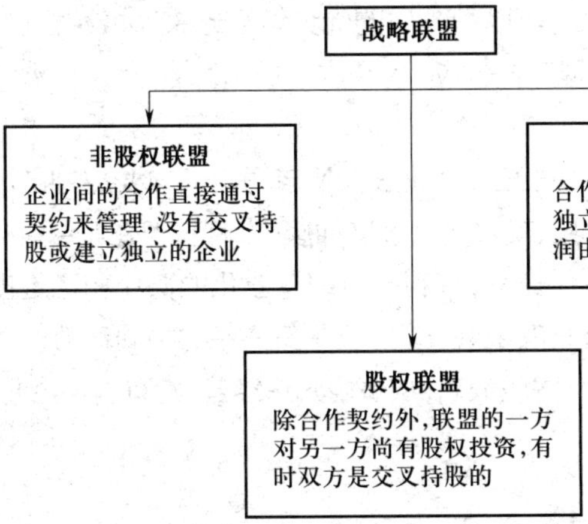

图 5-3 战略联盟的类型

资料来源：杰伊·巴尼. 战略管理 [M]. 北京：机械工业出版社，2008.

在非股权联盟中，合作企业就致力于产品或服务的开发、生产或销售等方面达成共识，但它们并不彼此持有对方的股权，也没有成立一个独立的组织部门来管理合作项目，这种合作关系主要通过各种形式的合约来维持，包括许可协议、供应协议、分销协议等。许可协议指允许其他公司用自己的品牌生产产品。供应协议指承诺为别的公司供应产品。而分销协议是承诺为别的公司销售产品。

在股权联盟中，公司间的合作通过持有股份的方式对合约进一步做出补充。例如，通用汽车之所以进口五十铃生产的微型汽车，不仅是因为双方之间存在供应协议，还因为通用汽车公司持有五十铃34%的股份。类似的,福特和马自达之间,以及戴姆勒—克莱斯勒(已重新分立)和三菱之间,也存在类似的关系。股权联盟在生物科技产业中也非常普遍,如大型的制药厂辉瑞和默克都分别持有一些刚刚起步的生物科技公司的股份。

合资是指合作的公司共同投资建立一家法律上独立运作的公司,这家新建立的公司的所有盈利属于投资的几家公司。有时候合资企业的规模非常大。例如,广州汽车集团与本田合资成立的广州本田已成为当前中国最大的汽车制造商之一。

(二) 战略联盟的优势

战略联盟成功的四大关键在于:订立联盟策略、选择合适对象、建立联盟结构与管理制度、订立终止联盟计划。任何企业都有各自的长处和短处,不同的阶段、时间、地点,都应有自己的发展重点,通过寻找合作伙伴来弥补自身的不足,化劣势为优势。战略联盟的战略优势主要有以下几点:

1. 创造规模经济

小企业因为远未达到规模经济,与大企业相比,其生产成本就会高些。这些未达到规模经济的小企业通过构建联盟,扩大规模,就能产生协同效应,即"1+1>2"效应,提高企业的效率、降低成本、增加赢利,以追求企业的长远发展。

2. 实现优势互补,形成综合优势

企业各有所长,如果构建联盟,可以把分散的优势组合起来形成综合优势,也就可以在各方面、各部分之间取长补短,实现互补效应。

3. 有效占领新市场

企业进入新的产业要克服产业壁垒,企业进入新市场也同样要越过市场壁垒。通过企业间的联盟合作进入新市场,就可以有效地克服这种壁垒,有利于处理专业化和多元化的生产关系。企业通过纵向联合的合作竞争,有利于组织专业化的协作和稳定供给。例如丰田公司只负责主要部件的生产和整车的组装,减少了许多交易的中间环节,节约了交易费用,提高了经济效益。而通过兼并实行联盟战略,从事多元化经营,则有利于企业寻求成长机会,避免经营风险。

(三) 国际背景下的战略联盟

对于力争进入国外市场的企业而言,战略联盟显得格外重要。在这种国际背景下的联盟中,一方把产品和服务(资源)引入联盟,而另一方熟悉当地的情况,了解当地的分销网络和地方政府的政策。发展一个地区的分销网络是一个困难且高成本的过程,需要熟知当地的环境和条件,而当地公司具备这些信息,甚至可能在当地已具备一定规模的销售网络。因此,选择与当地公司合作,可以大大降低进入该市场的成本。

同时,地方政府也会要求市场的新进入者必须与当地公司结成战略联盟。因为这样不仅可以加快外国公司进入本国市场的步伐,也可以让本国公司在联盟中向国外公司学习。通用电气进入中国的电气产品市场就属于这种情况。依据相关规定,通用电气必须与本土公司建立合资企业,以在中国销售它的产品。

在跨国背景下，联盟也面临一些潜在威胁，如逆向选择和道德风险等。众所周知，信息不对称在联盟中是非常普遍的，而对于来自不同国家、不同文化环境、使用不同语言的合作伙伴来说，信息不对称只会更加严重。

有意思的是，这些威胁竟然成为许多公司通过联盟开拓跨国市场的动机。这是因为，不论是跨国市场上的直接投资，还是并购活动，任何实施纵向一体化战略的公司都无法避免这些威胁。而在国外的纵向一体化形成之后，如果公司意识到在国外的经营并不明智，想要退出，已经不是那么容易了。相对而言，从跨国联盟中撤资的成本就小多了。

由于这个原因，通常当公司计划开拓某个国外市场时，首先是进行市场交易（简单的进出口），或者是非股权联盟（如使用转让协议）。只有当公司同国际合作伙伴间建立足够的信任之后，才会进一步考虑发展比较紧密的关系，如股权联盟，或者关系更紧密的合资企业。最终，为了更加有效地经营，公司会进行国际纵向一体化，在开拓国际市场的过程中，这是最后的步骤，而不是第一步。

因此，拓展国际市场必须面对这些联盟中存在的威胁，而这些威胁也可以通过各种手段来减少。随着时间的推移，公司甚至可以同国际合作伙伴形成密切的信任关系，这种信任关系也像一体化一样，能够创造价值、降低成本。

复习思考题

1. 请举例说明横向一体化和纵向一体化战略的区别。
2. 虚拟企业有哪几种运作模式？其优势分别是什么？
3. 试举例说明战略联盟的优势和潜在风险。
4. 企业多元化战略的原因有哪些？
5. 战略联盟的类型有哪些？

在线测评

请扫描二维码，在线检验学习效果。

案例讨论

大疆无人机

大疆创新科技有限公司（DJ-Innovations，DJI），创立于 2006 年，是全球领先的无人飞行器控制系统及无人机解决方案的研发和生产商，客户遍布全球 100 多个国家。通过持续的创新，大疆致力于为无人机工业、行业用户以及专业航拍应用提供性能最强、体验最佳的革命性智能飞控产品和解决方案。据统计数据，截至 2018 年，大疆创新在全球服务与支持的无人机行业应用操作人员已超过 30 万名，在多个行业领域共拥有接近 10 万名无人机开发者，扶持并培养了 200 多家无人机专业服务机构和创业公司。

2015 年 2 月，美国权威商业杂志《快公司》评选出 2015 年十大消费类电子产品创新型公司，大疆创新科技有限公司是唯一一家中国本土企业，在谷歌、特斯拉之后位列第三。截至 2016 年，大疆创新在全球已提交专利申请超过 1 500 件，获得专利授权 400 多件，涉及领域包括无人机各部分结构设计、电路系统、飞行稳定、无线通信及控制系统等；2017 年 6 月，入选《麻省理工科技评论》"2017 年度全球 50 大最聪明公司"榜单。2017 年 6 月 30 日，大疆创新科技有限公司荣获中国商标金奖的商标创新奖。2017 年 11 月 8 日，大疆无人机入选时代影响力·中国商业案例 TOP30。

大疆创新总裁罗镇华在极客公园 Rebuild 2018 科技商业峰会上说，大疆创新的未来是无所不能，大疆要成为基础设施，即各行各业 + 无人机，以及大疆擅长的自动化控制、感知科学、图传通信技术，在不同的领域发挥我们意想不到的作用。

大疆创新的成长得益于其与各方展开的合作战略。下面是一些大疆创新的合作例子。

2015 年 12 月 11 日，大疆创新宣布与美国菲力尔公司（FLIR）建立合作关系，后者是全球热成像技术领域的领导者。此外，大疆创新表示，将与菲力尔公司共同研制为无人机行业应用服务的热成像技术，并运用于禅思 Zenmuse XT 热成像相机。据大疆介绍，禅思 XT 热成像相机不再定位于娱乐，还可以承担大量的工作，比如电力巡检、太阳能巡检、搜救应用、精准农业以及消防应用。在日常生活中，当有驴友在地形复杂的山峰或河流失踪后，或常人在难以进入、充满浓烟的火灾现场寻找火源时，搭载热成像相机的无人机都能大显身手，迅速锁定目标。

2017 年 4 月 23 日，大疆创新与高精度定位服务商"千寻位置"在京签署战略合作协议，正式宣布双方将在产品、市场、产业等领域进行合作，推进北斗高精度公共服务在无人机行业的落地。同时，大疆创新借着这次战略合作，发布了最新的 MG-1S 农业植保无人机 RTK 版。大疆与千寻将进一步共同研究适用于无人机植保工作的标准作业模式，充分利用千寻提供的全国统一基准和北斗高精度定位系统，结合大疆平台，积极探索农田地块测绘、地块信息上传、地块信息下载、无人机智能作业的完整工作链。

2017 年 6 月 27 日，来自中国种子集团有限公司资讯，"近日，陶氏益农与大疆创新签署谅解备忘录，宣布双方建立长期全面的战略合作伙伴关系，共同推动农业植保飞防技术的研发和应用，助力中国农业机械化、精准化的发展"。根据备忘录，陶氏益农与大疆创新将在产品创新与技术研究方面开展合作，通过打造适合于双方的商务合作模式，将陶氏益农的优质产品及解决方案通过大疆无人机技术输送到更多农民手中，推进病、虫、草害防治的精准化、规模化和产业化，提高农业生产效率。

2018 年 5 月 7 日，大疆创新与微软公司宣布达成战略合作，为大疆无人机带来先进的人工智能与机器学习能力，帮助企业用户更好地驾驭商用无人机与智能边缘云计算。微软全球执行副总裁、云计算与企业级事业部负责人 Scott Guthrie 表示："计算正变得无处不在，而智能边缘计算将会是下一个关键技术前沿。大疆创新是商用无人机技术领域的领导者，而 Microsoft Azure 是广受企业用户青睐的全球智能云服务平台。双方的战略合作，将为智能边缘计算上的设备带来无与伦比的智能云与 Azure IoT 创新，也将给农业、公共安全、建筑及更多行业的业务模式创造变革机遇。"

2018 年 6 月 12 日无人机网报道，日前，美国警用技术供应商 Axon 宣布了与大疆创新的合作，共同为美国执法机构提供无人机与数据服务。此次 Axon 通过新的 Axon Air 计划，为执法机构提供大疆无人机，并将大疆无人机技术与 Axon 的 Evidence.com 在线证据服务平台连接，此举将在数字化证据管理领域创新突破。

2018 年 8 月 14 日上午，深圳市无人机行业协会与大疆创新旗下公司——深圳市慧飞教育有限公司举行战略合作签约仪式。双方将在无人机教育培训、行业团体标准及行业共性技术研究等方面展开深入合作，共促无人机赛事竞技事业的发展。

资料来源：

1. 大疆创新与美国菲力尔公司建立合作关系．天极网，2015-12-11.

2. 陈涛．大疆与千寻战略合作 植保无人机告别基站用上北斗，中国农业新闻网，2017-04-23.

3. 深圳市公安局与大疆创新签署战略合作协议．新浪数码，2017-08-11.

4. DJI and Microsoft partner to bring advanced drone technology to the enterprise, Microsoft News Center, 2018-05-07.

5. 2018 年大疆的下一步的展望更大：成为基础设施．机器人大讲堂，2018-07-27.

讨论题：

大疆创新的合作战略是什么？其基础是什么？未来的合作可能采取什么策略？

参 考 文 献

[1] 杰伊·巴尼，李新春．战略管理 [M]. 北京：机械工业出版社，2008.

[2] 李新娥．公司战略教程 [M]. 北京：北京交通大学出版社，2016.

[3] 吕巍．战略管理 [M]. 武汉：武汉理工大学出版社，2010.

[4] 迈克尔·A. 希特，等．战略管理：竞争与全球化 [M]. 吕巍，等，译．北京：机械工业出版社，2009.

[5] 魏昕，廖小东．富士康内幕：全球最大代工企业成长真相 [M]. 重庆：重庆出版社，2010.

[6] 吴照云，舒辉，胡大立．战略管理 [M]. 2 版．北京：中国社会科学出版社，2013.

[7] 吴晓波，伍华，芦庆梅．网络时代虚拟经营的基本模式和管理原则 [J]. 科学管理研究，2002，20(1)：37-40.

[8] 徐希燕．企业多元化战略研究 [M]. 北京：中国社会科学出版社，2015.

[9] 张九元，张羡．虚拟经营 [M]. 北京：中国经济出版社，2004.

[10] 姚莉．企业战略管理 [M]. 武汉：武汉大学出版社，2010.

[11] Ansoff H I. Strategies for Diversification[J]. Harvard Business Review，1957，

33(5):113-124.

[12] Gort M. Diversification and Integration in American Industry[M]. Princeton: Princeton University Press, 1962: 21-25.

[13] Penrose E. Theory of the Growth of the Firm[J]. Journal of the Operational Research Society, 1959, 23(2):240-241.

[14] Pitts R A, Hopkins H D. Firm Diversity: Conceptualization and Measurement[J]. Academy of Management Journal, 1982, 7(4): 620-629.

第六章 竞争战略

本章关键词

成本领先战略　差异化战略　集聚战略　进攻战略　防御战略　柔性战略　分散型行业　规模经济型行业

开篇案例

热闹“双 11”的背后

年年岁岁，网购相似；岁岁年年，快递服务却渐渐不同。2017 年的“双 11”，是五大民营快递巨头顺丰控股、圆通快递、申通速递、韵达股份、中通快递全部成功上市，天天快递也借道被苏宁收购实现证券化之后，首个最大规模的“网购狂欢节”，一众快递龙头正式步入资本竞逐新阶段。2016 年 10 月初到 11 月初，圆通速递整体上涨超 22%，申通快递和韵达股份 2016 年 10 月的月涨幅也超 15%；2017 年 10 月，韵达股份、顺丰控股和申通快递的月涨幅也分别达到 11%、9% 和 7%。

与美国的“黑色星期五”相比，始于 2009 年的中国“双 11”天生自带互联网基因，且交易量增速更为迅猛。2016 年“双 11”实现了 1 770 亿元的全网总销售额，同比增速 44%，相对于 2009 年则增长 3 000 倍。业内对于 2017 年“双 11”交易额的预判是超 2 000 亿元，包裹数量逾 16 亿件。

由于 A 股四家快递公司在发展定位、业务布局、电商件主营比和市占率等方面不尽相同，对“双 11”的敏感度也趋于分化。在顺丰和“三通一达”中，电商卖家最倾向于选择哪家作为“双 11”的合作伙伴呢？对此，国内某知名电商平台卖家负责人表示，时限、价格与服务通常被视为商家选择快递服务商最关注的方面。“在目前服务于电商的主流快递公司中，尚无法断言哪家公司在这三个方面都拥有绝对优势。顺丰时效较强、安全性好，但是需要承担较高成本；其他快递公司，有的实现了昼夜取件，有的实现了派送无盲区，各具优劣，在价格与服务方面，并没有明显的差异化体验。”因此，商家通常不会单一选择固定的快递伙伴。“从空间角度说，一些公司寄递线路和时效要优于其他公司，比如中国邮政对于偏远农村地区的覆盖率有优势，因此会被纳入服务商名单；对于‘双

11’而言,即便快递业龙头公司,也会面临快件量快速飙升与运力短期不足的矛盾,无法确保整个快递流程不出现一点儿问题。”该负责人表示,多选择几家伙伴,以做到有备无患。

由于各快递公司业务结构、发展重点不尽相同,“双11”对于各家公司及各业务板块的影响也出现区别。国内商务件市场是以顺丰、EMS等直营快递企业为主;国内电商件市场是以圆通、中通、韵达、申通等加盟快递企业为主;国际快递市场则由四大国际快递巨头(DHL、FedEx、UPS、TNT)占据主要市场份额。

2017年以来,包括申通、圆通在内的部分快递公司,都曾被媒体爆出“爆仓”情况,被业内看作最大的风险点之所在。国家邮政局相关人士认为,发生快件积压和处理问题,也反映出整个行业存在由于劳动力短缺、基层盈利率不高带来的季节性、区域性末端网点运营不稳定等问题。对此,由专业人士解释为,“双11”对不少公司的运力确实构成很大挑战。“某公司如果为了完成快递量而快速增加运力,意味着总体成本会高出很多,不具有经济性。但无论如何,‘双11’都可以看作一场超强度对抗赛,既对快递企业强化练兵,也在倒逼快递企业强化装备,提升服务。”

不过,近年来的“双11”期间,龙头快递公司通常都会从人员、设备、车辆、线路等方面做好准备,以保障“双11”期间的快递业务。但是末端配送的压力仍然存在。各快递服务商对此的应对措施近年来也出现加码趋势。其中,菜鸟网络通过菜鸟驿站、自提柜等方式分流压力;京东为平台商家和社会化商家“双11”前的备货提供高达数亿元的补贴;为了表明解决问题的信心,苏宁更是明确,在全国多个核心城市推出迟到必赔服务。顺丰控股也在尝试采用新末端配送方式以及更新软硬件以提升效能。

一面是快递企业短板尚存,一面是行业整体向好,如何调整业务结构、加快转型升级,便成为摆在快递龙头面前的新课题。而各公司在这方面的战略选择,既有重合,又有分化。

加速拓展国际快递网络,推进国际化进程,在多家快递公司中出现提速。典型代表为圆通速递。该公司目前正筹划收购先达国际物流2.56亿股份。由于先达物流在全球多个国家和地区拥有公司实体和自建站点,业务范围覆盖超过150个国家、超过2 000条国际航线,同时拥有菜鸟在俄罗斯地区一定比例的份额,因此本次收购被业内看作圆通速递布局国际业务抢占先机进入国际市场,进而创造新的业绩增长点的一大动作。

顺丰控股将战略重点放在了国内“大物流”领域。公司负责人对《证券时报》记者分析说,国内“大物流”市场占到中国GDP的17%,这是一个12万亿元级别的市场,比快递市场4 000亿元的规模要大很多,其间既包括大宗商品物流,也包括消费升级带来的新机会。其中,冷链物流和重货运输成为顺丰控股未来深化拓展“大物流”业务的两大着力点。顺丰从2015年开始切入冷链物流,目前覆盖全国1 000多个县市,2016年实现10亿元营业收入。公司负责人指出,中国冷链物流市场每年超4 000亿元,是商务件市场的数倍,其中3 000亿元为食品生鲜,1 000亿元为药品;生鲜冷运业务毛利率较传统快递20%的毛利率高。顺丰将对部分核心战略资源与能力进行投资。“公司正在酝酿从人力密集转向技术密集,其中IT相关投入最为重视。”

韵达快递正在筹划联合多方成立相关保险公司,基于物流行业的保险需求,销售各类货物运输险、车险、财产保险等产品;拟成立融资租赁公司,推动国内外租赁资产的购买。

虽然快递公司之间存在差异,但整体而言,国内消费需求维持稳健增长,电商尤其是网购市场保持较高增速、跨境电商蓬勃发展。统计数据显示,近年来我国快递业发展迅猛,已连续6年每年增长超过50%。从2006年到2016年,业务量增长31倍,业务收入增长13.7倍。我国快递业现已位居世界第一,在全球每年约700亿件的快递量中,占了300亿件。从历史数据看,2014年,我国快递业务量首次突破100亿件,超过美国跃居全球第一。2015年我国快递业继续以45%以上的增长势头,突破年业务量200亿件大关。2016年突破300亿件,同比增长53%。2018年预计完成邮政业务总量12 300亿元,同比增长26%。其中,快递业务量完成505亿件,同比增长25.8%;业务收入完成6 010亿元,同比增长21.2%;支撑网上零售额6.9万亿元,支撑跨境电子商务贸易超过3 500亿元。

自2014年开始,我国快递业务量连续5年稳居世界第一,超过美、日、欧等发达经济体总和。

资料来源:根据证券时报网.“网购狂欢”全方位考验快递公司,积极转型各谋路径(2017年11月3日);光明日报.我国快递业务量连续5年稳居世界第一(2019年1月4日)等资料修改。

讨论题:

快递公司采取什么样的竞争战略?影响竞争的主要因素有哪些?

竞争战略,是指企业在对产业特征及自身实力进行认真分析的基础上,选择并追求一种更合理的竞争地位。竞争战略属业务层面战略,主要涉及企业如何在市场中竞争。竞争战略主要回答以下问题:为顾客开发与提供哪些产品与服务?将产品或服务提供给哪些细分市场?产品或服务将给予顾客何种程度的满足?在经营单位的选择方面,业务层战略一般有三种可供选择,分别是:成本领先战略、差异化战略和集聚战略。

第一节 成本领先战略

一、成本领先战略的概念

成本领先战略又被称为低成本战略,指的是寻求企业成本状况在全行业范围内的领先。通过加强成本控制,在研发、生产、销售、服务和广告等领域把成本降低,从而获得比竞争对手更高的市场占有率,并使企业获得同行业平均水平以上的利润。

成本领先战略的战略逻辑是:其一,企业要是本行业内的领先者;其二,相对于竞争者而言,企业要具有较明显的成本优势,而不仅仅是小幅度的领先。

成本领先战略的主要理论基础为两个方面：

（1）规模经济效益，即随着生产规模的扩大，单位产品的成本降低。

（2）学习曲线效应，即随着企业累积产量的增加，单位产品的成本降低。

学习曲线是指某种产品的平均生产成本会随着该产品累积产量的增加而下降。这是因为随着产品生产数量的增加，员工所获得的经验也越来越丰富，技术也更加娴熟，进而提高了劳动生产率，从而降低了单位产品的成本。此外，因产量的增加，可以更加有效地管理和组织员工，也同样可以实现劳动生产率的提高及降低单位产品成本。

我们通常用进步率来衡量学习效果。图 6-1 中，假设厂家的累积产量为 Q_x，单位成本为 AC_1，累积产量为 $2Q_x$，单位成本为 AC_2，则进步率为 AC_2/AC_1。如果进步率小于 1，就会产生学习效应。人们估计了数千种产品的进步率，平均进步率为 0.8。这意味着如果企业的累积产出增加一倍，单位成本将下降 20%。当然，不同企业之间进步率是不一样的，一般而言，在 0.7～0.9 的范围内波动。同时，随着累积产量进一步增加，进步率会逐步趋向于零，学习效应会趋于停滞。学习曲线表明，至少在一个企业开始生产某种产品的初期，企业可以通过尽力提高累积产量来增加经验、降低成本。

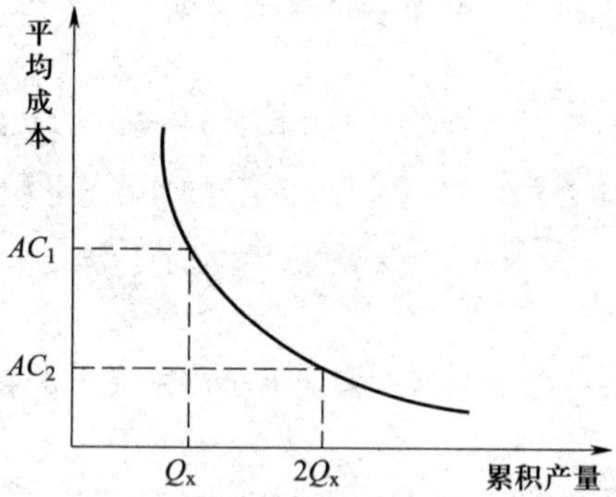

图 6-1　学习曲线

资料来源：孟卫东. 战略管理：创建持续竞争优势 [M]. 北京：科学出版社，2014.

一般而言，采用成本领先战略的企业只能提供具有基本质量和有限特色的产品，这样的产品的竞争力可能并不足够。因此，这些企业往往会采用低价策略来吸引消费者，但是这么做会降低企业的收入。为了保持、增加收入，企业必须增大产量。当然，实施成本领先战略的企业还能够进行另一种选择，就是将价格定得与竞争对手大致相仿，并不刻意追求更大的市场份额，以提高毛利率，从而实现总利润的增加。

综合而言，成本领先战略就是通过大规模的生产、经营并加之以低成本来获得竞争优势，实现收入和盈利的增长。对成本领先战略最好的概括就是薄利多销，其最根本的经济学逻辑就是规模经济。

二、成本领先战略的优势与劣势

（一）成本领先战略的优势

在行业中，低成本的企业拥有明显的优势：同竞争对手之间可进行低价竞争，增加销售量和市场占有率，从而获得比行业内其他企业更高的收益；在谈判过程中可以向客户争取更多的生存空间；当原材料价格上涨时，拥有比较强的承受能力等。具体来说，企业采用成本领先战略可以获得的战略优势主要有以下几个方面：

1. 形成进入障碍

当企业实现成本领先时，可以对自身的产品设置较低的价格，这对于那些潜在的进入者而言是一道较高的进入障碍。因而，那些缺乏经营经验和生产技术不够精练，以及没有形成规模经济的企业，即使面对高利润的吸引也难以进入这一行业。而且，成本领先者占据着有利的位置，当它感受到来自竞争者的威胁时，可以采用降价的策略来削弱竞争者的实力。

2. 提高企业的讨价还价能力

因为企业可以设置比行业内企业更低的价格，所以其与供应商进行讨价还价的能力得到了增强。此外，除了供应商，企业同顾客的讨价还价能力也得到了增强。低成本可以对抗那些强有力的购买者的影响，因为客户很难从其他企业那里获得更低的价格水平。

3. 降低替代品的威胁

在同替代品进行竞争时，因为企业是成本领先者，所以可以凭借自身的低成本的服务或者产品对原有的客户群体保持稳定的吸引力，从而可以缓解甚至是降低替代品的威胁，使自身的产品在一定程度上不会被其他产品替代，进而保持自身的竞争地位。

4. 保持领先地位

相对于同行业的竞争者而言，企业是成本的领先者。在感受到竞争者的威胁时，由于企业自身的成本比较低，企业自身处于较有利的地位。在竞争是以价格为基础的时候，企业可以凭借低价格的吸引力从竞争对手那里抢占更多的市场份额，进而获得更多的利润，始终保持自身在行业中的领先地位。

（二）成本领先战略的劣势

（1）当行业内竞争者的能力过于强大的时候，竞争者可能拥有开发更低成本的方法，诸如更低的人工成本、采用新的技术，进而形成新的成本优势，使得企业的原有优势变为劣势。

（2）当企业实现低成本的方法容易被竞争者模仿的时候，企业的成本优势很难保持，竞争对手可以轻而易举地追赶上企业，形成与企业相似的成本和产品，使得企业的经营陷入困境。

（3）若企业一味地追求低成本，当客户的需求发生改变时，会使得产品和服务的质量得不到有效的保证，难以满足客户的需求。企业原来的竞争优势反而会让自己处于劣势。

三、成本领先战略的实施途径

通过各种方式提高效率，降低成本，进而建立起成本优势是成本领先战略的关键和重点。企业的成本地位是价值链中各项活动作用的结果，企业可以通过两条主要的途径获得成本优势：价值链活动保持不变时开发成本优势；通过价值链再造获得成本优势。

（一）开发成本优势

在企业价值链保持不变的情况下，要实现成本优势，就要比竞争对手更加有效地开展内部价值链活动，对价值链活动的成本实现更有效的管理。一般来说，企业的成本驱动因素或成本优势的主要来源及途径如表 6-1 所示：

表 6-1 成本优势的主要来源

类别	优势来源
与规模相关的成本优势来源	规模经济或不经济 学习及经验曲线效应
与规模相关的成本优势来源	生产能力利用率
与规模无关的成本优势来源	关键资源投入的成本 活动之间的联系 同其他经营单位间的联系 垂直一体化与外包 时机选择与控制 企业内部政策控制

资料来源：作者参考资料整理。

1. 规模经济或不经济

一项价值链活动的成本不仅取决于活动所适用的技术，也取决于使用技术的方式。生产规模的大小会对生产成本产生直接的影响。此外，对于某项活动的开展，通常也是大规模比小规模的成本更低。所以说，规模经济不仅仅存在于生产领域，它几乎是随处可在的。如果企业可以将某些成本分摊到更大的产品销量上，那么它就可以获得规模经济。

2. 学习及经验曲线效应

由于经验和学习的经济性，某项活动的成本会降低。企业不断从事某项价值链活动时会积累一些提高效率的方法，从而实现成本的降低。学习的速度在不同的活动中会有所区别，但是都具有学习效应。

3. 关键资源投入的成本

企业为投入、购买关键资源所支付的成本对于价值链活动开展的成本起到了一定的决定作用。对于从供应商那里购买的投入或价值链活动中所消耗的资源，各个竞争厂商所付出的成本并不完全相同。

4. 活动之间的联系

一项活动的成本通常会受到其他活动效率的影响，相关的活动如果是以一种协调合作的方式开展，那么就可以降低成本。比如说，当企业的材料库存成本与供应商活动相关时，就可以通过与供应商展开一些合作来降低成本。当活动之间存在联系时，改善一项活动的实施方式，可能降低多项活动的总成本。

5. 同其他经营单位间的联系

企业内部不同的经营单位可通过价值活动共享与协同来提高价值活动的效率，进而使得某项价值活动的总成本能够在企业范围内进行分摊和降低。比如说，企业内不同业务单元共同使用同一仓储和分销设施，依靠相同的客户服务和技术支持队伍等。可见，如果让不同经营单位之间进行资源的共享,就能够显著地节约成本,从而促进规模经济的形成。

6. 垂直一体化与外包

企业与供应商、客户保持着纵向的联系,企业和他们之间的联合方式与程度会对企业的成本产生影响。部分或者全部一体化进入供应商业务领域或者前向渠道联盟,就可以让企业绕开拥有强大讨价还价能力的供应商或客户。合并或协调行业价值链中紧密相连的活动可以带来明显的成本节约,这说明前向或者后向一体化具有很大的潜力。此外,很多企业会将一些职能和活动进行外包,交给外部专业的厂商来做,这样可以进一步降低成本。

7. 时机选择与控制

企业进入市场的时机与成本优势的获得密切相关。是先进入市场者更容易获得优势还是跟随者更有利,对于不同的产业而言都是不同的。对于一些产业而言,只有率先进入行业的企业才能够获得成本优势,因为先动者可以占据最佳的位置、选择最佳的供应商。然而,对于另外一些产业来说,跟随者似乎更能获得成本优势,因为产业内的技术更迭、变化的速度太快,跟随者可以观察并低成本地模仿先动者来实现成本领先的优势。

8. 生产能力利用率

生产能力利用率本身附带了巨大的固定成本,是价值链中重要的成本驱动因素。提高生产能力利用率可以使其承担折旧和其他固定费用的生产量扩大,进而降低单位固定成本。

9. 企业内部政策控制

企业战略意图集中反映在内部的政策上。成本导向的内部政策控制,即在制定和修改企业政策的时候以低成本为出发点。企业所开展的各项活动遵循的主要原则就是“杜绝浪费,降低成本”,尽可能地提高企业的效率。

(二) 价值链再造

企业可以通过对价值链的改造来省略或者合并一些高成本的价值链活动。主要的途径有:

(1) 简化产品的设计。可以利用计算机辅助设计技术,减少零部件或者实现零部件的通用化、标准化,采取“易于制造”的设计方式。

(2) 利用互联网和电子商务。在企业乃至行业价值链再造过程中,互联网和电子商务都发挥着巨大的作用。互联网技术改变了供应链管理,使制造商可以通过互联网把客户订单、生产过程和原材料、零部件供应链连接起来,实行准时制生产,提高采购速度,降低存活成本,减少生产时间,更好地满足客户需求。在企业内部,可以加快文件和信息处理速度,减少人员配置,节约管理费用。通过在线商务活动,可以节省交易时间和成本。

(3) 使用“直接到达最终用户”的营销选择策略,削减批发商和零售商的成本费用和利润。

(4) 寻找各种途径避免使用高成本的原材料和零部件。

(5) 采用敏捷的生产流程,如计算机辅助设计和制造,兼容低成本、高效率和产品定制性的柔性制造系统。

(6) 将各种设施重新布置在更靠近供应商和消费者的地方,减少入厂和出厂的物流成本。

四、成本领先战略的适用场合与风险

(一) 成本领先战略的适用场合

尽管成本领先是一种有效的战略选择,但并不是所有的情况下这种战略都是合适的。成本领先战略的适用场合主要是顾客对某一类商品拥有巨大的共同基本需求。此时,质量可接受下的标准化产品可以满足用户的需求,用户更加看重的不是质量、特色或者品牌,价格是决定客户是否购买的最主要因素。例如,沃尔玛销售的多是日常消费用品,像食品这种稳定但是需求量大的产品,顾客之间并不存在太大的差异。对于这样的一类需求,沃尔玛之所以可以实现年销售额超 2 000 亿美元的规模,主要就是因为大量的共性需求为其规模化经营提供了基础和前提,并且规模经济带来的低成本和低价格正好迎合了消费者的需求。

若产品差异化作用和途径不多,那么该行业的厂商生产的产品都是标准化的。比如说,建筑材料、农产品等,不同厂商之间的差别是非常细微的。此时,客户的转换成本非常低,很容易从一个厂商转向另一个厂商。激烈的价格竞争是企业为获得市场份额,争取更多的客源所采取的必要措施。在竞争主要集中于价格的市场上,低成本是唯一重要的竞争优势。

(二) 成本领先战略的风险

成本领先战略若是不分场合和条件地使用,会存在一定的风险,主要体现在两个方面:

1. 成本领先地位的丧失

成本领先地位主要依赖于企业建立的先进完善的技术体系而获得的,因此,要维持企业的成本领先地位,需要依赖于对现有技术体系的完善与提高。竞争对手深知基于当前的技术体系来实施竞争是很难实现突破性进展的。因此,它们会想方设法地开发新的技术体系来取代旧体系。一旦行业内的技术体系发生实质性的变化,那么领先企业先前的大量投资和努力将会大大贬值,其优势也将不复存在,竞争地位也会发生巨大的变化,原有的优势甚至可能变成劣势。

另外,企业要想继续维持成本领先地位,就需要不停地降低成本,从而保持竞争优势。然而,由于产业和技术的成熟,企业成本降低的空间日渐狭小;随着竞争对手标杆管理的实施,不同企业间的管理与技术水平的差距将会越来越小,成本优势的维持也日渐困难。

2. 成本优势难以弥补差异化劣势

成本领先企业的优势在市场上的表现为价格优势,但是其生产的产品或提供的服务没有特色。当企业产品的价格优势不能对其差异化劣势进行弥补时,此时实施差异化战略的企业将会获得新的竞争优势。

对于顾客某些需求进行满足是企业产品立足于当前市场的前提。一旦顾客的某些重要需求无法得到满足,价格将不再是敏感因素,此时顾客将会转向其他厂家。所以,企业在注重内部效率提高的同时,还要注意顾客需求的变化,贯彻顾客导向,才不至于使企业差异化劣势过分突出。

第二节 差异化战略

一、差异化战略的概念

差异化战略也称特色经营战略，指的是在价值链的某些环节上，企业提供的产品或服务在产业中具有与众不同的特色，这些特色可以表现在产品设计、技术特性、产品品牌、产品形象、服务方式、销售方式、促销手段等某一方面或某几个方面。

企业通过树立起一些在全行业范围中具有独特性的东西，来满足顾客特殊的需求，使顾客建立起品牌偏好与忠诚，从而形成竞争优势，获得高于同行业平均水平的利润。为了成功地实施差异化战略，企业需要认真地研究消费者的内在需求，了解消费者真正看重的是什么，以及他们愿意支付多高的价格。此外，企业还必须使自己的产品属性与竞争对手所提供的属性有着显而易见的差别。消费者对差异化的喜好程度越高，那么他们与企业的联系也就越紧密，企业所获得的竞争优势也就越明显。

当企业成功实现差别化的时候，就可以：

(1) 索要高价。

(2) 提高销量。

(3) 获得消费者对品牌的忠诚度。

不论是在哪一种情况下，只要从产品中收取的额外价格超过为了实现差异化而付出的成本，那么差异化就可以提高企业的盈利能力。但是，如果消费者对于企业差异化所赋予的价值并没有高到使其不去购买竞争对手的产品的程度，又或者企业差异化的方式是非常容易被复制的，那么企业差异化战略就失去了基础。

二、差异化战略的优势与劣势

(一) 差异化战略的优势

(1) 设置进入障碍。当企业成功实施了差异化战略时，会拥有一定的顾客群体。因为企业产品或服务具有与众不同的特点，这有助于企业获得消费者的信任和忠诚，对于潜在进入者而言在无形中设置了一道进入障碍。要想与企业展开竞争，潜在进入者就必须克服这种差异化所产生的独特性。

(2) 降低替代品的威胁。两种产品的性价比决定了一种产品是否可以成为现有产品的替代品。企业的差异化战略可以通过性能优势来提高当前产品的性价比，进而降低替代品的威胁，在一定程度上保证企业现有产品不会被替代品替代，进而保持自身的竞争地位。

(3) 增强讨价还价的能力。因为企业具有差异化的优势，能够很好地满足消费者的特别需求，因此在增强消费者对产品品牌忠诚度的同时，也会使其对产品价格的敏感度降低，从而会削弱消费者讨价还价的能力。同样地，差异化优势会为企业带来较高的边际效益，因而企业对供应商的讨价还价的灵活性和主动性都会显著增强。

(4) 保持领先地位。相对于竞争对手而言，企业在面临瞬息万变的市场挑战时能够很快地适应市场需求，在提供的产品和服务的差异上一直处于行业内的领先地位，在拥有一批固定的消费者的基础上还能够不断地吸引新的消费者群体，进而能够一直保持自己的领先优势。

（二）差异化战略的劣势

（1）差异化感知减小甚至被忽略。一方面，随着产品发展进入高速发展期，大量模仿的出现使得用户能感觉到的差异越来越小，特别是产品发展到成熟期时，拥有一定技术实力的竞争者很容易通过逼真的模仿，减少产品之间的差异，使得用户对差异化的感知减小。另一方面，当用户变得越来越成熟时，用户对其所需产品的功能差异的因素需求有所下降，对产品的差别特征和使用体会不明显时，就可能发生忽略差异的情况。

（2）部分用户丧失。如果采取差异化战略的产品成本与追求成本领先战略的竞争者的产品成本差距过大，这时，部分价格敏感（高价格弹性）的用户很可能会宁愿牺牲差异化产品的性能、质量、服务和形象，而去追求降低采购成本。

（3）过度差异化。当企业过分追求差异化时，只追求与以往产品的不同，往往忽略用户需求的本质，很大程度上会导致这些差异化并非是为了满足用户需求的差异化，从而增加研发和生产成本并失去市场。

三、差异化战略的实施途径

差异化并不是企业的营销和广告部门策划出来的，实施差异化战略，需要企业理解消费者需求中真正重要的是什么，弄清楚在价值链的哪一个环节可以创造差异化的属性，并且要知道实现差异化所需的能力和资源是什么。企业要实现差异化战略，可以考虑的途径主要有以下几种：

（一）产品内在因素的差异化

产品内在因素的差异化主要是指企业可以在产品的设计、性能、质量以及增值功能等方面为消费者创造价值，同时创造与竞争对手不同的属性。也就是说，企业首先要确定自身服务的顾客类型，然后要深入了解这一类消费者所看重的内在价值是什么，思考如何在价值链环节中为消费者创造与众不同的价值。

（二）产品外在因素的差异化

产品外在因素的差异化即企业利用产品的包装、商标、定价、促销手段以及销售渠道等方式，使其与竞争对手之间形成差异化，打造出自身的竞争优势。

（1）企业可以采用包装改进、定价和树立名牌等方式来实现产品差异化，也就是说定高的价格显示出产品的高贵，包装的精美显示出产品的优质，从而树立企业产品的形象。

（2）利用广告等宣传方式来形成产品差异化。企业可以通过各种媒体和传播方式将有关产品的信息特征传达到国际市场，让消费者感受到产品的差异化，进而在消费者的心中树立起独特的品牌形象。

（3）通过提供优质服务来实现产品差异化。企业可以向消费者提供与竞争者不同的服务，诸如分期付款、免费送货、定期维护等方式来使企业的产品获得差异化。

（4）通过分销渠道实现产品差异化。企业可以采用与竞争者不同的方式来进行产品的销售，诸如上门推销、直销、网络销售等方式，让顾客能直接接触企业的产品，进而在他们的心中留下差异化的产品形象。

尽管有时候企业产品外在差异与消费者的需求并没有太大的关系，但是却可以在心理上给予消费者满足感，使得消费者愿意为其所喜欢的商品支付更高的价格，同时也建立起对企业的信任和忠诚度，这是竞争对手难以获得的。

四、差异化战略的适用场合与风险

（一）差异化战略的适用场合

差异化战略并不适用于所有的场合。在以下的一些情况下是适合采用差异化战略的：

（1）消费者存在大量的个性化需求，并且对于价格不太敏感。此时，企业实施差异化战略能够满足消费者的需求，并且消费者愿意而且有能力为满足他们需求的产品付出更高的价格。如果消费者对于价格比较敏感，尽管企业的产品差异化更能满足他们的需求，但是他们仍然不乐意也没有能力去支付为了获取额外的满足而增加的价格，此时企业的差异化战略并不能为企业带来竞争优势。

（2）在产品和竞争方面，企业有很多机会去创造差异化的产品，同时消费者还能够轻易地感受到这些差异并看到这些差异的价值。很多企业实施非差异化战略，或者胜过竞争对手特别是大企业的成本优势的机会有限时，差异化可能就是企业创造竞争优势的最佳途径。

（二）差异化战略的风险

（1）过高的差异化成本。通常企业想要保持产品和服务的差异化都需要以增加成本为前提。因此，如果企业不对差异化战略的限度和范围进行有效的控制，就可能使得差异化战略中获得的相当一部分利润被上升的成本抵消，进而有可能降低企业的利润。

（2）竞争对手的模仿。竞争对手的模仿是企业差异化优势丧失的重要原因之一。竞争对手不可能漠视企业的差异化优势，他们会想方设法地模仿、学习，进而改进自己的产品和服务，缩小与其他企业之间的差距。因此，企业获得差异化优势之后，并不是一劳永逸的，还要时刻注重保护、维护和强化自身的差异化优势。

（3）消费者偏好的改变。消费者的偏好并不是一成不变的，他们对产品和服务的特殊需求随着时间的推进也在发生着变化。因此，企业必须时刻关注消费者偏好的变化，根据消费者需求的改变而进一步改进自身的差异化战略。此外，如果形成差异化的成本过高，导致消费者难以接受，消费者可能对企业敬而远之，转而去寻找其他的替代品或者改变原有的爱好。

第三节　集聚战略

一、集聚战略的概念

集聚战略也称目标集中战略、聚焦战略等，指的是将经营战略的重点放在一个特定的目标市场上，满足特定消费者群体的特殊需要或者集中服务于某一有限的区域市场。企业一旦选择了目标市场，便可以通过产品差异化或成本领先的方法形成集聚战略。也就是说，采用了集聚战略的企业，通常是特殊的成本领先或者差异化企业。由于实施这一战略的企业规模比较小，在集聚战略实施的过程中很难同时实施成本领先和差异化战略。不同于成本领先战略和差异化战略的是，成本领先战略和差异化战略一般是面向全行业在整个行业范围内进行活动，而集聚战略专注于整体市场的一个狭窄部分，为某一类特殊目标客户服务，以此建立企业的竞争优势并确立其市场地位。

集聚化的企业由于其市场面狭小，可以更好地了解市场和顾客，从而提供更好的产品与服务。如我们生活中经常见到的面包店、小酒馆、社区便利店等都是很好的例子，它们的经营范围都非常有限，只为小范围内的顾客群体提供产品和服务。集聚战略的基本逻辑在于，企业专注于某一特定的细分市场或者特定的产品可以获得规模经济，而分散资源超出它所专注的市场或产品就不能得到这种规模经济。

通常企业选择集聚战略的主观原因是自身的实力欠缺，很难向整个市场提供产品，进行大范围的竞争。其次，选择这一战略的客观原因主要是市场和产业有较大的细分机会。

二、集聚战略的分类

集聚战略可以分为四种类型：

（一）产品集聚战略

企业集中力量为不同的细分市场提供某一种特定的产品。产品集聚战略的主要特点是以单一产品参与市场竞争。比如说，微软数十年专注操作系统和软件的研发，为用户提供高品质的操作系统与软件，逐渐将自身打造成世界第一大独立软件商；日本汽车生产厂商一直将经营重点放在节能型小汽车的生产和销售上；国内的民营企业万向集团则始终以生产汽车产品的零配件为主。

（二）地区集聚战略

企业只向某一特定的市场或者地区提供一系列的相关产品，根据特定地区的需求实行重点集中，从而获得竞争优势。比如说，海尔根据印度市场的特点和需求，发明了一种专供当地的脚踩式便捷洗衣机。企业在有限地区内采取集聚战略，也容易获得成本优势。例如，水果、蔬菜和生鲜等时效性产品，由于存在较高的运输成本，将经营范围限制于一定区域内是非常有利的。

（三）顾客集聚战略

企业向某一特定顾客群提供各种相关的产品。顾客集聚战略的主要特点是将经营重心放在不同需求的顾客群体上。比如说，海澜之家只销售男式服装，打出的口号是“男人的衣柜”；美甲店的服务重点客户是年轻、爱美的女性。企业先确定自己要服务的顾客类型，然后根据这一类型顾客的某些特点和需求向他们提供专门的产品或服务。

（四）利基战略

企业专门为某一特定细分市场提供特定产品。这是一种高度聚焦的策略，主要是企业不想在市场上和强大的竞争对手展开正面竞争，会选择那些被大企业忽略但需求并没有被满足的有活力的小市场作为自己的目标市场。

三、集聚战略的优势、劣势与风险防范

（一）集聚战略的优势

企业经营的目标非常集中，企业能够集中使用自身的各类资源，并且这些资源管理起来简单方便，节省人力、物力的消耗。

企业对目标市场和顾客群体非常了解，而且有能力深入钻研以至于精通有关的专门技术，从而进一步提高企业的实力，在产品和市场上获得竞争优势。

因为采取集聚战略的企业的生产是高度专业化的，因此企业很容易实现规模经济效益，降低成本，增加收益。

（二）集聚战略的劣势

当市场发生变化，例如新技术或者替代品出现时，企业提供的产品的需求量将会下降，利润也将大幅下滑。

企业对于环境的适应能力比较差，企业的经营存在较大的风险，企业在采取集聚战略的时候要有应变的准备，做好产品的更新改造工作。

（三）集聚战略的风险防范

企业采取集聚战略的时候要注意防范来自三个方面的威胁，及时采取应对措施来维护企业的竞争优势。

首先，以广泛市场为目标的竞争对手很有可能将目标细分市场纳入其竞争范围，很有可能成为企业所在细分市场的潜在进入者，会对企业产生威胁。企业若采取集聚战略，就必须在产品和营销等方面加大差异性，差异性越大，集聚战略的维持力越强。由于集聚战略的维持力是建立在差异性的基础上，随着差异性的变化，选用集聚战略的企业的目标细分市场也应该做出相应的调整。

其次，企业所在行业的其他企业也实施集聚战略，甚至以更小的细分市场为目标，这也会对企业产生威胁。企业应该建立防止模仿的障碍，要根据特定市场细分结构来决定障碍壁垒的高低。此外，目标细分市场的规模也是集聚战略实施中的一大威胁：当细分市场较小时，竞争者可能忽视或者不感兴趣；在一个利润空间较大的新兴目标市场中，竞争企业有可能在更狭窄的目标细分市场上采用集聚战略，创造更加专业化的产品，使得原有的使用集聚战略的企业的竞争优势不复存在。

最后，目标细分市场中，由于消费者偏好变化或者替代品的出现，甚至是政治、经济、法律等宏观环境的变化引起了目标细分市场的替代，使得市场发生了结构性的变化，企业从原有的集聚战略中获得的竞争优势也随之消失。

四、集聚战略的实施途径

(一) 成本领先集聚战略

成本领先集聚战略的主要目的是通过低价格或低成本来吸引目标市场的消费者,从而获得竞争优势。当企业可以用较低的成本保持自身的客户时,这种战略是非常有吸引力的。采用成本领先集聚战略的企业与采取成本领先战略的企业获取成本领先优势的手段是一样的,即比竞争企业更好地控制驱动成本的因素,再通过再造企业的价值链来保持成本优势。两者之间所存在的唯一差别在于目标群体不同,成本领先战略所针对的是整个市场上的所有的消费者,但是成本领先集聚战略只是针对某个细分市场的消费者。

成本领先集聚战略其实比较普遍。比如说,国内的很多代工厂可以模仿著名品牌厂商的产品,并将这些产品卖给零售商,最后由零售商将产品销售给对价格比较敏感的消费者。通过这种途径,代工厂节约了在产品开发、宣传、配送上的开支,从而实现了企业的低成本。

(二) 差异化集聚战略

企业通过向目标市场的顾客提供合适的产品从而获得竞争优势的战略就是差异化集聚战略。消费者想要不同的产品特色是企业成功实施差异化集聚战略的前提条件。此外,企业拥有在相同市场上区别于竞争对手的能力也是实施这一战略的重要影响因素。

很多企业都成功地通过差异化集聚战略满足了特定群体消费者对产品和服务的要求,如香奈儿、劳力士、劳斯莱斯、古驰等著名品牌都很好地满足了高阶层消费者对于质量、身份和地位彰显的需求。

相对于成本领先和差异化战略而言,集聚战略由于集中和聚焦,使得企业“小而专”“小而强”“小而精”成为可能。因此,企业能够在本行业中获得高于其他企业的利润。应用集聚战略的企业,拥有服务于目标细分市场的专业能力,使其防御五种竞争力量的基础坚实,所以能够更加有效地防御行业中的各种竞争力量。定位于多个细分市场的竞争企业可能不会拥有能真正满足集聚战略企业目标客户期望的能力。竞争企业想要进入集聚战略企业的目标市场是比较困难的,因为集聚战略企业具有服务于该目标小市场的独特能力,因此能有力地阻止潜在的新进入者。当企业在实施集聚战略时,以下几个方面的问题需要重点把握:

1. 选好战略目标

战略目标的选择是企业实施集聚战略的关键,一般原则是企业要尽可能选择那些竞争对手最薄弱的目标和最不易受替代品冲击的目标。共享单车的出现就是因为发现了一个被人忽视的市场——“最后一千米”的问题尚未解决。很多人是乘坐公共交通通勤,但是公共交通不一定是靠近家或者单位的,因此共享单车的出现很好地解决了这一问题,从而迅速扩大了市场。

2. 明确定位自身经营的产品

定位是一个对自己竞争优势的识别过程,也是一个利用竞争优势的过程。海底捞的核心竞争优势之一就是热情的服务和尽责的工作人员。企业将自身的服务定位于热情周到的关怀,让消费者真正感受到“顾客是上帝”,从而获得了消费者的好评。竞争者即使可以模仿海底捞的运营模式，但是很难创造像该企业员工那样的精神状态。

3. 权衡自身产品结构

集聚战略企业所针对的目标市场本身就相对狭小，因此企业所能获得的市场份额的总体水平也是比较低的。所以，企业在进行集聚战略选择时，应该在销售量和产品获利能力之间进行权衡和取舍，甚至有时候还要权衡产品的成本状况和差异化。

五、集聚战略的适用条件与风险

(一) 集聚战略的适用场合

通常来说，在以下的环境中，集聚战略能为企业带来竞争优势：

(1) 消费群体之间的需求存在显著差异，或者在使用产品上存在不同的习惯。

(2) 企业所选择的特殊的消费群体或地区市场并不是主要竞争者取得成功的关键因素，所以没有其他竞争者在这一市场中采取与企业相似的战略。

(3) 企业所选的目标市场在市场容量、获利能力、成长速度、竞争强度等方面都具有相对的吸引力。

(4) 企业没有足够的资源用于广泛的、较宽的市场面，但拥有有效服务目标细分市场的资源和能力。

(5) 在行业内有很多不同的细分市场，所以采用集聚战略的企业可以选择诱人的细分市场，充分发挥自己的优势。

(6) 采取集聚战略的企业，凭借其建立起来的顾客商誉和能力，可以有效地防御行业内的挑战者，其产品和服务有较高的客户忠诚度。

(二) 集聚战略的风险

在集聚战略的实施过程中，企业面临着很多的风险：

1. 现有的产业细分失去其合理性

产业细分模式会受到技术的影响。新技术，特别是信息技术，既为集聚战略提供了机会，也为其带来了一定的威胁。例如，信息技术提高了企业的管理、通信、制造等方面的灵活性，有助于集聚战略企业成本的降低和服务的提升，同时也有可能导致目标广泛的企业经济地向不同细分市场提供针对性的产品与服务。消费者的需求是不断变化的，一旦他们的需求特点趋于一致，任何形式的产业细分都是多余的。

2. 来自目标为整个市场的竞争对手的挑战

与目标为整个市场的竞争对手相比，集聚战略的竞争优势较小，因为以整个市场为目标的竞争对手可以同时在集聚战略企业所在的细分市场中展开竞争。

3. 来自模仿者的风险

其他企业选择模仿集聚战略企业的战略是对当前企业的重大威胁之一。集聚战略企业所拥有的竞争优势的持久性，在于其成本优势或差异化优势的持久性。模仿集聚战略所面临的壁垒主要取决于特定市场的细分结构，这些企业需要克服由于专有技术以及建立专有销售和服务网产生的规模经济而形成的各种壁垒。

第四节 柔性竞争战略

自20世纪60年代安索夫的《企业战略论》出版以来，企业战略无论在理论研究上还是在实践应用上都取得了很大的进展。自20世纪80年代中期以来，"基于资源"的企业战略观点和90年代出现的"基于能力"和"基于核心能力"的观点都拓展了人们对企业战略的认识。无论是持哪种观点的学者都认识到环境的变化越来越快，企业的战略应当适应环境的变化。上述那种认为企业间的竞争主要集中在产品质量和成本的观点已不再能够全面反映当今竞争活动的特点，时间的竞争和战略柔性的程度已成为新的甚至更重要的竞争内容。正因为如此，近年来有关战略的动态变化和战略的柔性问题成为战略管理研究的热点。下面首先简要介绍企业在不确定环境中采用较多的两种战略形式：进攻型战略和防御型战略。进一步，我们介绍柔性战略模式及其主要特征。

一、一般战略模式介绍

(一) 进攻型战略

进攻型战略又被称为增长型战略、扩张型战略，即企业在现有战略基础水平上朝更高一级的方向发展。从企业发展的角度来看，任何成功的企业都应当经历长短不一的增长型战略实施期，因为从本质上说只有增长型战略才能不断地扩大企业规模，使企业从竞争力弱小的小企业发展成为实力雄厚的大企业。

企业要发展就必须丰富自身的资源并提高当前资源的利用率，充分挖掘和发挥企业的优势。进攻型战略将发展视为企业的核心目标，引导企业不断地开拓新市场、开发新产品、提高销售量并扩大市场占有率，扩大经营规模与范围，降低财务成本，提高盈利能力，采用新的生产和管理方式，进而使得企业的各项经济技术指标超过和达到行业的先进水平，提高企业的竞争地位。对于一些有良好经营基础和人才优势的企业而言，通常可以选择进攻型战略。进攻型战略能够快速地建立企业的竞争优势，让竞争对手来不及反应，从而获得竞争优势。

进攻型战略企业通常具有以下特征：① 进攻型战略企业不一定比整个经济增长速度快，但往往比其产品所在的市场增长得快。② 进攻型战略企业往往取得大大超过社会平均利润率的利润水平。③ 进攻型战略企业倾向于采用非价格的手段同竞争对手抗衡。④ 进攻型战略鼓励企业的发展立足于创新。

进攻型战略的实施途径包括：利用竞争对手的弱势；多条战线同时出击；终结性行动；游击性行动等。

(二) 防御型战略

防御型战略亦称防守型战略、稳定战略，是很多企业都会采用的发展战略。防御型战略是企业为应对市场可能带来的威胁，采取一些措施企图保护和巩固现有市场的一种战略。采用防御型战略的企业会使企业的资源分配和经营状况都基本保持在目前状态和水平上，尽可能地降低对手进攻的可能性。这种战略比较适合希望维持现状或者等待时机再图扩张、暂时稳定或者逐步紧缩的企业。

在某个有限的市场中，防御型战略企业常常采用竞争性定价或高质量产品等方式来阻止竞争对手进入它们的经营领域，以此来保持自己的稳定。需要明确的是，防御型战略并不完全排斥进攻。防御型战略在本质上不是增加企业的竞争优势而是使它更持久。所有有效的防御战略都会有一定的机会成本，也就是说企业为了提高持续能力需要放弃一些短期的盈利。

防御型战略通常具有以下特征：① 企业对过去的经营业绩表示满意，决定追求既定的或与过去相似的经营目标，防止竞争对手的进攻行为破坏本企业的经营目标和经营现状。② 企业战略规划期内所追求的绩效按大体的比例递增。实施防御型战略的企业，总是在市场占有率、产销规模或总体利润水平上保持现状或略有增加，能避免因战略改变而改变资源分配的问题出现，从而稳定和巩固企业现有的竞争地位。③ 企业准备以过去相同的或基本相同的产品服务于市场，这意味着企业在产品的创新上较少考虑，以防止发展过快和盲目创新投资而导致的种种弊端。④ 企业既不在现有的产品和市场上向竞争对手采取进攻性行为，也防止竞争对手夺取本企业的市场份额和忠诚顾客，以给企业一个较好的休整期，方便企业积聚更多的能量，以便为今后的发展做好准备。⑤ 在实施防御型战略期间，企业的销售收入、利润和企业的规模等有一些小幅度的涨落但不会有大的波动，企业的经营风险相对较小，企业将尽力维持现有的市场份额。⑥ 警惕企业外部环境的变化信息，并制定相应的应对措施。企业内沉稳、谨慎、保守的思想占据战略指导思想的主要地位，偶尔情况下，企业对弱小的竞争对手所采取的行动予以强有力的反击。

防御型战略的实施途径包括：设置竞争对手的进入障碍；显示对竞争对手进攻的报复威胁；减少竞争对手的进攻诱因等。

二、柔性战略模式

柔性战略，是指企业为了有效地实现其战略目标，在动态的环境下，主动适应变化、利用变化和制造变化而制定的一组可选择的行动规则及相应方案，从而提高自身竞争能力，以获取和维持市场上的竞争优势（刘益，李垣，汪应洛，2005）。

（一）柔性战略模式的内涵

1. 柔性战略强调竞争过程中的战略博弈性

不确定环境下，技术发展速度加快、顾客需求偏好个性化和多样化，使得企业面临的环境越来越不稳定。在这种动态变化的环境条件下，一方面，仅靠增强自身预见性，制定一定时期的战略计划是难以适应环境变化的。另一方面，企业适应环境变化的过程包括与竞争对手竞争的内容。由于各自条件的差异及目标不同，不同企业对待这种变化的策略是不一样的。而且，一个企业要准确掌握竞争对手的情况是不可能的。因此，计划性的战略难以有效反映实际竞争状况，企业也不可能形成有效的竞争对策。战略的博弈性强调了企业在可行的选择中采取行动的基本规则，以及在这些规则下形成的不同组合方案等。

2. 柔性战略强调利用和制造变化来提高竞争力，维持或形成新的竞争优势，而不仅是适应环境变化

环境变化必然引起战略变化。这些变化包括：① 战略范围、资源组合、协同作用和现有竞争优势;② 外部环境和起初的组织变化以及战略实施过程的变化。为了更好地适应变化,一些学者提出了不同的战略框架,并试图在这些框架内对战略变化给予正确反映。然而,这些分析集中在提高战略对环境的适应性上,忽视了现代竞争条件下环境变化的混沌性和不可预见性。因此,更主动的方案是以我为主,主动制造变化,改变竞争规则,从而确立自己的竞争优势。

3. 柔性战略依赖于企业的柔性系统

首先,柔性战略要求有一个柔性的企业使命和管理思想,一成不变的蓝图是难以引导人们在不确定环境下正确制定战略的。其次,柔性战略必须有柔性的组织及柔性的管理控制与之配合,以使按各种博弈规则制定的行动能迅速付诸实施并保持较低的实施成本。最后,应有先进、适用的柔性生产系统确保企业产品服务提供的有效性和及时性。企业的柔性系统包括了企业内的各个运作职能层面,以及各职能层面之间的柔性协同关系。

4. 柔性战略强调通过战略设计获取更多的行动机会,而不仅仅考虑战略规划的实现指标

培养企业的动态能力(Teece, Pisano & Shuen, 1997; Teece, 2007)是柔性竞争战略的关键。由于柔性战略强调战略的探索性和博弈性,因此,此类战略就必须保证企业有足够的选择来应付各种局面,而创造机会和抓住机会就成为柔性战略的重点内容。显然,该战略不同于一般战略的指标(目标)导向,它强调机会导向;它不只关心具体的战略程序,而更关心如何设计有利的博弈局势。

5. 柔性战略是以企业的创新为依托的战略,它既强调企业家的创新,又强调组织群体创新

由于柔性战略是在不确定环境下实施的,因此,企业必须不断改善和提高自身的能力,这就要求企业做好创新工作。以往的战略强调企业家的创新,而柔性战略则同时强调组织群体的创新。企业家是企业创新的发动者和组织者,组织群体是企业创新的基础和执行者,两者应当相互支持、默契配合。从这个意义上也可以说柔性战略就是企业竞争战略的创新。

6. 柔性战略同时关注企业战略的转换效率和转换成本

柔性战略是企业在动态环境下保持自身行动主动性和灵活性而采取的战略,因此,要求柔性战略不仅能使企业在不同的竞争状态之间快速、灵活地转换,以使企业能有效地发挥自己的优势,同时,柔性战略还应当使企业保持较低的转换成本,以使企业有条件实施转换并保持转换的低成本优势。

(二) 柔性战略的范围

由于柔性战略的适用条件是企业在不确定环境中参与竞争,因此,它考虑的范围就必然涉及竞争过程中的各类因素,其中主要包括资源柔性、能力柔性、组织柔性、生产柔性和文化柔性。

1. 资源柔性

基于资源的观点将企业资源视为所有可为企业使用的东西。它既包括有形资源,又包括无形资源。资源柔性,不只是指这些资源应具有多样的可选择性和适用性,而且指那些现在不是企业资源但通过采取一些行动会使之成为企业资源的可利用性。因此,强调资源柔性不仅要保持和增加现有资源的柔性,而且要与企业能力结合,挖掘新的资源和增强现有资源的价值。

2. 能力柔性

这里所说的能力是使用资源以达到特定目标的力量。相应的,能力柔性涉及企业的学习、探索、创新及调整的力量。显然,构成能力的上述要素如何能够相互协调作用,以使企业的能力在适应性、开拓性和竞争性上有充分的体现是能力柔性效果的反映。另外也应看到,能力的发挥程度与资源的支撑密切相关。因此,能力柔性不仅包括自身构成要素的整体协调,而且涉及资源—能力的相互促进。

3. 组织柔性

组织柔性包括组织结构柔性和组织管理柔性。在柔性战略中,组织结构不仅要满足企业目标的要求,还要适应环境变化,以促使企业员工不断提高素质,增强组织的战斗力。因此,组织结构绝不可能静止不变,也没有一种最好的组织结构适用于任何一种环境,有效的组织结构取决于具体情况。组织结构柔性来源于组织内部的要求、组织结构的弹性、组织成员对变化的适应性及组织外部的竞争状况、技术变化及社会变革等。组织管理柔性是指管理制度、程序及方式方法所具有的灵活性,它涉及企业内部对人的管理及部门间沟通以适应变化或超前行动。组织管理柔性在很大程度上反映了企业经营者领导组织创新的能力及其有效性。如果将资源柔性和能力柔性看成柔性战略的基础,那么,组织柔性就是柔性战略的主干。要说明的是,强调组织柔性并不否认严格的规章制度及严格的管理,而是要对严格管理的有效性提出更高的标准,要求管理者在实施目前行之有效的管理制度时,必须着眼于企业未来的发展和所处内外部环境的变化。因此,组织柔性要求企业既放弃僵化的严格管理又摈弃无所事事的混沌状态。

4. 生产柔性

生产柔性是柔性战略得以实施并获成功的依托,因为,任何企业只有生产出适宜的产品和服务,才能实现其所有目标。尽管生产柔性在层次上处于最基层,但它直接影响整个大局。生产柔性一般包括柔性制造系统、柔性服务和柔性协作。

5. 文化柔性

企业作为一个组织,它是由各类利益、目标并不完全一致的主体构成的。根据战略管理的基本原理,任何战略都必须规定组织的使命和蓝图,并力争在相应的企业文化氛围中实现。文化柔性对战略的影响主要体现在企业价值观、经营理念、组织氛围和群体和谐性等方面。从柔性战略的实质看,企业价值观及经营理念的不断创新是战略形成的前提。观念的创新是保证企业使命达到相应程度的可变性要求。因为,在现代社会中,任何一个组织中的利益主体的构成及其每个主体对组织的影响程度在经常变化。因此,一成不变的企业使命难以适应组织这种变化了的内在要求,也难以更好地反映环境对组织的要求。同时,由于组织的转变是在特定的企业氛围中进行的,因此,群体的创新意识及相互和谐的促进关系不仅直接影响组织转变的时间、效率和效益,而且对组织的适时变化及采取的方式提出了要求和约束。企业文化的不可模仿性较高,一旦它有助于形成企业的竞争优势,往往就是一个巨大的力量而成为企业的核心竞争能力。然而,由于企业文化的形成要经历较长的时期,各个利益主体在长期的相互磨合中才能找出一个利益均衡的结合点,因此,企业文化的惯性也较大,这在一定程度上制约了柔性战略的形成质量和实施效果。从这个意义上讲,文化柔性本身就嵌入在企业各利益主体观念和利益调整的过程及追求创新的行为方式之中。

(三) 柔性战略各要素的整合关系

为保证柔性战略实现提升企业竞争力的目标,企业内部的各柔性要素必须形成一种合适的环境,一个能够推动和支持柔性战略实施的环境。柔性战略所考虑的柔性要素包括资源、能力、组织、生产、文化等,它们是柔性战略得以成功实施的保证和支撑。

柔性战略的成功执行包括使战略意图得以实现的协调过程。战略意图包含组织成员关于企业所运行的特定环境中创造竞争优势的意图。尽管最近的某些研究纠正了传统战略管理机械的做法,但这些研究仍旧未能说明支持新战略活动所需要的组织变化是如何实现的。这就是实践上常常使高层管理者感到困惑的战略"可操作性"问题。因此,企业应该创造出一种和谐的环境,只有当新战略所匹配的资源、能力、组织、生产、文化等得到改变并达到彼此的协调时,柔性战略的实施才有保证。

但是,决定了选择什么样的资源、能力、组织、生产、文化仍然不够的,还必须对它们进行有机整合。它们一方面相互补充,另一方面共同支持和促进所选择战略的实施。柔性战略实施的关键不仅在于要正确地抓好和利用好每个因素,而且要把它们组合起来以建立一个不断强化的系统。因此,柔性战略需要企业形成内部和外部的协调,如图 6-2 所示。

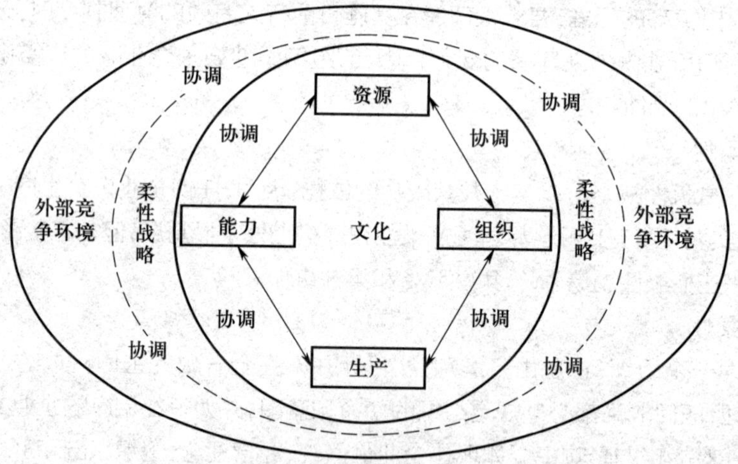

图 6-2 柔性战略的支撑体系及其协调

复习思考题

1. 规模经济型行业中,企业应如何处理不同竞争地位企业间的关系?
2. 三种基本竞争战略的形式、优缺点和区别是什么?

3. 每一种竞争战略是否在任何情境下都适用?
4. 实施集聚战略需要把握哪几个关键问题? 请举例说明。
5. 柔性战略适合企业在什么样的环境中制定和实施?

在线测评

请扫描二维码,在线检验学习效果。

案例讨论

海尔的五次战略转型

从 1984 年创业以来,海尔从资不抵债做到了全球白电第一品牌,其品牌锻造路径也清晰可见。

从一开始的“张瑞敏砸冰箱”事件,海尔进入了名牌战略阶段:以“质量”取胜,捧回了中国冰箱行业的第一块国家质量金奖;再到多元化战略阶段:从“质量”演变为“服务”,创出了第一个中国家电第一品牌;在国际化战略阶段,海尔成为当时国内唯一在国际市场打自己品牌的企业;在全球化战略阶段,海尔整合全球的研发、制造、营销资源,创造本土化主流品牌。

一路走来,“真诚到永远”的广告语走遍了全球每个角落,海尔的品牌影响力和品牌价值也被全球消费者认可。在欧洲,海尔产品单价从十年前的 99 欧元升至 2 999 欧元。

今天,永不停歇的海尔又在谋划什么新的品牌战略,备受关注。6 月 16 日,海尔集团轮值总裁梁海山详细回答了这个问题,简言之就是“人人创客,创造互联网品牌”。

创业 30 余年来,海尔总结的管理经验就是“企业即人,人即企业”,这句话用在品牌创建中就是“品牌即人”,充分激发人的活力,通过人人创客成就时代的品牌。

在这个理念支撑下,海尔颠覆了原来的付薪制度。与传统的企业付薪不同,海尔人单合一模式创造了以用户为中心的用户付薪机制,用户付薪驱动员工转型为真正的创业者,让每个员工能够直面用户,通过为用户创造价值来实现自身价值。这就实现了个人目标和品牌目标的有机融合,让员工与用户共创最佳价值体验,让品牌不断适应和满足用户的个性化需求,推动品牌的持续迭代创新。

2012 年至今,海尔进入网络化战略阶段,目标是创造互联网品牌,让用户参与到海尔的品牌建设中,共同创造海尔品牌。

海尔认为,传统时代的品牌是产品之间的竞争,互联网时代的品牌是人的关系的竞争,而人的关系的竞争就是与用户融合的强度。要实现从传统时代品牌到互联网时代品牌的转变,就必须进行彻底的企业转型,而这种转型又分为三个层面:企业转型、用户转型和品牌转型。

所谓企业转型,即转型为开放的互联网节点,能够互联互通各方资源,这就要求企业从制造产品转型到制造创客,因为只有孵化出无数零距离对接用户的创客,才能最大限度满足用户的个性化需求。所谓用户转型，即在互联网时代转变成 VRM，就是“供应商关系管理”，这是人的关系的竞争。简单地说，传统时代是企业管理用户，因为信息不对称，企业发布广告，用户看了广告，就买了你的产品，所以是企业管理用户。但是，现在是 VRM，供应商关系管理，简单说就是用户管理企业。比如，电商平台上就是用户管理企业，因为用户点击谁就是谁，购买决定于他的鼠标。因此，企业肯定要建成一个平台。所谓品牌转型，就是企业变成了用户全流程参与，与用户共治、共赢、共享，因此品牌就转型为生态圈品牌和平台品牌。

这种从一次性交易的顾客到全流程最佳体验的用户关系转变，倒逼海尔出现了“三个颠覆”。

海尔认为，要实现从传统品牌向互联网品牌的转变就要对企业进行彻底颠覆。时至今日，海尔已经构建起了覆盖全球的品牌网络，布局了包括海尔、卡萨帝、日日顺、AQUA、GEA、斐雪派克、统帅等品牌，从不同领域持续满足用户的最佳体验。海尔连续 7 年被欧睿国际评为全球大型家电第一品牌，其中冰箱、洗衣机、酒柜、冷柜也蝉联全球第一。

资料来源：郭树清谈海尔“张瑞敏砸冰箱”仍未过时 [EB/OL]. 新华网，2016-06-17.

讨论题：

海尔经历了哪几种战略转型？每一次战略转型的时机和重点是什么？

参考文献

[1] 何彪 . 战略管理 [M]. 武汉：华中科技大学出版社，2008.

[2] 刘益，李垣，汪应洛. 柔性战略的理论、分析方法及其应用 [M]. 北京：中国人民大学出版社，2005.

[3] 迈克尔·波特 . 竞争战略 [M]. 陈丽芳，译 . 北京：中信出版社，2014.

[4] 孟卫东 . 战略管理：创建持续竞争优势 [M]. 北京：科学出版社，2014.

[5] 邵一明 . 战略管理 [M]. 北京：中国人民大学出版社，2014.

[6] 小阿瑟·A. 汤普森，A. J. 斯特里克兰，约翰·E. 甘步尔 . 战略管理：概念与案例 [M]. 王智慧，译 . 14 版 . 北京：北京大学出版社，2009.

[7] 徐君 . 企业战略管理 [M]. 北京：清华大学出版社，2008.

[8] Amit R. Cost Leadership Strategy and Experience Curves[J]. Strategic Management Journal, 1986, 7(3):281–292.

[9] Baack D W, Boggs D J. The Difficulties in Using a Cost Leadership Strategy in Emerging Markets[J]. International Journal of Emerging Markets, 2008, 3(2):125–139.

[10] Reinhardt F L. Environmental Product Differentiation: Implications for Corporate Strategy[J]. California Management Review, 1998, 40(4):43–73.

[11] Teece D J. Explicating Dynamic Capabilities: the Nature and Microfoundations of (Sustainable) Enterprise Performance[J]. Strategic Management Journal, 2007, 28(13):1319–1350.

[12] Teece D J. Pisano G, Shuen A. Dynamic Capabilities and Strategic Management[J]. Strategic Management Journal, 1997, 18(7): 509–533.

第七章 动态竞争

本章关键词

动态竞争　竞争者识别　竞争者分析　关系竞争　竞争对抗

开篇案例

“头腾”大战

腾讯于2011年推出即时通信应用程序“微信”，通过微信可以将语音、图片、视频和文字等内容分享给好友以及分享到朋友圈。“今日头条”是北京字节跳动科技有限公司(以下以“今日头条”指代)2012年推出的程序，为用户推荐新闻、音乐、电影、游戏、购物等内容，之后相继推出抖音、多闪等短视频社交软件。腾讯市值是今日头条的10倍还多，二者实力差距悬殊，为何腾讯会对今日头条有所忌惮？为何竞争持续升级？

虽然业务并不冲突，但今日头条和微信的用户群体高度重叠，对用户注意力的争夺是这场战役的驱动力。同时，抖音和多闪的社交属性很可能颠覆微信的“熟人通信+封闭关系”模式。截至2018年12月，腾讯系应用的用户时长占比为45.3%，较2017年同期下降9.8%，而头条系应用的用户时长占比为13.2%，较2017年同期增长7.3%(数据来源：极光大数据)。短视频的快速增长，伴随的是即时通信、在线视频，甚至是游戏的下降。

短视频领域的竞争以抖音和微信为主角。2016年9月，今日头条推出抖音，作为一款短视频社交软件，侵入腾讯内容和社交领域。2017年3月，腾讯入股快手，介入短视频大战，正式狙击抖音。2018年3月，腾讯在微信朋友圈屏蔽抖音短视频链接。4月5日，腾讯重启微视，随后又上线三款短视频应用。5月8日，今日头条创始人张一鸣指责腾讯对抖音的封杀及微视的抄袭，马化腾随即回击：可以理解为诽谤。5月18日，微信发布《关于进一步升级外链管理规则的公告》，限制抖音等外部链接在微信内传播。今日头条随后指责微信超越政府职能，利用垄断优势打压抖音。5月30日，今日头条全网推送了《新华社：要多少文件腾讯才肯收手》一文，指责腾讯等游戏厂商对少年儿童的危害，但原文出自新华网并非新华社，且原文标题并未提及腾讯。随后，腾讯公关张军发微博暗指今日头条刻意抹黑腾讯。6月1日,腾讯和今日头条向法院发起互诉,腾讯因声誉受到影响向头条索赔1元,头条起诉腾讯涉及不正当竞争,向腾讯索赔9 000万元。

腾讯或许没有想到,今日头条会在社交领域有进一步动作。2019年1月15日,今日头条推出新社交产品"多闪"。1月22日,微信暂停了与抖音的授权登录接口,用户无法使用微信账户登录抖音。1月23日,抖音发公告称,由于微信开放平台提供的登录服务出现问题导致用户无法登录。3月19日,多闪向用户发送弹窗消息称:由于腾讯方面的要求,希望用户修改在多闪或者微信上的账户头像与昵称。这条推送引发了双方的"口水战"。当晚,腾讯公关张军在微博上反驳并附上了腾讯方面回应:关于某App弹窗推送的信息,纯属偷换概念的无稽之谈。抖音违反相关协议、商业道德和法律,未经授权将来源于微信和QQ头像、昵称等数据提供给多闪使用。一个半小时之后,多闪官方微博再次回应:多闪用户的头像和昵称来源于抖音,并在用户明确授权后才从抖音同步的。3月20日,法院裁定要求多闪及抖音停止使用微信、QQ用户头像、昵称。3月21日,多闪回应称并不认同腾讯的主张。

除了内容和社交,今日头条还有意向游戏领域迈进。虽然微信在内容和社交领域还有很大优势,但年轻人的社交偏好已经越来越偏向图片、视频社交,头条及抖音正是抓住了这一趋势,腾讯感受到了巨大危机,未来与今日头条的竞争不会停止。

资料来源:

1. 极光大数据:2018年移动互联网行业数据研究报告[EB/OL]. 搜狐网.
2. 为了你的头像,今日头条和腾讯又掐起来了!你站哪边?[EB/OL]. 每日经济新闻.
3. 收购三七互娱子公司,字节跳动为什么要做游戏?[EB/OL]. 每日经济新闻.

讨论题:

腾讯将今日头条视作竞争对手是基于哪些方面的考虑?腾讯与今日头条的竞争互动包含哪些方式?

第一节　动态竞争概述

经典释义

重视环境分析:少算不胜

《孙子兵法·计篇》中载:"夫未战而庙算胜者,得算多也;未战而庙算不胜者,得算少也。多算胜少算,而况于无算乎!吾以此观之,胜负见矣。"意思是开战前充分估量了有利条件和不利条件,往往会取得胜利,而筹划疏漏会导致失败。这也对应于动态竞争中对总体环境、行业环境和竞争环境的分析。

一、动态环境

理查德·戴维尼(Richard D'Avani)于1994年提出了“超级竞争”(Hyper-competition)观点。“超级竞争”观点指出,持续优势是不存在的,只有通过打破现状才能获得一系列短暂优势。因此,长期的成功需要动态战略,不断地去创造、毁灭又再造短期优势。[①]

经济全球化和技术革新不断加快,增强了企业竞争环境的动态性和复杂性。一些行业的企业,在某一细分市场往往会面临几十家企业的竞争。同时,技术传播速度的加快降低了模仿难度,政府管制变化、顾客需求的不断变化导致竞争环境不稳定,企业的竞争优势难以保持。为了维持竞争地位,企业只有不断地通过竞争攻击行为建立优势,并迅速反击以保持竞争优势,才能在频繁的竞争交互中不落下风。

我们在这一章节所探讨的竞争环境,不是垄断竞争中的一家独大,不是完全竞争中的竞争优势同质化,也不是通过差异化和进入障碍回避竞争,而是超级竞争环境:企业之间进行激烈的竞争;主要关注获取竞争优势和抵消竞争对手的优势;不断更新产品和服务,为顾客创造新的价值;竞争优势需要不断调整;市场领导地位不断转换或有转换的趋势。

在相对静态的环境中,管理者认为通过理性分析,可以准确地预测环境变化,从而制定企业的事前战略和决策,战略制定和实施也经常被划分为边界清晰的两个阶段。而在动态环境中,环境不确定性增加,企业中长期的经营环境越来越难以预测,而所处行业的竞争环境更是瞬息万变,竞争时常发生在更小的空间、更短的时间内,企业规模不再是决胜因素,快速应变和创新已经成为企业获取竞争优势的关键手段。一旦企业建立了相对竞争优势,并希望在高强度和高速度的竞争环境中得以积累和保持,就必须开展快速的攻击和反击行为。同时,企业以往制定的战略越具体、越精细,越可能成为企业应对环境变化的阻碍因素,企业管理者需要打破竞争惯性,做出及时的战略变化。因此,战略制定和实施不再泾渭分明,而是同时发生在企业竞争过程当中。

竞争环境的改变对战略思维、战略管理有很大影响。面对当下的具有超级竞争特点的动态环境,传统的以产业组织经济学为基础的静态竞争战略对企业指导不足,环境动态化带来竞争优势可保持性下降,迫使我们寻找新的战略思维。

二、动态竞争的起源

传统战略管理认为竞争优势的建立是一个长期的过程,企业管理者也认为企业战略是长期的努力与承诺,管理者经常思考如何建立持久的竞争优势,以期在未来处于竞争的有利地位。然而,在技术日新月异、行业边界模糊、产业持续变革、市场竞争加剧的当下,一些企业还未完成长期布局,就在始料未及的短兵相接中败下阵来,失去市场领导地位,甚至无奈退出市场。在这样的竞争环境中,企业战略的重点不再是建立长期竞争优势,而是在一次次攻城略地和攻防转换中抢占市场,威慑竞争对手,不断积累短期竞争优势。企业管理者需要改变思维,着眼于具体的竞争行为,一方面,谨慎选择发动攻击和反击行为的最佳时机,攻其

① D'Aveni R A, Dagnino G B, Smith K G. The Age of Temporary Advantage[J]. Strategic Management Journal, 2010, 31(13): 1371-1385.

不备；另一方面，创新性地配置行为实施所需资源，使竞争对手无力反击。

在企业的商战中，竞争互动和攻防极为常见。在理论研究中，兴起于20世纪80年代的动态竞争（Competitive Dynamics）研究很好地刻画了企业之间的竞争交战态势，归纳了竞争交互规律。

竞争是战略管理领域的重要核心概念。在20世纪80年代中期，战略管理研究刚刚起步之时，有关竞争者分析和竞争思维的讨论较广泛和宏观，且仅限于探讨静态的竞争特性，如波特提出的产业结构分析方法（五力模型）和低成本、差异化等通用型战略等。这些以企业本体为导向的静态竞争理论和方法忽视了竞争者之间的差异，无法回答企业与谁竞争、如何竞争的问题，也无法解释企业某些特定的竞争行为，以及这些竞争行为与绩效的关系。

熊彼特的"创造性破坏论"（Creative Destruction）指出，企业需要通过战胜竞争对手，扩张市场，增加利润，以弥补创造性破坏的沉默成本。奥地利学派也把竞争视为一种动态的市场过程，而非静态的市场状况。受此启发，研究者将"创造性破坏"纳入企业的竞争理论，推动了竞争理论向动态的、以市场竞争对手为导向的理论转变。

动态竞争研究从竞争的微观层次以及动态交互等全新视角出发，分析了企业特定的竞争行动与响应，以及这些行为的驱动因素和产生的结果。动态竞争研究兼具分析的精确性和推论的广泛性。精确性在于，企业具体竞争行为的威胁性、复杂性和响应速度可以被精准测量；广泛性在于，企业一段时间内具体竞争行为的序列和组合，可以揭示企业面对不同竞争对手的不同策略。

三、动态竞争的概念界定

（一）定义

"动态竞争"一词被用于许多情景，如物种之间的竞争、组织之间的竞争以及博弈论的竞争研究中。本章节中的"动态竞争"一词以及所论述的动态竞争研究有明确的定义：动态竞争研究企业间的竞争，是对企业的竞争行为和响应、战略和组织情景以及企业行为的驱动因素和结果的研究。动态竞争从属于竞争战略方面的研究。但不同于波特对产业结构的分析，动态竞争将焦点集中于企业主动性的攻击行为以及受到攻击时的反应。

（二）特征

我们需要明确动态竞争的显著特点，以便与其他竞争战略进行区分。首先，动态竞争研究认为竞争是动态的、交互的，并以具体的竞争行为和反应作为研究的基本单位。其次，动态竞争关注的是企业的实际行为交互，区别于通过经营状况和财务数据进行战略意图的推断。最后，动态竞争强调相对性和二元性，也就是说企业的战略意图和行为都要放在包含竞争对手的情境中去思考。每一个企业都是独一无二的，都有其独特的资源禀赋和市场环境，因此，企业两两之间的竞争关系是特定的和有方向性的。

（三）关注的基本问题

（1）出现机会时，企业优先攻击谁？

(2) 企业展开攻击时,应如何降低竞争对手响应的可能性和速度?

(3) 影响企业行为响应速度的因素是什么?

(4) 企业具体竞争行为和绩效关系如何?

四、动态竞争与五力分析比较

波特提出的五力分析模型常用来分析企业所处行业的竞争情况。行业中新进入者的威胁、供方议价能力、买方议价能力、替代品的威胁以及竞争对手间的竞争强度作为五种力量,影响行业中所有企业的战略选择和盈利能力。宏观层面上,企业对这五种力量进行分析,同时结合企业内部资源和能力,制定能为企业创造竞争优势的通用型战略,如成本领先战略、差异化战略以及集聚战略。而动态竞争理论着眼于竞争的微观层次,认为战略是企业一系列具体竞争行为的组合,企业很难建立长期竞争优势,而是在与竞争对手实时地竞争交互中获取和保持竞争优势。五力分析模型和动态竞争的比较如表 7-1 所示。

表 7-1 五力分析模型和动态竞争的比较

	五力竞争分析	动态竞争
基本前提	产业结构决定竞争和利润	竞争是动态的、交互的、相对的;攻击和反击行为决定绩效
分析水平	宏观的产业层次	微观的企业和行为层次
理论基础(来源)	产业组织经济学	熊彼特的“创造性破坏论”
关注点	行业结构的五种力量	攻击(反击)行为及其交互
竞争优势	竞争优势可以创造和维持	竞争优势是短暂的、相对的
导向	行业 / 环境	平衡企业外部市场和内部资源
企业之间的关系	对称性	不对称性
竞争战略	通用战略类型(成本领先、差异化、集聚)	行为序列组合(简单性、可预测性、一致性等)
动态考量	比较企业不同时间点	企业之间实时的行为交互

资料来源:Chen M J, Miller D. Competitive Dynamics: Themes, Trends, and A Prospective Research Platform[J]. The Academy of Management Annals, 2012, 6(1): 135-210.

第二节 竞争者的识别和分析

《孙子兵法·谋攻篇》中载:“知彼知己,百战不殆;不知彼而知己,一胜一负;不知彼,不知己,每战必殆。”意思是说,在军事纷争中,既了解敌人,又了解自己,百战都不会有危险;不了解敌人而只了解自己,胜败的可能性各半;既不了解敌人,又不了解自己,那每战都有危险。动态竞争研究中强调了竞争交互之前对竞争对手的识别和分析,从市场和资源两方面衡量与竞争对手之间的竞争张力,并发展了“以竞争对手为中心”的视角解决竞争盲点问题,更好地了解竞争对手和预测竞争对手行为。

竞争者识别和分析是企业动态竞争和战略制定的起点。竞争者识别侧重回答竞争对手是谁，竞争对手在哪里等问题；竞争者分析侧重解决竞争者之间的竞争强度如何，预测竞争行为的依据是什么等问题。

企业只有先识别和判断出与哪些企业存在竞争关系，并进一步分析相互之间的竞争威胁强度，才能有针对性地采取攻击和反击行为。互联网时代，市场竞争加剧，行业边界模糊，竞争信息纷繁复杂。企业容易错误地判断潜在竞争者的方位，低估其竞争威胁，最终导致竞争优势被侵蚀。因此，竞争对手是谁、他们在哪里等信息成为影响企业竞争成败的关键情报。

一、产业组织经济学视角

外部环境影响着企业采取的竞争行动和反应。外部环境包括总体环境、行业环境和竞争者环境。总体环境中技术的不断变革迫使企业采取快速、有效的竞争行为。作为行业环境中五种力量之一，竞争对手之间的竞争强度刻画了同一行业内企业在市场和资源等方面的竞争张力，各公司之间相互制约。在产品质量、技术领先程度、价格策略、分销渠道以及客户服务等战略维度上具有相似性的企业可以纳入同一战略集团（Strategic Group）。因此，战略集团内部的企业竞争比战略集团之间的企业竞争更激烈。竞争者环境作为企业外部环境中的一部分，对竞争对手的分析聚焦于直接竞争的公司，如可口可乐和百事可乐，肯德基和麦当劳等。竞争对手分析的关键是收集有效的数据和信息，形成关于竞争对手的竞争情报（Competitor Intelligence），帮助企业预测竞争对手的目标、战略、假设和能力。迈克尔·希特等在《战略管理：概念与案例》中描述了竞争对手分析的四个维度的具体内容，帮助企业了解竞争对手，以便准确预测竞争对手的行为，并及时做出反应，获取竞争优势地位（见图 7-1）。

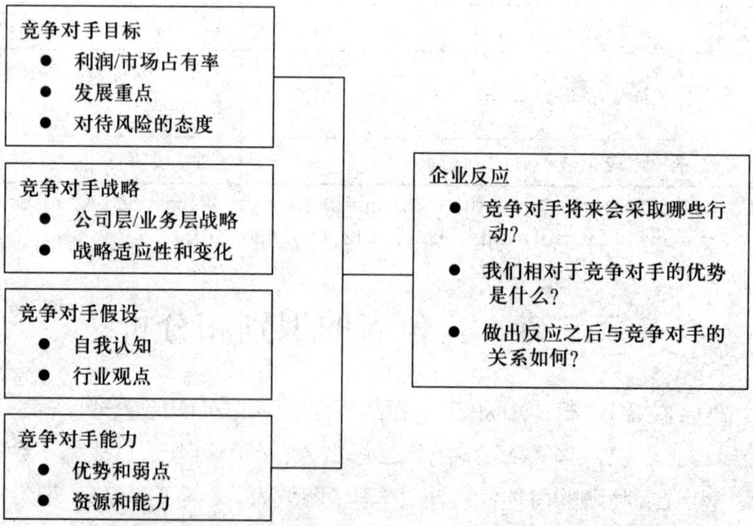

图 7-1　竞争对手分析及反应

资料来源：迈克尔·希特，R. 杜安·爱尔兰，罗伯特·霍斯基森 . 战略管理：概念与案例 [M]. 刘刚，梁晗，耿天成，等，译 . 北京：中国人民大学出版社，2017.

需要指出的是，产业组织经济学中的五力分析模型从行业层次扩展了竞争分析的范围，除直接竞争对手之外，还有诸如新进入者的威胁对应的行业新的竞争对手，替代品威胁对应的潜在竞争对手，甚至供方（通过前向整合）和买方（通过后向整合）都可能变成竞争对手。但五力分析模型主要用于分析公司所在行业或可能选择竞争的行业的潜在盈利能力，并未阐明具体的竞争对手识别和分析方法。

二、动态竞争视角

产业组织经济学视角下的竞争者分析，是作为企业外部环境分析的一部分，侧重竞争对手的识别，即目标企业是否是竞争对手。而动态竞争视角下的竞争者分析，是为了帮助企业预测竞争对手的行动和反应，侧重对企业与竞争对手之间具体竞争强度的分析，以及判断企业间会成为何种程度的竞争者。

基于多市场竞争理论和资源基础理论，竞争分析主要从市场和资源两方面进行。

（一）市场共同性和资源相似性

1. 市场共同性（Market Commonality）

企业可能在某一个市场里竞争，也可能在多个市场里竞争，这里的市场可以是产品或要素市场，也可以是地理市场，如跨国企业之间的竞争。在多个市场竞争的企业之间，会存在相互重叠的竞争市场，而这种多市场接触程度即为市场共同性。需要注意的是，市场共同性除了考察企业之间共同竞争的市场数目，还包括了这些市场对企业的重要程度。多元化竞争的企业之间往往存在市场共同性问题，如甲、乙两家企业，同时在 A、B 两个市场竞争，对企业甲而言，对市场 A 具有很强的依赖性，而市场 B 是企业乙的重要市场。两家企业一方面由于多市场接触带来的相互牵制作用降低了竞争强度，可能按兵不动。另一方面当企业甲在 B 市场发动攻击时，企业乙可以选择和企业甲在 B 市场直接对抗，也可以选择同时进攻市场 A，迫使企业甲从市场 B 撤退，防御自己的主要市场 A。因此，市场共同性也增加了企业之间竞争交互的复杂性。

2. 资源相似性（Resource Smilarity）

企业资源的独特性可以给企业带来相对于竞争对手的独特竞争优势。但同一行业的企业，难免在资源的种类和数量上存在相似，资源相似性衡量了该相似程度。企业的资源组合，可以转化为相应的竞争优势。因此，具有资源相似性的企业可能使用相似的竞争战略，采取相似的竞争行为，增加了企业之间的竞争强度。

市场共同性和资源相似性为我们提供了竞争者分析的两个主要依据。如图 7-2 所示，市场共同性和资源相似性作为竞争者分析的两个维度，产生的四象限模型能够帮助我们理解企业之间不同类型的竞争关系。

图 7-2 以图形的交集来表示两企业之间的关系，其中图形的形状代表了资源的种类和数量，图形相同代表具有资源相似性，图形的重叠程度代表了市场共同性。例如，位于象限Ⅰ的两个企业之间具有高度的市场共同性和资源相似性，表示两个企业拥有相似种类和数量的资源，并同时在一个或多个共同市场上竞争，因此，这两个企业是直接竞争对手。相反，

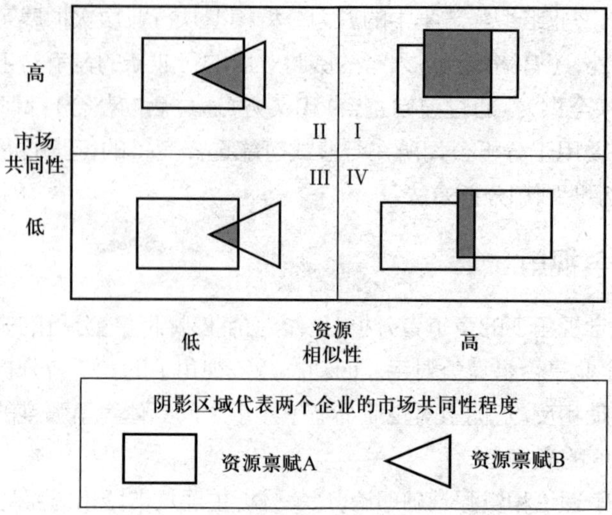

图 7-2 竞争者分析框架图

资料来源:Chen M J. Competitor Analysis and Interfirm Rivalry: Toward A Theoretical Integration [J]. Academy of Management Review, 1996, 21(1): 100-134.

位于第Ⅲ象限的企业之间资源相似性低,且共同竞争的市场少,相互之间竞争强度弱,不是直接的竞争对手。位于象限Ⅱ的企业之间具有高市场共同性和低资源相似性特点,表示两个企业虽然在同一市场竞争,产品和服务相似,但资源的种类和数量存在差异,说明存在成本更低或效率更高的资源投入方式。位于象限Ⅳ的企业之间具有低市场共同性和高资源相似性特点,说明虽然资源投入相似,但两家企业的产品和服务具有差异性。需要注意的是,在新企业进入或者现有企业退出时,共同市场以及资源种类和数量都会发生变化,因此,企业的直接竞争对手也会随时间变化而变化。

(二) 能力等效性和市场需求一致性

能力等效性(Capability Equivalence)指某一企业所拥有的资源禀赋是否具有满足与焦点企业相同的顾客需求的能力。因为不同类型和数量的资源可能具备相同的功能(替代资源),能满足顾客相同的需求,如由传统胶卷到数码相机的革新,因此只考虑资源相似性(数量和种类),不考虑资源的功能会忽视某些潜在竞争者。同时,能力等效性越高,认为资源和能力能够或更好满足相同的顾客需求,即提供的产品的质量水平越高。因此,能力等效性能帮助企业过滤掉一些产品低端仿制者(如山寨产品),提高竞争者识别的效率。市场需求一致性(Market Needs Correspondence)指某一企业是否与焦点企业满足相同的市场需求,即使两家企业不在同一产品市场或地理市场,也可能因为满足相同的需求而相互竞争,如替代品。如图 7-3 所示。

图 7-3 中第Ⅰ象限的企业与焦点企业相比,能够满足相同的市场需求,而且这些企业具备相等或者更好满足顾客需求的能力。进一步细分,这些企业包含提供相同产品或服务的直接竞争者,也包括提供不同产品和服务但能够或更好满足相同需求的间接竞争者(替代者)。处于第Ⅰ象限的目标企业需要管理者或情报部门经常性的关注。第Ⅱ象限的企业与焦

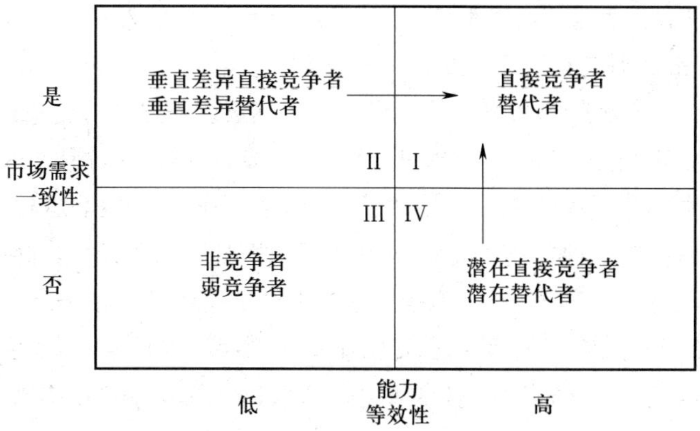

图 7-3 竞争者识别框架图

资料来源:Peteraf M A, Bergen M E. Scanning Dynamic Competitive Landscapes: A Market-Based and Resource-Based Framework[J]. Strategic Management Journal, 2003, 24(10): 1027-1041.

点企业相比,能够满足相同的市场需求,但是只具备较差的满足需求的资源和能力。这些企业大多是垂直差异化企业,主要是质量差异,即与第Ⅰ象限的直接竞争者和替代者相比提供质量较差的产品和服务(如山寨产品和自有产品),其在价格上更低。当经济形势较差或者该象限企业产品质量差距不大时,企业需要注意购买者转移带来的威胁。第Ⅲ象限的企业与焦点企业相比,产品和服务满足不同的市场需求,资源也不具备满足相同顾客需求的能力,资源的种类和数量存在较大的差异性。这类企业对焦点企业暂时没有竞争威胁。但是没有竞争威胁不代表企业不关注,如非市场竞争者(政府组织、慈善机构等)。第Ⅳ象限的企业与焦点企业相比,提供的产品和服务暂时没有满足相同的市场需求,但是这些企业所拥有的资源具备产出满足相同需求的产品和服务的能力。这些竞争者称为潜在直接竞争者,典型的如跨国企业或拥有创新技术的新进入者。这类企业存在潜在的威胁,而且很容易被忽视。

三、竞争情报

竞争对手的识别是竞争情报领域的基本理论问题之一。竞争情报与企业的竞争力密切相关,企业的竞争实际上是企业各方面力量汇聚而成的企业竞争实力大小的较量。企业面对的竞争环境复杂多变,竞争对手的分布范围也十分广泛,竞争战略的制定和调整更是面临着巨大的不确定性,机遇与挑战并存。如何在强手如林、变幻莫测的市场竞争中站稳脚跟,缩短与竞争对手的差距,已经成为企业管理者特别是决策者关注的焦点话题。

根据 SCIP(美国竞争情报专业人员协会)的定义,竞争情报是一种过程,在此过程中人们用合乎职业伦理的方式收集和分析关于竞争环境、竞争对手和竞争策略的信息,以帮助管理者及时地把握市场机会,抵御竞争威胁,提高决策的效率和准确性。竞争对手情报包含在企业竞争情报中,竞争对手情报是同类企业在生产或销售过程中,通过分析现有竞争对手和潜在竞争对手的数量分布、产品质量、价格、市场占有率、新产品的开发、营销手段及售后服务方式等因素,对竞争对手业务进行判断,为企业的经营决策服务。企业不仅要掌握每一个竞争对手的自我评估及其对行业和行业内部其他公司的评估信息,同时还要了解竞争对手管理层及其咨询者的背景情报、战略策略、经营管理水平、企业作风、领导者的才能与性格、职工的素养、工资和福利待遇以及经营能力等信息。

企业可以通过直接或间接等方式收集竞争对手情报。通过公开资源,如网络新闻、企业网站、展览会、专业研究报告等途径收集的情报最直接最可靠。按情报的层次结构分,此类信息源多是关于事实和过程的情报。相对于公开资源等直接情报信息源,间接情报信息源多是半公开、非公开信息,往往能为企业带来关于竞争对手趋势、动向、规律的情报。例如,通过合法手段雇用竞争对手的高管,能为企业提供竞争对手的关键信息、资源,甚至核心机密;通过与经销商和零售商接触,可以获得关于竞争对手产品价格、促销手段和渠道通路等信息;通过与竞争对手内部员工的个人关系也可以及时了解竞争企业内部组织架构、人事调整、企业文化氛围等。

需要特别注意的是,竞争情报的收集过程一定要合理合法。"竞争间谍""商业间谍"意味着竞争情报可以被交易。企业不能为了获得关于竞争对手的非公开情报而不顾道德约束和法律规定,参与竞争情报交易行为有损企业声誉,使企业因小失大。

第三节 竞 争 行 为

经典释义

竞争行为的交互性、复杂性

《孙子兵法·虚实篇》中载:"故形兵之极,至于无形……故其战胜不复,而应形于无穷。"意思是,因为每一次作战取胜所采用的战术都不是简单的重复,而是针对不同的敌情灵活运用、变化无穷,以至敌方无法识破。动态竞争研究认为,企业要根据竞争对手的行为做出有针对性且快速的反击,行为越复杂,需要的资源越多,同时增加了竞争对手认知和解释该竞争行为的难度,延缓了其反击行为,为企业获取利润赢得了时间。

一、竞争行为的驱动因素

竞争行为的三项驱动因素即察觉(Awareness)、动机(Motivation)和能力(Capability),是连接企业内外部环境(市场共同性和资源相似性)和企业具体的战略决策的桥梁。

只有当企业察觉到竞争威胁(机会),并具有反击(攻击)的动机和能力时,才会产生(攻击)反击行为。企业与竞争对手之间的市场共同性和资源相似性越高,企业越容易察觉到竞争对手的行为。市场共同性的高低决定了企业攻击或反击的动机,如当企业意识到与竞争对手间的市场共同性较高时,由于担心被竞争对手报复,可能降低攻击或反击的动机。资源相似性决定了企业攻击或反击的能力,如当企业意识到与竞争对手的资源相似性较高时,企业有理由相信竞争对手有能力进行反击。动态竞争理论的AMC视角作为企业战略决策的驱动因素,在战略管理领域得到了广泛的应用,如跨国企业之间竞争,国外与国内企业之间竞争等。

察觉是公司采取任何竞争行为的先决条件，如“3Q大战”中，奇虎360首先察觉到腾讯借助“QQ医生”侵入其互联网安全领域，并迅速展开反击。除了竞争环境中的威胁和机会，察觉还包括对市场共同性和资源相似性所导致的与竞争对手间相互依存程度的认知。同时，企业管理者还要对攻击和反击的可能结果有所认知，例如管理者不想使竞争升级，或担心被竞争对手报复，会谨慎地采取竞争行为，以免导致过度竞争，对所有竞争者的业绩都产生负面影响。

动机主要指企业决定是否采取攻击和反击行为的内在心理过程或内部动力，它与行为增加的收益和弥补的损失大小相关。当企业管理者察觉到竞争机会时，即使主动攻击，自身的竞争地位也不会明显提高，绩效也很难得到明显改善，那么企业就缺乏攻击的动机，企业会韬光养晦，等待更好的攻击机会；当企业管理者察觉到竞争威胁时，如果及时反击，能有效地弥补受到攻击造成的市场地位或绩效的损失，或能威吓竞争对手防止竞争升级，企业有充足的反击的动机。在多市场竞争中，企业攻击和反击的动机还会受到市场共同性水平的影响。例如，企业管理者察觉到在某一市场采取攻击行为会给企业带来巨大收益，但担心竞争对手会在其他市场实施报复行为，导致腹背受敌的不利局面，因此降低了攻击的动机。

能力指企业具有发动攻击和反击行为所需要的足够的资源。企业面对竞争机会和威胁，平衡了采取行动的收益和成本，但是缺乏支撑行为实施的资源和能力。能力与企业的资源种类、数量、功能以及供给的灵活性相关。如果企业当前可利用的资源较少，就没有能力攻击竞争对手或对竞争对手的进攻进行反击。例如，小企业在面对大企业的攻击时，往往因没有足够的资源而无力反击，因此，小企业应该尽量避免引起大企业的察觉，或进入对大企业相对不太重要的市场。类似地，外国企业在进入本土企业所在的市场时，在能力方面也处于劣势，如本土企业在供应商、顾客及政府机构方面拥有更多的社会资本（关系）等，贸然发动攻击必然引起本土企业强势的反击。当企业面对拥有相似资源和能力的竞争者时，在发动攻击前要谨慎分析，因为这样的竞争对手更有可能采取反击。

二、竞争攻击与反击

企业之间的攻击与反击是动态竞争研究的核心。企业在一攻一防中建立和保持竞争优势。

根据是否存在引发某一竞争行为的初始行为，竞争行为划分为攻击行为与反击行为，并将行为定义为企业具体的、可以被观察的市场行为，如新产品推出、降价、并购等行为。值得注意的是，此类划分具有相对性，某一企业的反击行为也可以成为引发竞争对手下一步反击的初始攻击行为（见图7-4）。

（一）竞争互动

博弈论（Game Theory）主要研究决策主体的行为发生直接相互作用时的决策以及决策的均衡问题，这里的决策主体可以是人，也可以是企业。因此，博弈思维可以用来研究企业之间的竞争交互问题。当环境可预测并且涉及较少的决策变量时，博弈是分析竞争行为的有效工具。

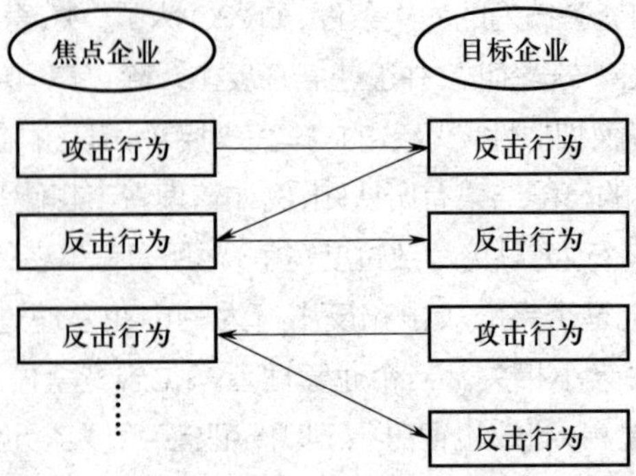

图 7-4 竞争交互示意图

图 7-5 通过决策树模型刻画了防御者和攻击者之间的所有可能的竞争交互过程以及交互的结果。防御者受到攻击后的决策选择作为整个竞争交互过程的起点，而防御者面对攻击可以选择不反应，保持原状；或者选择反击，虽然能夺回部分市场占有率，但是产生响应成本：① 当防御者响应后，攻击者可能害怕竞争升级，不再做出反应，此时防御者的报酬是所夺回之市场占有率的价值减去响应成本，攻击者的报酬是被防御者夺回市场占有率的损失；攻击者也可能因为防御者的激烈响应而被迫退出市场，此时防御者报酬是攻击者所放弃之市场占有率的价值减去响应成本，而攻击者的报酬是放弃市场占有率的损失加上退出成本。② 当防御者不做任何响应时，攻击者避免引发竞争，可以选择不实施任何攻击行为，此时攻击者和防御者的报酬水平都没有变化；假如攻击者认为防御者不做响应是处于竞争劣势，为了乘胜追击，攻击者会再次行动，此时防御者的报酬是市场占有率进一步被夺走的损失，而攻击者的报酬是进一步采取行动所获得的市场占有率价值减去行动成本。

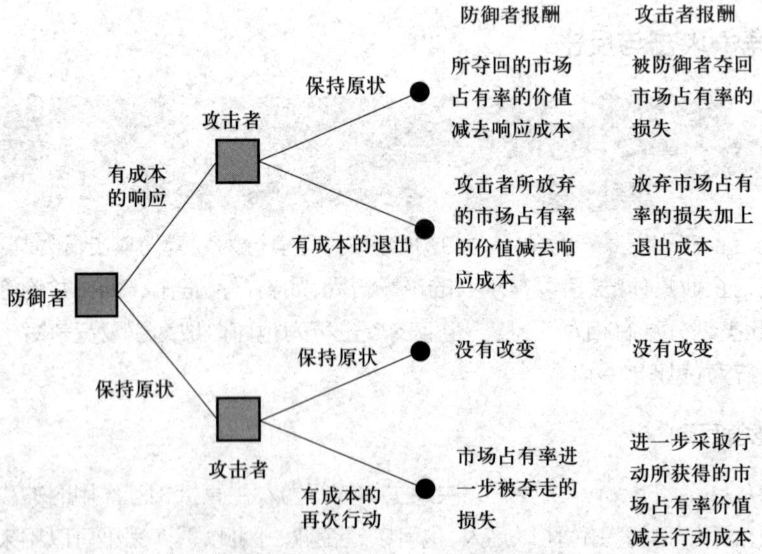

图 7-5 竞争攻击和反击的决策树模型

资料来源：陈明哲．动态竞争 [M]. 北京：北京大学出版社，2009.

由图 7-5 可以看出，博弈方法研究企业之间的竞争交互时，特别强调对竞争对手的行动的预测。企业进行决策之前要考虑竞争对手的所有可能的反应，并根据对手的反应或可能的反应来不断调整自己的战略和行动，以最大程度扩大与竞争对手的竞争优势差距或减少竞争优势的损失。运用博弈方法，考量尽可能多的竞争信息和情报，可以帮助企业更好地了解自己和竞争对手。通过分析和预测竞争对手的行为，往往能够先人一步，并对竞争对手的各种反击行为做好应对预案，在竞争中保持优势地位。

但是，博弈方法应用于企业竞争交互时要满足一些前提假设，例如企业决策者是理性的，竞争环境可以预测，决策者掌握完善的竞争信息以及信息对称等。在决策变量太多、环境不可预测的情况下，博弈方法就不太适合于分析企业的竞争行为和动态竞争。在商业实践中，企业管理者更多把过往经验以及案例参照作为行为决策的依据，可能他们并不掌握合适的博弈方法。而且，企业本身和竞争对手的行为都不是完全理性的，竞争行为的产生可能受多种因素的影响，依靠博弈方法做出的最优决策可能与实际决策并不一致。因此，在探求企业竞争互动的规律时，除了运用博弈思维模拟各种竞争状况，还要从行为科学的角度，根据经验和统计数据更好地把握竞争规律，更准确地预测竞争对手的行为。

(二) 战略和战术行为

战略行为（Strategic Action）是指以市场为基础、涉及组织资源的重大承诺、难以执行和改变的行动，此类行为一般需要高层管理者亲自决策，如并购、联盟、研发等行为。战术行为（Tactical Action）是指以市场为基础、小规模、例行的行为，它涉及较少的资源并且执行和改变都比较容易，一般由企业的中低层管理者负责完成，如降价等。

在参与竞争互动时，企业必须清楚地认识到战略行为和战术行为之间的区别，合理选择不同类型的行为进行攻击和反击。战略行为相比于战术行为，往往涉及更多层级的组织承诺，需要投入更多的资源。此外，由于战略行为对企业发展的重大影响，高层管理者也需要较长制定决策的时间。因此，在一段时间内，企业会采取更少的战略行为、更多的战术行为。在预测竞争对手反应时，一般认为战术行为会比战略行为更快地被反应。这是因为战术行为的反应只需要较少的资源和较少的决策流程，而且战术行为的意图易于被观察和解释。相对而言，对战略行为的响应往往需要资源的重新配置、决策的重新定位以及组织结构的调整等，增大了反应的难度。而一些战略行为的效果需要时间检验，是否能创造竞争优势并不确定，其意图和效果难以被解释，也降低了对战略行为的反应速度。

(三) 先动者、次动者和后动者

经典释义

竞争行为的速度：久战兵钝

《孙子兵法·作战篇》中载："其用战也胜，久则钝兵挫锐，攻城则力屈，久暴师则国用不足"，"故兵闻拙速，未睹巧之久也。夫兵久而国利者，未之有也"。时间、速度在战争中至关重要。孙子主张速胜并重视速度与效果的统一。动态竞争研究认为，反击行为越快，越能减少对方竞争行为造成的损失。同时，率先采取竞争行为的企业具有“先动优势”。

先动者(First Mover)是指通过率先采取竞争行动来建立或巩固竞争优势，提高市场地位的企业。次动者(Second Mover)是指通过模仿而对先动者的竞争行动做出反应的企业。后动者(Late Mover)是指在先动者采取行动以及次动者做出反应后相当长一段时间才做出反应的企业。①

1. 先动者

先动者可以是率先推出新产品或服务的企业，也可以是率先进入新市场的企业。先动者往往是创新驱动型的企业。经济学家熊彼特提出“创造性破坏”的概念，强调了创新对于企业获取竞争优势的重要性。因此，先动者具有先动优势。首先，先动者在竞争对手反应前，可以获得垄断利润和最大的市场份额。其次，先动者在新市场为顾客提供了新价值和需求满足新的方式，率先建立起顾客忠诚以及企业声誉。最后，先动者可以率先建立与供应商、零售商以及政府部门等市场参与者的关系，增加后动者进入壁垒。

先动者往往具有侵略性和创新性，比后动者承担更多失败的风险。为了能够加快新产品的研发和投入速度，先动者需要投入足够的人力、物力资源，而冗余资源充足的流动性为企业快速展开竞争行动，先于他人创造竞争优势提供了有利条件。从另一角度看，冗余资源与先动优势的正向关系也可以作为企业预测竞争对手的主动进攻行为的依据。同时，拥有冗余资源的企业也可以迅速对先动者的创新产品或服务做出反应，如通过模仿等方式快速跟进，降低先动者的超额利润。为了降低该风险，先动者一方面要保证新产品的质量和口碑，赢得顾客忠诚，稳固优势；另一方面要持续不断进行产品和服务的创新，创造新的竞争优势。

2. 次动者

次动者相比于先动者更加谨慎，会时刻观察市场中的先动者。次动者虽然具备新产品或服务的开发能力，但是市场不确定性高，次动者无法保障收益，不愿承担失败的风险，因此会谨慎观察先动者的行为，伺机而动。次动者可以通过模仿行为，降低新产品的研发成本，避免与先动者犯同样的错误。

次动者在先动者采取行动后，会及时地观察和分析其行为及结果，在时机合适时反应，不给先动者太多改进产品、服务和建立顾客忠诚度的时间。同时，次动者通过模仿，降低了犯错成本，节省出更多资源用于开发和改进产品，为追赶甚至超过先动者创造了机会。

次动者优势对先动者构成了一定的威胁。先动者会基于竞争对手以往的竞争行为判断其是否会成为有效的次动者。因此，先动者也会密切注意可能成为次动者的竞争对手的动向，并采取一系列竞争行为或行为组合增加竞争对手模仿的难度，降低次动者的反应速度，以建立和保持竞争优势。

3. 后动者

后动者的行动落后于先动者和次动者，因此获得成功的可能性要比前两者小。后动者

① 资料来源：迈克尔·希特，R. 杜安·爱尔兰，罗伯特·霍斯基森．战略管理：概念与案例[M]. 刘刚，梁晗，耿天成，等，译．北京：中国人民大学出版社，2017.

不用承担先动者的风险,当然也无法获取先动者的超额利润;后动者往往不具备次动者的资源,因此不能实施有效的模仿行为,失去了追赶先动者的机会。但是后动者有足够的观察和准备时间,最大程度降低生产和制造成本,并采取利基战略,避免与市场中的先动者和次动者发生正面冲突。通过灵活巧妙的拾遗行为,见缝插针,建立竞争优势。

企业面对后动者,可以预测其可能进入一个先动者和次动者已经取得成功的特定市场,此时后动者处于不利的竞争位置,并需要较长时间才会采取竞争行为;对于进入利基市场的后动者,虽然可能不是直接竞争对手,企业也要密切关注。

(四) 反击行为影响因素

企业的攻击行为能否获得成功,取决于竞争对手是否做出及时、有效的反应。从反击者角度,对攻击行为的快速响应能弥补竞争损失,并传递积极的竞争信号。影响反击行为发生可能性、数量和速度的因素主要有:攻击行为的属性,如竞争行动类型,不同种类行为具有不同的攻击强度、影响范围、实施难度和可见性等;攻击者的特点,如企业的声誉;反击者的特点,如企业对受攻击市场的依赖程度、企业的规模等。

1. 竞争行动类型

企业对战略行为和战术行为的反应有一定的区别。战略行为一般会遭遇战略性反应,战术行为则通常会引发战术性反应。总体来说,战略行为被反应的可能性小,或需要更长的时间反应。因为战略性反应需要投入大量资源,而且难以实施和转变。另一个原因是,对战略行为的效果进行评估需要花费更长的时间,也推迟了竞争对手对战略行为的反应。相反,竞争对手对战术行为的反应则比较迅速。

2. 行动者的声誉

声誉是竞争者以过去的竞争行为为基础,对另一个竞争者做出的正面或负面的评价。为了预测竞争对手对企业当前行动可能的反应,企业需要研究竞争对手以往受到攻击时的反应,推测其竞争行为模式。也就是说,过去的行为往往会预示今后的行为表现。竞争者往往更有可能对市场领导者的战略或战术行为做出反应,如模仿行为。因为市场领导者往往掌握较全面的信息和资源,有能力对行为的效果做出准确评估,特别是在不确定性高的行业环境中,市场领导者的一举一动会被经常性地关注。如果某一企业经常采取比较冒险、复杂且难以预测的行为,那么竞争对手不太可能对该企业的行动做出反应。例如,有些公司是有名的价格掠夺者(一种为了获得或保持市场份额而经常降价的公司),当这种公司采取降价的战术行为时,竞争者很少会对这种行动做出反应,因为这种公司一旦获得想要的市场份额就会立刻涨价,对竞争者而言,这样的公司缺乏信誉。

3. 市场依赖度

市场依赖度是指企业从特定市场获取收入或利润的程度。一般来说,企业的市场依赖度越高,越有可能对威胁其市场地位的行动进行强烈的反击。有趣的是,在一些关键的市场上,即使对威胁企业市场地位的行动进行有效反击非常重要,但受到竞争威胁的企业不是立即在该市场采取反击行动,特别是在多市场竞争的情形下,受到攻击的企业可以转而在攻击者的其他重要市场上采取行动,以迫使攻击者转移资源保护其现有市场。

4. 组织规模

组织规模会影响公司采取竞争反应的可能性、形式和时机。一般来讲，小公司比大公司能更快地反应，经常被视为敏捷、灵活的竞争对手，它们依靠速度和出其不意的方式来巩固竞争优势，或者发展新的竞争优势。与小公司相比，在特定时间内，大企业的反应速度会受到冗繁的决策流程、竞争思维固化等的限制。不过，对于战略性的攻击行为，与小企业相比，大企业拥有冗余资源，更可能对战略性的攻击行为做出反应。

三、竞争行为组合

动态竞争视角下的企业战略可以看作企业一系列微观竞争行为的组合。通过对企业某一季度或某年所采取的竞争行为组合特点的研究，可以归纳企业特定的战略属性。

企业竞争行为组合的规律反映了企业战略特点，如企业战略制定存在惯性（Inertia），企业采取的竞争行为组合具有简单性或多样性（Simplicity or Diversity），企业的战略决策背离产业规范的程度（Nonconformity），企业竞争战略表现出的攻击性（Competitive Aggressiveness）等。惯性、简单性和一致性作为组织理论和社会学领域的重要概念，在动态竞争研究中得到了新的诠释。

企业的竞争行为组合会受到行业市场特点（动态性、成长性、多样性等）、企业属性（规模、成立年限、组织冗余、高管团队异质性等）和企业绩效的影响。对企业竞争惯性的研究发现，当企业绩效不佳时，企业更倾向于改变战术行为，而企业战略行为仍保持一定的惯性；在成长性高的市场中，会促进企业加大资源承诺，企业更倾向于改变战略行为，而战术行为保持一定的惯性。针对战略多样性的研究发现绩效表现较好的企业会简化竞争行为组合，即较多采取类型单一的竞争行为，但当企业的竞争行为组合过于简化时，又会引起绩效降低。

企业竞争行为组合的特性也能反映企业战略稳定性水平。特别是在新兴行业中，环境具有高度不确定性，竞争行为的效果不明确，企业会经常调整竞争行为和战略决策。而企业过度频繁的战略调整意味着某些决策失误，降低了投资者估值（Investor Valuations）。因此，投资者估值反映了投资者基于某个时期企业所采取竞争行为组合对企业未来价值创造能力的判断。行为组合传递的竞争信息越明确，投资者对该企业的估值可能越高。具有简单性、可预测性的行为组合能为投资者传递更明确的企业战略信息。图 7-6 和图 7-7，描

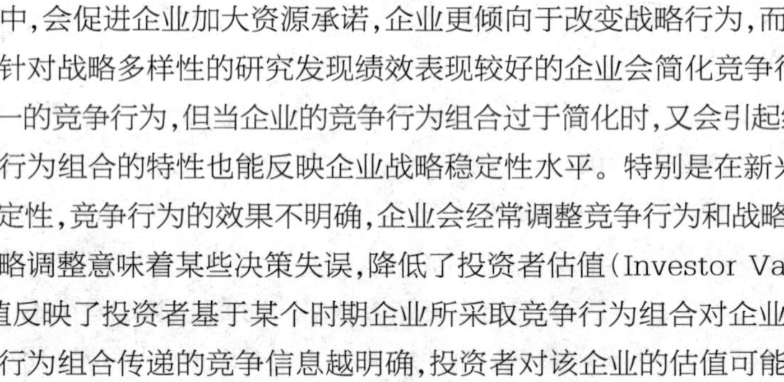

图 7-6　行为组合的简单性与复杂性

资料来源：Rindova V，Ferrier W J，Wiltbank R. Value from Gestalt：How Sequences of Competitive Actions Create Advantage for Firms in Nascent Markets[J]. Strategic Management Journal，2010，31(13)：1474-1497.

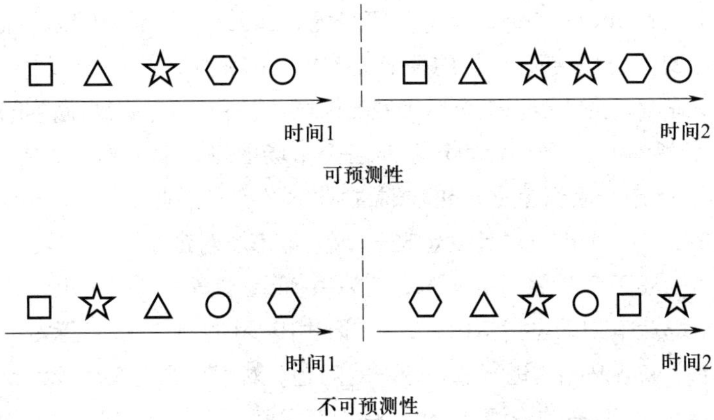

图 7-7 行为组合的可预测性和不可预测性

资料来源：Rindova V, Ferrier W J, Wiltbank R. Value from Gestalt: How Sequences of Competitive Actions Create Advantage for Firms in Nascent Markets[J]. Strategic Management Journal, 2010, 31(13): 1474–1497.

绘了竞争行为组合的不同特点，不同形状代表不同种类的行为，如价格变动、并购、推出新产品等。

(一) 行为组合的简单性(Simplicity)与复杂性(Complexity)

行为组合的简单性表示企业在一段时间内采取了较少种类的行为，复杂性表示企业在一段时间内尝试了多种行为。在不确定性较高的环境中，复杂的行为组合可能意味着企业暂时不确定哪种行为能为企业带来竞争优势，处于不稳定的试错和调整状态。企业在搜寻和试错中不断积累竞争经验，保留与企业战略相匹配且能够提高绩效的行为，竞争行为组合逐步简化。简化的行为组合能给企业带来专业化的优势，将资源集中在最重要的行动上。但是，当行业环境变化时，仅依赖某些类型的竞争行为可能使企业错失新的发展机会。此时，企业需要持续搜寻并尝试新的竞争行为。

(二) 行为组合的可预测性(Predictability)和不可预测性(Unpredictability)

行为组合的预测性描述了在相邻的两个时间段内，企业的行为组合是否存在规律。通过比较两个时间段内行为的种类以及实施的先后顺序，能为预测企业下一阶段行为提供依据。可预测性的行为组合意味着企业的战略决策具有持续性和计划性，能为企业带来持续的竞争优势。但是，在竞争对抗中，可预测性的竞争行为组合给竞争对手传递了更明确的竞争信息，竞争对手可以准确预测企业下个阶段的竞争行为，并有针对性地制定反击策略。

四、多市场竞争

多市场竞争的理论起源于产业组织经济学(主要关注寡头独占的情况)，主要研究企业间横跨多个市场的竞争问题，其关键的概念包括战略群、相互克制(Mutual Forbearance)以及产品线的对抗(Product-Line Rivalry)等。虽然这三方面的问题涉及不同的机制,但核心问题都是一样的,企业因部分市场重叠形成的相互依赖性,促进了企业间战略性的共谋,有利于降低竞争强度。企业也乐于分享相似的市场,因为它们都清楚,激烈的竞争会损害彼此的利益。另外,企业可以利用竞争对手对各个市场依赖程度不同采取多样的攻击方式。例如,企业 B 在一个市场遭到企业 A 进攻时,企业 B 不会与企业 A 在这个市场上正面冲突,而会在企业 A 的另外一个市场对其发起攻击,因为该市场对企业 A 更重要。

多市场竞争描述了企业之间特殊的竞争关系,而动态竞争研究了企业具体的攻击和反击行为。由多市场竞争和动态竞争研究,可以衍生出多种多样的战术行为。多市场竞争的企业面临在多个市场或产品线进行资源分配的问题。对于市场占有率较大或者利润贡献更高的市场,企业会分配更多的资源,管理者有相对更强的动机在这些市场采取攻击和反击行为。结合动态竞争理论,具有多市场竞争特点的两个企业之间的竞争互动可以运用多种策略。

(一) 策略一:正面进攻

假如企业 A 具有多点进攻的优势,而企业 B 具有多点反击的劣势,那么企业 A 可以集中各个市场或者行业子公司的资源,对企业 B 采用正面进攻的策略。这种情况下,企业 B 因为多点进攻劣势而不得不退出市场。如图 7-8 所示。

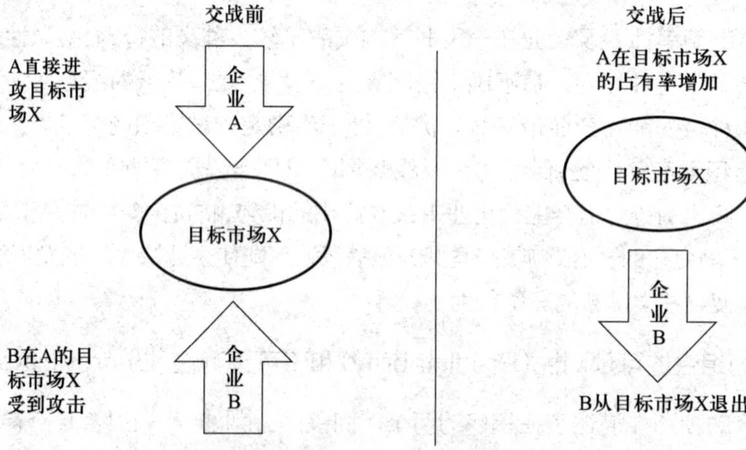

图 7-8 正面进攻策略

资料来源: Mcgrath R G, Chen M J, Macmillan I C. Multimarket Maneuvering in Uncertain Spheres of Influence: Resource Diversion Strategies[J]. Academy of Management Review, 1998, 23(4):724-740.

(二) 策略二:佯攻

如果企业 A 发现企业 B 准备进攻另外一个目标市场 X,而这个目标市场对企业 A 很重要,那么企业 A 可以采用佯攻的策略。按照这个策略,企业 A 抢先进攻企业 B 的主战场 Y,导致企业 B 不得不暂时放弃进入新的目标市场,在自己的主要战场 Y 抵御企业 A 的进攻。果真如此的话,企业 A 的佯攻策略就成功了。如图 7-9 所示。

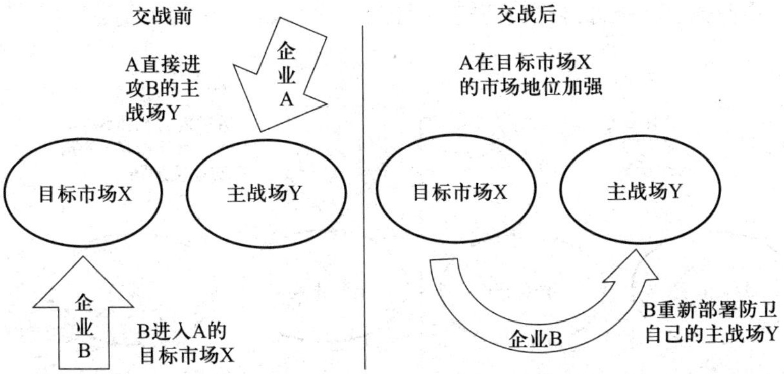

图 7-9 佯攻策略

资料来源：Mcgrath R G, Chen M J, Macmillan I C. Multimarket Maneuvering in Uncertain Spheres of Influence: Resource Diversion Strategies[J]. Academy of Management Review, 1998, 23(4):724-740.

(三) 策略三：佯退

企业 A 和企业 B 目前正在围绕着某一个主战场 Y 竞争。考虑到竞争企业 B 准备进攻目标市场 X，而这个目标市场对于企业 A 来说是更加重要或者是未来希望独占的市场，企业 A 必须想办法阻止企业 B 的行动。企业 A 采用佯退策略，先假装从主战场 Y 撤退，从而诱使企业 B 改变战略方向，放弃进入目标市场 X，而把资源先用于进一步扩大在主战场 Y 的市场份额。如图 7-10 所示。

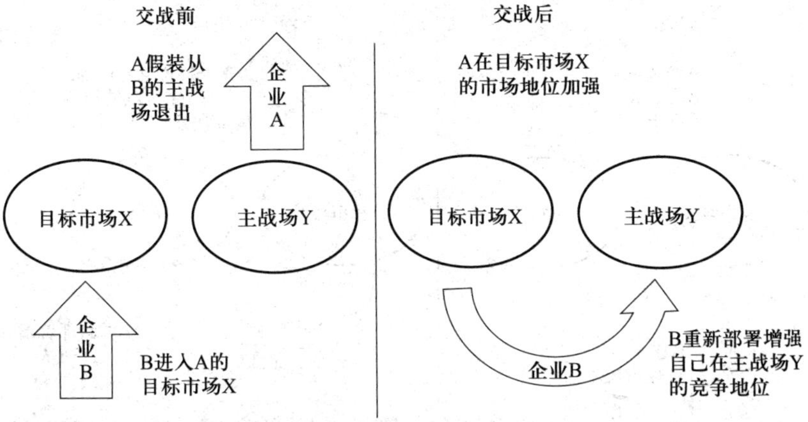

图 7-10 佯退策略

资料来源：Mcgrath R G, Chen M J, Macmillan I C. Multimarket Maneuvering in Uncertain Spheres of Influence: Resource Diversion Strategies[J]. Academy of Management Review, 1998, 23(4):724-740.

(四) 策略四：佯攻和正面进攻组合

企业 A 了解到企业 B 准备进攻目标市场 X，为了在目标市场 X 发起进攻，并且获得绝对的先动优势，企业 A 就先从目前与企业 B 竞争的主战场 Y 佯装进攻，从而使企业 B 害怕丢失主战场 Y 而改变原来的战略意图，将大量的资源投入到主战场的保卫方面。一旦企业

B 这样做了，企业 A 就开始长驱直入进攻目标市场 X。如图 7-11 所示。

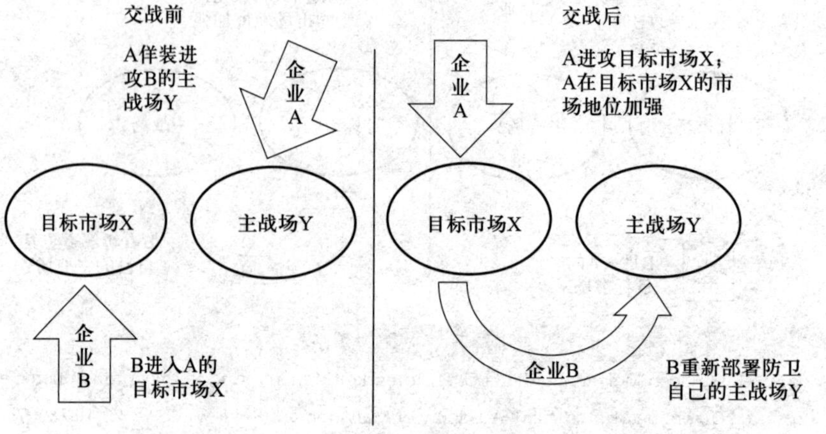

图 7-11　佯攻和正面进攻组合策略

（五）策略五：佯退和正面进攻组合

企业 A 了解到企业 B 准备进攻目标市场 X，为了在目标市场 X 发起进攻，并且获得绝对的先动优势，企业 A 就先从目前与企业 B 竞争的主战场 Y 佯装撤退，从而使企业 B 改变原来的战略意图，将大量的资源投入到主战场 Y 的市场占有率的扩大方面。一旦企业 B 这样做了，企业 A 就开始长驱直入，进攻目标市场 X。如图 7-12 所示。

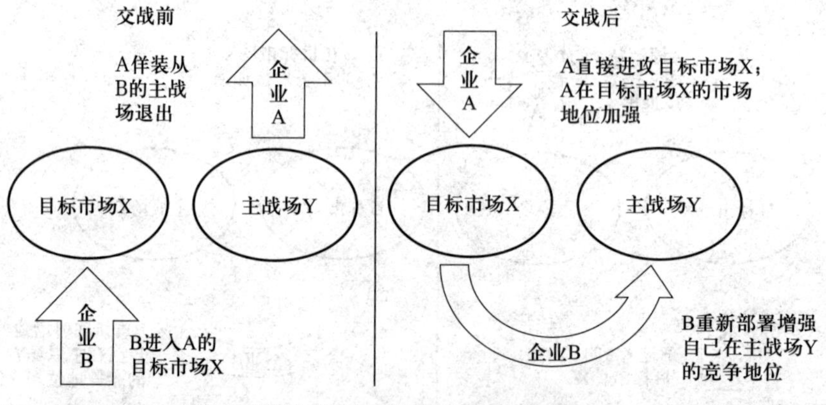

图 7-12　佯退和正面进攻组合策略

第四节　竞 争 思 维

一、竞争战术

在传统的竞争交战中，为了获取竞争优势或维持竞争地位，企业会采取主动的攻击行为或被动的防御行为，具有灵活竞争思维的管理者会采取各种各样的进攻和防御战术，以帮助企业保持竞争优势。我们可以根据行为类型和竞争交战时间两个维度对各种竞争战术进行简要区分(见图 7-13)。

	交战前	交战中	交战后
攻击行为	先发制人 ● 领先 ● 威吓 ● 占领	进攻 ● 正面攻击 ● 侧翼包抄 ● 包围作战 ● 游击战	再进攻 ● 乘胜追击 ● 趁虚而入
防御行为	威慑 ● 提高进入壁垒 ● 加大反击承诺 ● 减少攻击诱因 ● 默契串通	反应 ● 反攻 ● 迅速跟进 ● 紧缩	不反应 ● 退出 ● 转移

图 7-13 竞争战术分类

资料来源:亚历克斯·米勒 . 战略管理 [M]. 何瑛,等,译 . 北京:经济管理出版社,2004.

企业为了获取新的竞争优势或者转移竞争位置,会主动采取进攻行为;企业为了维持竞争地位或减少其他企业进攻行为带来的损失,会采取防御行为。而在企业交战的不同阶段(交战前、交战中、交战后),企业也可以灵活运用各种战术,如在交战前就建立相对优势,在交战中获取优势或减少损失,在交战后扩大竞争优势或防止进一步损失。

(一) 先发制人

通过领先、威吓、占领等主动的攻击手段在企业双方交战前建立竞争优势。

(1) 领先战术。即先人一步,获取先动优势,如企业推出新产品、开辟新市场、形成新的联盟关系等。实行领先战术的企业或具备敏锐的市场洞察力,把握住了新的市场机会,满足了顾客新的需求,或具备较强的创新能力,为顾客提供更好的产品和服务。

(2) 威吓战术。当准备进行主动攻击的企业意识到跟进者的竞争威胁(如模仿)时,会在竞争交战之前采取威吓手段阻止可能的竞争者。如存在多市场竞争的企业在竞争对手的主要市场的降价行为,管理者承诺加大资源投入的言论等。

(3) 占领战术。企业主动采取行动保护资产、权利和资源等。如企业为新技术申请专利,获取稀有资源的独占权,获取产品的独家代理权等。

(二) 进攻

在与竞争对手的交战中,通过直接或间接形式主动地向竞争对手发动攻击。

(1) 正面进攻。企业在要获取竞争优势的市场上主动采取攻击行为与竞争对手争夺市场,如价格战等。此类行为由于较明显的攻击意图和带来的严重后果往往会引起竞争对手激烈的反应。采取正面进攻战术的企业往往具备明显的竞争优势。

(2) 侧翼包抄。采取侧翼包抄的企业在某一市场可能不具备绝对的竞争优势,在竞争交战中为了避免直接冲突,采取迂回策略。如惠普相比于 IBM,在个人计算机市场并无优势,惠普在主动开发与 IBM 兼容的打印机后，随即成为打印机市场领导者。

(3) 包围作战。企业在多个产品市场或地理市场同时采取新产品退出或价格调整等手段，对竞争对手发动主动攻击。例如，全国性连锁店的销售利润往往比当地同类型商店更高，宝洁在洗发水市场的多产品线策略使得其一直保持市场领先地位。

(4) 游击战。采取游击战术的企业并不谋求在所有市场或产品线获取竞争优势，而是找到竞争对手的某个弱点，逐点击破。

(三) 再进攻

在竞争对手不反应之后继续采取主动的攻击行为。

(1) 乘胜追击。如果企业判断竞争对手在竞争交战中已经丧失了继续反抗的能力，可以进一步采取更积极的攻击行为，逼迫竞争对手退出市场，以获得对该市场的全部控制。

(2) 趁虚而入。企业观察到竞争对手在与其他企业竞争之后消耗过大，无力再抵抗其他企业的攻击时，敏锐的管理者会进入该竞争对手的市场，趁其无还手之力时通过降价等行为逼迫其退出市场。

(四) 威慑

该战术的目标是让准备发动攻击的企业意识到其攻击行为并没有实际威胁，从而打消其攻击念头。

(1) 提高进入壁垒。通过政策限制或提高顾客转移成本使竞争者很难进入其市场。

(2) 加大反击承诺。企业管理者通过公开言论告诫准备采取行动的竞争者，对于任何攻击行为都会采取积极的报复行动。

(3) 减少攻击诱因。企业通过降低价格或提高服务水平减少所获得的利润，会使竞争者认为该市场并不具备吸引力，从而放弃进攻。

(4) 默契串通。存在多市场竞争的企业之间存在相互牵制作用，降低了竞争强度。因此，企业为了与准备发动攻击的竞争者形成默契，可以进入该企业的一些市场，形成多市场竞争格局。

(五) 反应

企业受到攻击后，为了维持竞争位置和减少损失，不得不做出针对性的反应。

(1) 反攻。企业受到攻击后，其反击目标不限于减少损失，而是通过新产品推出或者法律诉讼等手段对攻击者造成最大的打击，可能收复失地的同时获取更多的竞争优势。

(2) 迅速跟进。企业可以利用启动优势，在攻击者推出新产品或其他攻击行为之后迅速模仿。

(3) 紧缩。企业无法进行有效的反击，只能退让，将市场让给攻击者，且向攻击者传递出弱势和求和的信息，以维持企业生存能力。

(六) 不反应

受攻击的企业在攻击者的多次进攻后都不做任何反应，意味着受攻击企业已退出该市场。

(1) 退出。企业无力抵抗竞争对手的进攻,被迫退出市场。如破产等。

(2) 转移。企业无力抵抗竞争对手的进攻,被迫退出市场后,将剩余资源转移到其他行业。

二、竞争与合作

传统的竞争交战的目标是从竞争对手那里汲取价值,来增加企业自身的市场占有率、绩效,或者是进行自身防御。根据这种敌对的竞争思维,动态竞争的目标是实施能战胜对手或者进行防御的行为,竞争经常被看作零和博弈。相比之下,另一种关于竞争—合作的研究认为,许多企业是会和竞争对手合作的,只要最终有利可图,也就是说,竞合的目标不是完全摧毁你的敌人,而是要赶在竞争对手之前受益。

传统的敌对视角下的竞争互动模式是设计有效的直接或者间接的攻击,避免反击。在直接对抗模式上有所发展的多市场竞争中的相互克制模式,认为处于多个共同市场的企业会心照不宣地串通起来调整它们的竞争交互行为,以最小化竞争升级的风险。而竞争—合作视角提供了另一种取得竞争优势的方法。存在竞争关系的企业之间可能以不同的方式进行合作,从共享专利、技术,甚至是与竞争对手共享关键员工,到共同建立行业技术标准,价格串通等。

传统的敌对视角关注的是直接或者间接的竞争对手。直接竞争对手之间有较高的市场共同性和资源相似性,间接竞争对手在这两方面稍微有些差别。竞争—合作视角拓展了竞争参与者的范围,如相关产业或相同产业中的非直接竞争者,更多关注的是与间接竞争对手通过联盟或并购成为商业伙伴。合作意味着扩大了交互对象的范围,如原材料的供应商、行业协会、产业链上下游的合作者等,这些合作能够帮助企业更有效地竞争。

传统的敌对视角关注的是短期交战,如企业之间攻击行为和反击行为的交互,以建立短期竞争优势,强调先动优势和快速反击。竞争—合作视角不仅关注企业短期发展,也关注长期结果,如联盟等合作行为,与合作企业之间保持长期信任关系。

三、关系竞争

早期动态竞争研究多关注同一行业内企业在产品市场中的竞争,认为存在市场共同性和资源相似性的企业之间存在竞争关系。经济全球化和技术创新打破了竞争者分析的行业和市场边界,竞争也不再局限于产品市场,还包括要素市场,竞争参与者也不仅有竞争者(Competitor),还有非竞争者(Non-competitors)和非政府组织(NGOs)。这也催生了新的竞争思维——关系竞争(Relational Competition)。动态竞争的关系视角描述了一个多维度的、更加包容的框架,强调了社区的价值共创,关注更多的利益相关者。

与传统的竞争和合作思维相比,关系竞争思维有以下特点:

(1) 竞争的最终目标在于共赢,这与传统的仅以战胜或打败竞争对手的目标不同,企业的敌对性弱化,关系性加强,摒弃了“零和博弈”的传统竞争思维,希望市场参与者都能受益。

例如在谈及 BAT（百度、阿里巴巴、腾讯）之间的竞争关系时，马化腾曾表示竞合关系或分工合作的模式更有利于打造健康的产业环境；李彦宏也表示 BAT 之间是互融共生的关系，没有太大的敌对。在企业竞争实践中，腾讯实施了“开放，共享”计划、“开放”战略并成立产业共赢基金等。

（2）竞争模式侧重关系管理，竞争与合作同时开展。传统敌对思维下，企业或与竞争对手在某一市场上直接对抗，或与某一企业合作共同对抗竞争对手。关系竞争思维下，企业之间更多的是“亦敌亦友”的关系。例如 BAT 虽然在很多领域展开竞争，但腾讯与百度在万达电商中进行了合作，而滴滴、快的合并则使得腾讯和阿里巴巴都成为了新公司的股东。

（3）竞争的行为者包含所有的利益相关者。也就是说，除了传统竞争视角下的直接竞争对手、间接竞争对手，还包括员工、消费者、供应商、大学机构、社会团体和政府组织等。这与利益相关者理论一致。例如，腾讯联合清华大学启动创新联盟项目，与政府合作共建智慧城市等。关系竞争的视角下，所有的参与者都是企业竞争优势的来源，如何在各个时期识别不同的利益相关者，平衡与各个利益相关者的关系是关键。例如，“3Q 大战”中腾讯和奇虎 360 没有处理好与顾客的关系，使两者声誉受损。

（4）竞争的手段或工具可以是经济性和政治性的，如价格战、促销和政治关联等，也可以是社会性的，如通过履行社会责任建立优秀的企业声誉等，有利于企业吸引资源。例如，腾讯公益平台的设立，腾讯公益发起的“99”公益日活动等。

（5）具有关系竞争思维的管理者会根据企业面临的竞争情况权衡短期和长期方案，既要避免追求短期利益而损害企业声誉的行为，也要权衡一味追求长期利益而造成的持续亏损。如“3Q 大战”中腾讯做出全线产品与奇虎 360 不兼容的决定，虽然是为了维护竞争地位，但有损顾客利益和企业形象；“3Q 大战”后，腾讯不再一味地模仿和垄断以追求短期竞争优势，而是更多地参与、投资、合作，以开放、共享的心态打造腾讯的未来。

复习思考题

1. 产业组织经济学和动态竞争理论对竞争的认知有何异同？
2. 什么是市场共同性和资源相似性？
3. AMC（察觉、动机和能力）视角如何影响公司竞争行为？
4. 哪些因素影响公司竞争行为和反击的速度和可能性？
5. 为什么动态竞争可以构成企业竞争分析的主要内容之一？

在线测评

请扫描二维码，在线检验学习效果。

案例讨论

OPPO 和 vivo 的二次"逆袭"

OPPO 和 vivo 都于 2011 年进入智能手机市场。两家公司拥有共同的纽带步步高，但两者却相互竞争，产品定位均为年轻时尚。

2016 年 10 月 28 日 IDC 发布的数据显示，2016 年第三季度 OPPO 和 vivo 在中国市场的出货量分别达到了 2 010 万部和 1 920 万部，出货量分别占到 20.1% 和 19.2%，首次成为中国市场前两名。但是，OPPO 和 vivo 的"高价低配"一直为人所诟病。对于"高价低配"，雷军在接受《中国企业家》采访时表示，OPPO 和 vivo 是"利用信息不对称赚钱"的。相比雷军的小米之家布局和余承东的华为千县计划，蓝绿大厂的线下渠道已然是根深蒂固。而且，在表面的线下渠道背后，还有不为人知的深度分销模式——承包手机店。小米、魅族、华为想复制这种模式，基本办不到，而且为时已晚。但是，如果没有过硬的产品以及顺应时代潮流的意识，OPPO 和 vivo 很有可能成为下一个诺基亚和摩托罗拉。

2017 年，中国智能手机市场遭遇增长瓶颈，出货量持续下滑。进入 2018 年下滑势头继续，来自工信部中国信通院的数据显示，2018 年 2 月中国国内出货量仅为 1 812.2 万部，同比下降 38.7%，跌入谷底。不过伴随着第二季度厂商的集中发力，5 月中国国内手机出货量达到 3 783.6 万部，同比增长 1.2%，近 14 个月来首次转正，止跌回稳。手机出货量的下降与用户的需求直接相关。从市场现状来看，手机性能的提升及外观变化为用户所带来的刺激近几年呈持续减弱的态势，用户换机需求难被激发。

2018 年第二季度，排名中国智能手机市场前五的厂商分别是：华为(27%)、OPPO(21%)、vivo(20%)、小米(14%)、苹果(8%)。华为、OPPO、vivo 稳居前三甲，且保持明显优势。vivo、OPPO 两大品牌在 2018 年第一季度的三个月里关注度就处于胶着态势，随着 3 月 19 日发布的 vivo X21 系列的大热，vivo 关注度达到上半年的制高点 14.94%，较 1 月增长了近 4.3 个百分点。5 月回落，6 月随着"零界全面屏"vivo NEX 的到来，vivo 关注度再度上涨。1—6 月 OPPO 关注度呈稳步上升走势，6 月在"曲面全景屏"OPPO Find X 的助力下，关注度达到上半年最高，为 13.26%，与 vivo 仅差 0.06%。上半年鲜有新品的苹果用户关注度下滑明显。

在国内手机市场竞争加剧的情况下，头部厂商还纷纷布局海外市场，最抢眼的以华为 P20 系列、OPPO Find X 为代表，这两大旗舰均采用在法国首发的方式与用户见面，全方位地提升了品牌的国际影响力。

从竞争态势来看，目前智能手机进入全面成熟期，总体水平稳定，参数提升带来的性能改变并不明显，中端与旗舰产品的界限日益模糊，用户体验越来越趋同，竞争愈发艰难。手机厂商要想冲出"千机一面"的重围，唯有创新一条路可循。

资料来源：

1. 结束 14 个月负增长，2018 上半年手机市场研究报告 [EB/OL]. 百家号 .

2. OPPO、vivo 为何逆袭？这过程足以说明一切 [EB/OL]. 新浪手机 .

3. OPPO Find X 旗舰发布，超越时代的真全面屏 [EB/OL]. 搜狐科技 .

讨论题：

OPPO 和 vivo 在 2016 年出货量首次成为中国市场前两名，2018 年又稳居三甲并受到极大关注，两个时间段 OPPO 和 vivo 取得竞争优势的方式有何异同？

参考文献

[1] 陈明哲 . 动态竞争 [M]. 北京：北京大学出版社，2009.

[2] 迈克尔·希特，R. 杜安·爱尔兰，罗伯特·霍斯基森 . 战略管理：概念与案例 [M]. 刘刚，梁晗，耿天成，等，译 . 北京：中国人民大学出版社，2017.

[3] 苗杰 . 竞争理论与竞争情报研究 [J]. 图书情报工作，2001(11)：11–15.

[4] 谢洪明，蓝海林，刘钢庭，曾萍 . 动态竞争理论的研究评述 [J]. 科研管理，2003，24(6)：28–35.

[5] 亚历克斯·米勒 . 战略管理 [M]. 何瑛，等，译 . 北京：经济管理出版社，2004.

[6] Chen M J. Competitor Analysis and Interfirm Rivalry: Toward a Theoretical Integration [J]. Academy of Management Review, 1996, 21(1): 100–134.

[7] Chen M J, Miller D. Reconceptualizing Competitive Dynamics: A Multidimensional Framework [J]. Strategic Management Journal, 2015, 36(5): 758–775.

[8] Chen M J, Miller D. Competitive Dynamics: Themes, Trends, and A Prospective Research Platform[J]. The Academy of Management Annals, 2012, 6(1): 135–210.

[9] Mcgrath R G, Chen M J, Macmillan I C. Multimarket Maneuvering in Uncertain Spheres of Influence: Resource Diversion Strategies[J]. Academy of Management Review, 1998, 23(4):724–740.

[10] Peteraf M A, Bergen M E. Scanning Dynamic Competitive Landscapes: a Market-based and Resource-based Framework[J]. Strategic Management Journal, 2003, 24(10): 1027–1041.

[11] Porter M E. Competitive Strategy[M]. New York: Free Press, 1980.

[12] Rindova V, Ferrier W J, Wiltbank R. Value from Gestalt: How Sequences of Competitive Actions Create Advantage for Firms in Nascent Markets[J]. Strategic Management Journal, 2010, 31(13):1474–1497.

[13] Smith K G, Grimm C M, Gannon M J, et al. Organizational Information Processing, Competitive Responses, and Performance in the U.S. Domestic Airline Industry[J]. Academy of Management Journal, 1991, 34(1):60–85.

第八章 国际化战略

本章关键词

国际化战略　国际化动机　进入时机　进入模式　国际多元化　国际化风险

开篇案例

华为的国际化演进之路

早在2013年,华为就在《财富》杂志的世界500强排行榜上超过爱立信,成为全球第一大电信设备商。华为从1987成立到位列世界第一,仅仅用了30年的时间。华为的快速成长离不开其在海外市场的成功。截至2018年,华为70%的收益都来自海外市场,其中欧洲市场所占份额最大。那么,华为是如何扩展海外市场的呢?

不同于其他中国企业,华为在其成立早期就积极扩展海外市场。华为首先选择进入俄罗斯和南美洲。1997年,华为和俄罗斯电信等成立名为Beto-Huawei的合资公司。然而,华为国际化的第一步无比艰辛。在进入俄罗斯市场的最初四年内,华为没有接到任何订单。一方面是受东南亚金融危机的影响,俄罗斯经济正处于萧条时期,导致运营商缺乏资金投资电信基础设备。在经济寒冬的影响下,爱立信、西门子等老牌西方电信设备供应商纷纷从俄罗斯撤资。另一方面源于华为本身的劣势。当时的华为在海外市场的知名度几乎为零,且面临严重的信任危机。直到2000年,华为才获得了乌拉尔电信交换机和莫斯科MTS移动网络两大项目。

2000年以后,华为开始开拓其他海外市场,包括南亚(泰国、新加坡和马来西亚)、中东和非洲市场,并在这些市场上取得了不错的成绩。2001年,华为开始制定新的战略目标,在巩固和拓展以俄罗斯为中心的东欧市场基础上进入中欧和西欧市场。中欧和西欧市场的竞争更加激烈。爱立信等众多老牌电信设备供应商已在此经营多年,同很多一流运营商建立了长期关系。华为虽然存在品牌知名度低、公司形象差等劣势,但凭借其较高的技术水平、较低的产品价格以及快速的客户响应等优势,实现了在欧洲市场上的快速增长。华为在不同的国家采用了包括贸易代理和合资等在内的不同的国际化战略。截至 2004 年,华为已成为欧洲主要的电信设备供应商。

如今,华为业务遍及 170 多个国家和地区,服务全世界 1/3 以上的人口。员工约 18 万名,超过 160 种国籍,海外员工本地化比例约为 70%。在 2018 年《财富》杂志的世界 500 强排行榜上列第 72 位。

资料来源:

1. Internationalization[EB/OL]. Essays UK. November 2018. Case Study Of HuaWeis.

2.《商业评论》. 再下西洋——中国企业全球化案例复盘[M]. 北京:社会科学文献出版社,2018:22-27.

讨论题:

华为在制定国际化战略时为什么首先选择进入俄罗斯市场?华为在开始进入西欧和中欧市场时为何不选择设立全资公司?

因为国际化使得本土企业不可避免地会被卷入到全球市场中,所以国际化战略选择对多数类型的公司都非常重要。本章重点回答以下几个问题:

(1) 企业选择国际化战略的潜在动机是什么?

(2) 国际化战略选择能够给企业带来哪些收益?

(3) 在业务层面,企业需要考虑哪些战略因素?进行哪些战略决策?

(4) 在公司层面,企业有哪些可供选择的战略?

(5) 企业进行国际化战略将会面对哪些风险?

第一节　企业实施国际化战略的动机

国际化战略(International Strategy)是指企业在本国市场以外的市场销售产品或提供服务的战略。

企业进行国际化的根本动因在于国际化扩张能够为企业创造提高盈利能力和利润增长的机会。这些机会来源于在全球市场进行产品和服务的生产或销售,企业能够获得三种基本利益,分别是:扩大的市场规模、规模经济和学习效应、区位优势。

一、扩大的市场规模

通过采用国际化战略在本国市场以外的市场销售产品和提供服务,企业能够开拓新的市场空间。企业会在本国市场基本饱和,给企业带来的成长机会非常有限的情况下通过国际化来开拓市场;国际市场发展迅速,能给企业带来新的利润增长点,帮助企业获得更大的收益。随着中国市场的快速发展,星巴克、家乐福等企业纷纷通过国际化战略来扩大中国市场,意图扩大潜在的市场规模。尽管采用全球化战略需要付出巨大的运营成本,例如管理处在不同文化中的消费者偏好需要投入很大精力且具有挑战性,但这些企业依然选择国际化战略,是因为从长期来看海外市场将成为企业新的盈利来源。除此之外,全球企业分工越来越细,企业从事的业务也越来越狭窄,企业必须在全球市场寻找额外的消费者以满足企业的成长需要。

许多企业都具有自身独特的竞争力,而这些竞争力是制造产品和提供服务的基础,开拓全球市场能够有效提高企业竞争力为企业带来的回报。日本汽车企业如丰田、本田、日产等在海外市场的成功源于其独特的汽车制造能力,通过扩张海外市场,这些企业能够在更大市场范围内发挥其竞争力,提高其竞争能力的边际收益。

二、规模经济和学习效应

通过国际化扩张,企业可以进一步扩大产品市场,通过将全球市场中产品的生产、销售和服务过程标准化而形成规模经济。规模经济在很多行业都具有极为重要的作用,尤其是在传统制造行业。企业通过国际化扩张可以分摊开发产品和建立生产设施的固定成本;可以更密集地使用生产设备从而降低成本,提高生产力;可以通过扩大企业规模提高企业议价能力。这些都是国际化扩张中形成规模经济的优势。此外,在国际化扩张中,这些企业靠着不同国家企业间的资源和知识共享,可以在国际市场中充分发掘核心竞争力。在这些知识共享的过程中,企业会发展出以低成本生产出高质量产品的协同效应。

除此之外,企业也可以进行多样化的全球市场扩张从而获得更多的学习机会,进而掌握多样化的知识和经验。这些知识和经验一方面帮助企业更好地管理全球市场,充分发掘全球市场的潜在价值;另一方面则为企业寻找更多更有价值的全球市场提供了知识和经验基础。此外,企业在全球市场的学习还会影响企业的研发行为。企业的研发能力决定其创新能力,从而对企业长期或短期的成功非常重要。

三、区位优势

企业在海外设厂或成立分公司可以帮助企业获得区位优势,从而降低企业生产和运营成本。区位优势表明某些地区比其他地区更适于生产某种产品或服务。海外市场的区位优势不仅包括某一市场的资源禀赋,也包括其制度和文化优势。通过国际化战略在海外市场设厂可以帮助公司获取廉价的劳动力、能源和资源,甚至获得一些具有战略意义的资源,如研发知识、金融资本等。制度和文化因素也会影响企业区位优势或者劣势。健全的市场机制、稳定的市场政策会极大地影响企业在海外市场的运营成本。同时,如果国家间文化比较接近,也有利于企业国际化战略的实施。

一旦企业获得区位优势,就必须对全球市场进行有效管理,以充分发挥这些区位优势的价值。国际市场间的距离、国际化客户需求、企业进入的各市场间的运输成本等都会影响企业是否能够充分发掘国际市场的区位优势,从而影响企业对地域的选择和设备的管理。

第二节 业务层国际化战略

国际化战略包括两个层面:业务层国际化战略(International Business-Level

Strategy)和公司层国际化战略(International Corporate-Level Strategy),企业通常会选用其中一种或两种都用。业务层战略指在单独的、可识别的市场中确立竞争优势的方法。在业务层面企业制定国际化战略时通常需要考虑各方面影响因素,并对一些关键因素进行取舍,包括分析海外市场环境,进行区位选择,分析进入时机和进入模式,以及是否利用联盟。

一、海外市场环境分析——外来者劣势

外来者劣势是指国际化企业因需要承担本土企业不需要承担的额外成本而造成的竞争劣势。

当进入海外市场时,企业会面临承担本土企业不需要承担的额外成本,这些额外成本就会造成国际化企业的外来者劣势(Liability of Foreignness)。一般来说,外来者劣势有以下几个方面的成本因素:一是面对产生不熟悉的运营环境,在经济、制度和文化差异以及远距离协调等方面所产生的运营成本。以制度环境为例,不同国家具有不同的规则,当地企业由于长期处于本国的制度环境中,对这些规则已经熟悉,而外来企业由于不熟悉这些规则,必须进行快速学习,这就造成外来企业的学习成本。此外,如果不能成功了解一国规则制度,会给企业带来巨大的损失。迪士尼公司在法国建立迪士尼乐园时,因其员工管理政策未能实现对当地员工的合理安排而遭到起诉正是外来者劣势的体现。二是当地政府或消费者的歧视(Discrimination)对待造成的成本。当地政府会制定一些歧视性政策,例如规定某些行业禁止外资企业进入等。

外来者劣势的大小会受到国际化企业母国和东道国之间的距离远近的影响,包括文化、制度、地理和经济距离等。因此,缺乏海外运营经验的企业,多会选择同本国距离接近的其他市场。为克服外来者劣势,一些企业还会在海外市场布置大量具有竞争优势的资源和能力,包括利用先进的技术开拓海外市场,利用卓越的组织和市场营销能力克服外来者劣势,以及通过对不同国家制度的深入了解成功进入海外市场等。

二、区位选择

公司可以将其价值链的各个环节布置在最有优势的国家或地区,并对全球范围内的经营活动进行战略协调以获得持久的竞争优势。

海外建厂或设立海外子公司时的选址对企业国际化战略的成功实施至关重要,好的区位选择能够帮助企业实现区位经济,即在最优化地区进行价值创造活动所获得的经济利益。在进行区位选择时,企业不仅要实现战略目标和地区特征之间的匹配,还要考虑到本国市场和海外市场间文化和制度差异的大小。

一些地区具有先天的地域优势,既包括地理上的优势,也包括经济上的集群。从地理角度看,一些地区的地理位置可以给予企业地域优势,如新加坡因其连通太平洋和印度洋的地理位置决定其成为绝佳的海运中转站。而从经济角度看,具有企业集聚的地区能给企业带

来优势，这些优势主要在于知识溢出效应、丰富的技术熟练的劳动力以及集中在一起的专业化的卖家和买家。

但是，区位优势并不是绝对的，地理区位只有和企业的战略相匹配时才能发挥应有的作用。一般来说，企业进行国际化投资具有以下四种战略目标：① 寻求资源；② 寻求市场；③ 寻求效率；④ 寻求创新。表 8-1 显示了企业国际化战略目标和区位优势间的匹配关系。

表 8-1 国际化战略目标和区位优势匹配

战略目标	区位优势
寻求资源	拥有自然资源、配套的交通和通信基础设施
寻求市场	巨大的市场需求和有购买意愿的消费者
寻求效率	规模经济和其他低成本要素
寻求创新	具有创新能力的个体、公司以及学校

资料来源：

[1] Dunning J H, Lundan S M. Multinational Enterprises and the Global Economy[M].2nd ed.UK: Edward Elgar, 2008: 82-83.

[2] 彭维刚 . 全球企业战略 [M]. 北京 : 人民邮电出版社 , 2006: 235.

对于寻求资源的企业来说，特定的资源一般只会存在于国外特定的地域，如中东石油、澳大利亚铁矿资源以及中国的锡矿资源等。而对于以寻求市场为目标的企业，则需要选择对其产品和服务具有较强需求且愿意支付较高价格的国家。例如，日本对于海产品的需求吸引了包括中国、韩国企业在内的一大批海产品生产企业。其次，对于寻求效率的企业通常会在讲究效率的地方展开业务，这些区位一般具有规模经济或低成本的生产要素两个明显的特征。例如，中国近 30 年来快速发展的很大一部分原因是大量的低成本劳动力吸引来自全球的制造企业。最后，寻求创新的企业则会选择能够产生高技术成果的地区，如以信息技术闻名的美国硅谷吸引了大量来自全球的高科技企业，而纽约、伦敦和中国香港则因其出色的金融服务享誉全球。

企业在进行区位选择时还需要考虑目标区位与本国的文化和制度距离远近情况。文化和制度分别体现了一个国家制度体系中的非正式和正式制度部分。文化距离是指两个国家间的文化差异，而制度距离是指两个国家在规范、规制和认知等维度上的差异。一般来说，企业在制定国际化战略时，都会遵循一种阶段化的过程，即首先进入文化和制度距离相近的国外市场，当积累一定经验后才会选择进入文化和制度距离较远的国外市场。

综合来看，当企业制定国际化战略并做出国外市场进入决策时，除了考虑区位选择这一影响因素外，还需考虑进入时机选择和进入模式选择这两种因素。

三、进入时机选择

进入时机是一个相对概念，是与其他企业的进入时间相比较而言的，包括先入者和后发者。先入者指比其他企业先进入某个市场的企业，先入者所具有的而后发者不具有的优势被称为先入者优势；相反地，后发者指在其他企业进入以后再进入的企业，其所具有的而先入者所不具有的优势被称为后发者优势。

一般来说，先入者优势来源于以下几个方面：① 专有权或技术领先；② 优先获得稀缺资源；③ 建立进入壁垒；④ 避免与本土市场中优势企业形成竞争；⑤ 能够优先与利益相关者建立友好关系。

但是，先入者也具有一些不可忽视的劣势，这些劣势正是后发者所具有的优势：① 后发者可以搭乘先入者投入的便车，免费享受先入者在国外市场投入的成果。② 可以减少技术和市场的不确定性，先入者一般都会面临运营风险和技术市场不确定性，当这些不确定性被排除后，后发者则可以免去应对这些不确定性的成本。③ 后发者可以充分利用先入者在产品更新等方面的不灵活性，实现弯道超车，取得后发优势。先入者由于已经在市场上进行了大量投入从而受制于已有的固定资产，不能灵活地投入新产品的生产。而后发者则可以充分借鉴先入者经验，且不承担沉默成本，因此可以在产品和服务等方面超越先入者。

因为先入者和后发者都具有一些优势，因此在制定国际化战略时必须结合企业实际对进入时机进行选择。

四、进入模式选择

企业选择进入模式时，可以进行阶段性的选择，先确定是采用股权模式还是非股权模式，然后决定具体的进入模式。

进入模式选择是在制定国际化战略时需要着重考量的问题。一般来说有五种进入国外市场的方式，分别是出口、许可、特许、建立合资公司和建立全资子公司。而这五种进入模式又可以分类为非股权模式（出口、许可和特许）和股权模式（合资公司和全资公司），如图 8-1 所示。实际上，在制定国际化战略时最有效的办法是对进入模式进行阶段性的选择，在第一阶段选择股权模式还是非股权模式，在第二阶段选择具体的进入模式。每一种进入模式都有一定的优势和劣势，企业可以根据自身战略需要进行选择。

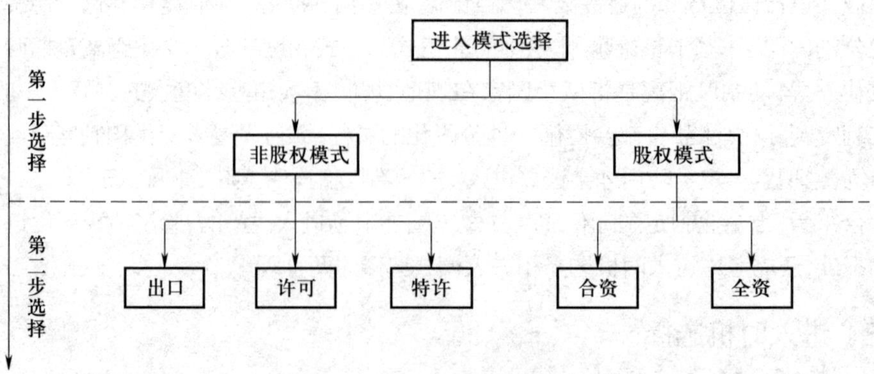

图 8-1 进入模式的阶段选择模型

资料来源：彭维刚 . 全球企业战略 [M]. 北京：人民邮电出版社，2006：235.

(一) 股权模式和非股权模式

股权模式需要企业在国外市场进行直接投资,成立合资公司或者全资公司,对国外市场的承诺(Commitment)较大,且不可逆转;非股权模式则不需要进行直接投资,一般来说对国外市场的承诺相对较小。因此,这两种模式在成本、风险、运营等方面都有很大差别。

此外,股权模式相对于非股权模式来说,实际上是企业将外部市场的活动纳入企业内部,将市场交易内化为企业自身的运营。股权模式和非股权模式也是区分一个企业是否是跨国公司的主要标准。因此,股权模式的优势体现在所有权优势和内部化两个方面。通过拥有不同国家资产,采用股权模式的企业,能够有效管理和协调其跨国活动,这被称为所有权优势。这类在其他国家具有资产的企业被称为跨国公司。跨国公司还具有内部化优势,将跨国的市场交易内化为公司的内部联系能够有效降低交易成本并提高效率。

(二) 出口

企业将其产品从本国市场出售到国际市场的方式即为出口模式。多数企业都以出口形式进入国际市场,然后慢慢转向其他模式。采用出口模式的企业一方面可以避免在国外市场建立生产设施的巨大投入;另一方面则可以积累全球市场的经验,为过渡到其他模式做准备。

与此同时,出口模式也有很多劣势。首先,企业必须承担产品在国际市场分销的运输成本,尤其是大宗商品的出口;其次,出口企业必须为产品支付关税,因此很容易受关税壁垒的限制;再次,出口企业在国际市场中建立分销渠道也需要承担巨大成本,还有可能在与当地企业签订协议时丧失对产品分销的控制权;最后,出口企业也会面临较高的机会成本,如果在国外有更理想的产品制造点,能够实现区域经济效益,则从本国出口产品的模式并不能实现盈利最大化。

为了克服出口模式的这些缺陷,企业可以采用一些折中的出口模式,例如向邻近国家或具有较高相似性的国家出口产品,或者进行地区性制造,利用一个地区的生产满足附近几个国家的需求,在获得一定程度规模经济的同时控制运输成本。

(三) 许可经营

许可经营是一个许可者(Licensor)授予被许可者(Licensee)以有限的权利,如使用许可者的商标、专利等的权利,用以生产、销售特定的产品和服务,并获取相应的许可回报。在许可经营中,被许可者需要负责大部分国外运营资本投入。因此,采用许可经营模式,许可者则不需要承担国外市场扩张所需要的成本投入和面临的风险。对于不愿意投入巨大资源开发国外市场,或者不愿意承担开发国外市场的风险的企业来说,许可经营是一个不错的选择。

但是,事物都有两面性,许可经营也存在不可避免的缺陷。首先,采用许可经营扩张国外市场,企业将会丧失控制国外产品生产和市场销售的权利。一般来说,被许可方都会自己设立生产部门,因此许可企业既不能通过集中化制造实现规模效应和区域经济利益,也不能有效统筹国际市场的生产布局。其次,许可经营可能培养出潜在竞争者。采用许可经营,许可者的核心技术、经验等无形资产都有可能遭被许可企业复制掌握,从而摆脱许可者许可协议的控制,转而自行生产而最终成为许可者的潜在竞争对手。最后,采用许可经营,企业会丧失统筹全球战略布局的能力。在全球布局中,企业通常需要从一个国家的经营中抽调利润补充其在另一个国家中的竞争。但是采用许可经营,企业则会丧失在全球市场的这种统筹协调机会,因为被许可企业不可能拿出自己的利润支持另一个国家的运营。

为避免技术泄露的风险,一个合理的解决措施是采用双向许可协议,即企业将某些有价值的无形资产许可给外国合作方时,要求外国合作方将其某些有价值的技术诀窍许可给自己。这样就可以避免技术泄露给被许可方的风险,因为企业自身也掌握了对方的技术。这样的现象在高科技行业中普遍存在,比如苹果、三星和华为等手机品牌都相互之间签署了许可协议。

(四) 特许经营

特许可以看成一种特殊的许可经营模式。特许经营是特许者(Franchisor)给被特许者(Franchisee)生产、经营特定产品、服务的相对完整的权利,例如将无形资产完整地出售给被特许方,成为加盟店。特许还时常配有相关服务、技术、设备、信贷、操作规范、管理等支持,以及广告、促销等方面的合作。特许方通常会抽取被特许方一定比例的收入作为特许费。特许经营多被服务业采用。

与许可类似,特许方因不需要承担外国市场扩张的成本和风险,而能够实现快速的全球扩张。例如,肯德基和麦当劳的全球战略采用的就是特许经营模式。特许经营另外一种潜在的利益是可以帮助特许方快速扩张产品市场,从而更快抵消新产品研发产生的费用,有助于特许方获得更多的新产品开发回报。

特许模式也有一定的缺陷。首先,特许模式与许可模式一样会让特许方丧失全球协调的能力,因为除了制定的操作规范外,特许方很难控制被特许方市场营销和产品分销。其次,采用特许模式,特许方还缺乏对产品和服务品质的控制。这是由于地理上的阻隔和被特许方的数量众多,特许方很难快速发现品质问题。例如,麦当劳有数万家的加盟店而且经常被曝光卫生问题。

为了解决以上问题,企业需要在特许协议中明确双方关系,同时还需要在企业进入的每一个市场中建立能够制定在该地区特许经营权利和义务的分支机构。这样就能够充分解决地理阻隔的问题,因此能够快速发现问题,减少被特许方的产品质量问题。

(五) 合资企业

合资企业和全资企业同属于股权进入模式。合资企业指两个或多个母国公司共同出资成立的新的实体。最典型的合资企业是双方各占 50% 股份的公司,其运营权力由双方派出的经理分享。有些企业寻求建立可以获得主要持股权的合资企业(如占 51% 的股份),从而主导合作的一方可以更严密地控制企业。

合资企业具有三个主要优势:首先,企业可以和国外当地企业共同分担成本和风险,同时又对合资企业有一定的控制权。其次,国外企业和本土企业可以互利互惠,国外企业能够利用到当地企业对本土市场的知识和经验,尤其是在具有较大文化、制度差异的市场中,这种知识和经验具有重要作用。同时,本土企业可以充分享受到国外企业的技术、资本和管理方面的知识。最后,在一些政治和文化环境中,合资企业要比全资企业更能被接受。

同时,合资企业也具有三个方面的缺陷:首先,合资双方或多方都有不同的文化背景,存在目标上的分歧，以及可能存在完全不相容的企业能力。因此从长期来看，合资企业会因为不同的目标期许而出现内耗的情况。其次，因为在制定决策时，合资方必须分享信息、共同协商决策，从而运营效率不高。最后，同非股权模式一样，因不能完全控制合资子公司的运营，国外企业也会丧失一部分全球协调能力。

（六）全资子公司

全资子公司是母公司拥有 100% 股份的公司。进行国际化的企业可以通过绿地投资在国外成立全资子公司，也可以通过收购国外市场的企业建立并进而推广产品。

全资子公司具有三个优势：首先，母公司对全资子公司拥有完全的所有权和管理控制权，因此免除了在合资公司中存在的控制权的问题。其次，全资子公司可以更好地保护母公司的知识产权和经验知识，避免技术流失的风险。也因此，许多高技术企业偏好采用全资子公司进入模式以保护知识产权。最后，全资子公司进入模式保证了母公司的全球协调能力，因企业全权掌控不同国家的运营权。因此通过全资子公司模式，跨国公司不仅可以从一个国家提取利润支持另一个国家的扩张行动，也可以调整全球产品生产分布，在适合的区域生产最终产品或产品线中的一部分，从而构建全球制造体系，实现区域经济。

但是全资子公司进入模式存在两个不容忽视的问题：首先，建立全资子公司是进入模式中成本最高的选择，因为母公司必须承担国外设厂、生产、营销等所有方面的成本和风险，所以全资公司也是进入速度最慢的模式，一般来说，全资公司需要 1～2 年甚至更长的时间才能建立起来。其次，因为全资公司缺少了合资子公司中的国外合作方，因此需要投入巨大成本来熟悉国外市场文化和制度，甚至还会因为存在文化和制度冲突而成为民族主义情节的攻击目标。

（七）进入模式的选择

表 8–2 总结了不同进入模式的优势和劣势。企业在做出全球战略进入决策时必须结合自身战略目标对不同进入模式的优劣势进行权衡。例如，当企业需要快速在全球树立企业形象时，就需要采用出口、绿地投资和合资的方式。在考虑进入一个不熟悉的具有不同文化和制度环境的国家时，建立合资企业是最优选择。因为本地合作方可以帮助企业获取当地文化、制度等环境方面的知识，减小文化差异和制度差异带来的风险。

表 8–2 不同进入模式的优势和劣势汇总

决策阶段	进入模式	优势	劣势
第一步	非股权模式	低成本 低风险 快速	控制权问题
	股权模式	所有权优势 内部化优势	成本和风险问题 速度慢
第二步	出口	实现区域经济和经验曲线经济效应	运输成本高 贸易壁垒 本地代理的问题

续表

决策阶段	进入模式	优势	劣势
第二步	许可	开发成本和风险低	难以实现区域经济和经验曲线经济效应 难以实现全球战略协作 难以控制技术
	特许	开发成本和风险低	难以实现全球战略协作 难以控制品质
	合资公司	获得本地合作方分担开发成本和风险 政治依赖	难以实现全球战略协作 难以实现区域经济和规模经济效应 难以控制技术
	全资子公司	技术保护 实现全球协作 实现区域经济和规模经济效应	高成本和高风险

资料来源：希尔，琼斯，周长辉．战略管理[M]．孙忠，译．北京：中国市场出版社，2007．有改动．

此外，虽然以上分别介绍了每一种进入模式的利弊，但是进入模式的选择是一个动态的过程，企业并不会局限于只选择单一的进入模式，随着时间的推移以及企业能力的变化，进入模式也会发生改变。

五、战略联盟

（一）战略联盟的定义和类型

当公司国际化规模增大时，战略联盟可以成为其在某一行业中竞争的有效手段，且同时能保持公司的独立性。

在制定国际化战略时，除进入时机和进入模式决策以外，是否建立全球战略联盟也是一项重要决策。战略联盟是一种涉及产品、技术或者服务的交换、共享或者联合开发的自愿协议。而全球战略联盟是不同国家间的事实上或潜在的竞争企业间的合作协议。战略联盟的形式多种多样，涉及从短期的合作营销、合作研发到长期的合资公司等多种形式。

具体来看，战略联盟也包括股权联盟和契约联盟（非股权联盟）两种形式，从长期的合资公司（两家或更多家企业各占股份）到短期的协议（同意就某个具体问题进行合作，如新产品开发）。如图 8-2 所示，股权联盟包括战略投资、交叉持股以及成立合资企业；非股权联盟则包括合作营销、研发合同、交钥匙工程、战略供应商 / 分销商、许可 / 特许经营。

（二）战略联盟的优势

在国际化战略中，战略联盟在市场进入、分散风险方面有不可比拟的优势。首先，战略联盟有助于降低进入壁垒，帮助企业进入国外市场。很多美国公司和欧洲公司倾向与亚洲

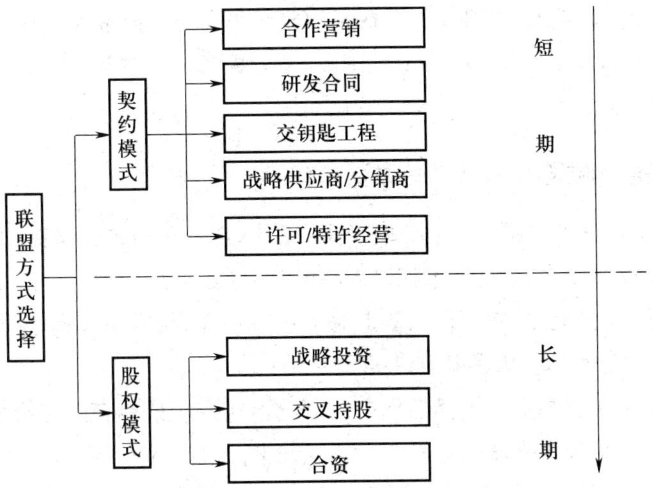

图 8-2 战略联盟类型和决策过程树状图

资料来源:彭维刚.全球企业战略[M].北京:人民邮电出版社,2006:235.有改动.

的公司联营以便进入中国、印度等极具潜力而又具有一定进入壁垒的亚洲市场。改革开放政策实施以后,世界上绝大多数汽车企业都同中国本土企业成立合资公司就是最好的例证。其次,企业通过与竞争者、供应商或者下游分销商建立战略联盟进入国外市场来减少因竞争对手、供应商和分销商威胁带来的压力。再次,战略联盟可以增加新产品开发的机会,联盟双方共同承担新产品开发成本和风险。最后,战略联盟有助于企业建立行业技术标准。

小链接

东芝公司对战略联盟和合资公司的运用

东芝公司是日本历史最悠久的公司之一。多年以来,东芝公司一直将技术许可协议、合资公司以及战略联盟称为公司战略的奠基石。利用这些合作伙伴关系来对公司的制造能力和产品革新能力进行有力的补充。

东芝的首席执行官 Fumio Sato 认为,对于一家志在全球的高科技电子公司来说,建立合资公司和组建战略联盟是公司战略的一个有益补充。

东芝公司拥有几十个战略联盟和合资公司,包括同摩托罗拉建立的合资公司以设计和生产动态随机存储芯片,同 IBM 建立的合资公司以制造平板液晶显示仪,同瑞典的爱立信公司建立联盟以开发移动通信设备等。

到目前为止,虽然在一些相关的项目上东芝可能同竞争对手存在潜在的冲突,但是东芝公司的所有这些合作伙伴关系都起到了良好的作用。东芝公司把这些归功于公司建立联盟的方式和途径:谨慎地选择合作伙伴,开诚布公地对待东芝公司与其他公司建立的联系,在初始合同中仔细地界定各个合作方的权利和义务(其中包括在联盟失败的情况下,谁得到什么),与各个合作方发展轻松的关系和良好的友谊。东芝的管理层认为,战略联盟和合资公司是一个有效的途径,有助于公司迅速地进入新的业务,同那些有能力的合作伙伴分摊一些雄心勃勃的项目所带来的成本，对日本以外的地理市场提高企业的准入程度。

资料来源：汤姆森，斯迪克兰德．战略管理[M].10版．段盛华，王智慧，译．北京：北京大学出版社，2000:209-210.有改动．

（三）战略联盟的缺陷和有效战略联盟

虽然战略联盟的优势明显，但是战略联盟中的机会主义问题还是受到诟病。战略联盟会给竞争者以低成本获得企业的技术和进入市场的机会。

鉴于战略联盟存在机会主义风险，因此必须仔细运作，否则将会得不偿失。为保证战略联盟的有效性，可以采用以下几种措施来规避风险：

首先，建立战略联盟要妥善选择合作方。好的合作方应该具有战略价值，能在降低市场进入壁垒、分担新产品合作开发成本等方面提供帮助。同时，好的合作方还应该认同联盟愿景，这样才能维持联盟的持续运行，不至于合作过程中分道扬镳。此外，好的合作方应该能够克服自身的机会主义行为，因此企业声誉对于合作方的选择具有重要参考价值。

其次，合理设计联盟结构以规避机会主义风险。具有以上特点的合作方虽然在一定程度上能够保证战略联盟的成功，但是仍需要对联盟结构进行设计以规避潜在风险。一般来说，企业可以在成立战略联盟时签订保护性条例来隔离企业的关键技术和技能，防止其泄露。此外，与隔离关键技术和技能相反，战略联盟双方也可以采用互换关键技术和技能的方法，双方都不能隐瞒关键技术，且都以对方的关键技术作为抵押，从而形成可靠的相互制约。

最后，合理管理联盟。要做到合理的管理联盟，企业必须能够合理管理联盟中存在的文化差异，建立联盟中不同企业间的经理的个人关系，以及学会从战略联盟伙伴处学习有益于企业的关键知识。

第三节　公司层国际化战略

本节主要讨论公司层战略。公司层战略是指公司如何通过配置和协调多种经营活动来创造价值。对于在多个市场经营的大型企业，公司层战略显得尤为重要。

一、公司层国际化战略选择

采用国际化战略的企业，尤其是在国外市场成立子公司的跨国公司主要面临两个方面的压力：一是降低成本压力；二是快速响应当地的压力。降低成本压力是所有公司具有的，而对于跨国公司而言，要在全球市场经营中降低成本则需要实行全球一体化。快速响应当地的压力是实现国际化战略的企业所特有的压力，这会促使企业采用本土化的模式。快速响应当地的压力主要体现在三个方面：一是消费者偏好，在全球市场中，消费者偏好会千差万别；二是分销渠道在全球市场中的多样化差异；三是响应东道国市场需求增加的压力。

虽然跨国公司需要同时应对上述两个压力，但遗憾的是，二者是一种此消彼长的关系。尽管快速响应当地的压力能够满足当地企业和政府的需求，但是也会显著增加全球经营的成本。同样地，通过全球一体化降低成本容易忽视快速响应当地。为了平衡跨国企业的成本与差异化压力，企业需要在四类战略间进行选择：国内复制战略、本地化战略、全球标准化战略和跨国化战略。不同的成本削减和本地客户响应压力决定了战略选择的适用性。图8-3依据迅速响应本土需求的压力和迅速整合全球需求的压力两个维度对这四种战略进行了分类。接下来分别对这四种公司层国际化战略进行介绍。

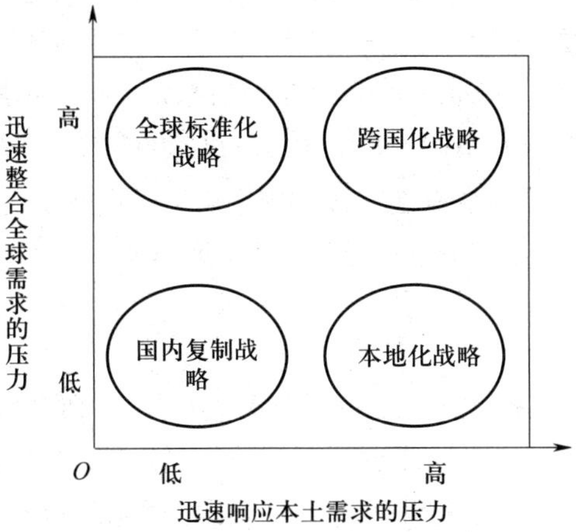

图8-3 公司层国际化战略维度和类型

(一) 全球标准化战略

全球标准化战略(Global Standardization Strategy)指企业将生产、研发等活动集中在少数几个地区，而向全世界市场推销标准化的产品和服务。采用全球标准化战略的企业通过标准化生产和营销实现规模经济、降低成本，同时保证能够充分利用在公司层面发展出来的或者在其他市场发展出来的创新。但是这些企业却不太重视对当地市场需求的响应，因为当地响应意味着破坏全球统一的标准化，打破规模经济效应，造成成本的上升。因此采用全球标准化战略可能的风险是对本地市场反应迟钝，从而忽视本地市场的发展机遇；由于需要总部集中管理和全球协调，导致管理难度也较大。

一般来说，采用全球标准化战略的企业多出现在面临极大的降低成本的压力，而当地客户响应和定制化的压力较小的行业中。例如，在一些工业产品行业中，已经制定全球性的标准，全球市场需求则是对标准产品的需求，因而不需要进行本土化生产。这种情况在半导体产业中尤其明显。例如，在智能手机处理器市场中的高通骁龙处理器则采用的是全球标准化战略。

此外，采用全球标准化战略的企业还需要具有全球资源共享和全球协调管理的能力。

(二) 本地化战略

本地化战略(Localization Strategy)指将企业决策权分散到各个国家，通过对不同国家的消费者定制产品和服务以更好地满足不同国家市场的消费偏好。本地化战略和全球标准化战略在应对成本压力和本土定制化压力大小方面刚好相反。采用本地化战略的企业关注各个国家市场的特殊需求，能够对各个市场需求做出准确反应，从而扩大各个市场份额。

不同国家市场在消费者需求、国家文化和制度等各个方面都有很大区别，对各个市场提供定制化的产品和服务能够显著增加产品和服务价值。但是这需要跨国企业在每个国外市场单独开辟业务，一方面降低了产品生产批量，从而限制了企业降低成本和实现规模经济的能力；另一方面是每个市场需要单独制定产品策略、销售策略等，增加了企业的不确定性。

本地化战略适合国家间差异大、成本压力较小的企业。但是企业需要努力提高市场效率，以降低无法实现规模经济而增加的成本。企业需要在提高各个市场定制化产品价值的同时，不断地扩大市场份额。此外，实行本地化战略需要采用一些方法在全球市场中尽量实现规模经济。以汽车市场为例，虽然不同区域市场喜好的车型不一样，如中国市场偏爱 SUV 而日本市场则喜欢省油的车，跨国车企必须对每个市场进行定制化的生产，目前大多数汽车厂商在利用各个市场中的公用汽车生产平台来实现规模经济。

（三）跨国化战略

与全球标准化战略和本地化战略这两种战略不一样，跨国化战略追求全球标准化的效率和本地市场响应速度的统一。例如，雀巢公司一直以来都执行的是本土化战略，各个国家市场经理拥有对本国市场的所有决策权，这使得雀巢公司在享受到本土化价值的同时，也受到全球协调、成本控制等问题的困扰。为扭转这种局面，雀巢公司在各个市场建立统一的标准化流程和统一的汇报系统，在不损害当地响应速度的前提下成功提高了全球协调管理的能力，成功过渡到跨国化战略，这一举措为雀巢每年节省了近 3 亿美元的成本。

要实现跨国化战略必须具备较高的全球协调能力和本地化弹性。本地化弹性是指在满足本地消费需求的定制化程度方面可以适当调节，这样就保证既能在一定程度上或某些成品特性上满足本地消费者需求，又能实现全球统一协调。实施跨国化战略需要“弹性协调”，即通过全球一体化的网络共同构建愿景并各自为自身愿景负责。但实际上，这种战略实施起来非常困难，响应本地客户和降低成本的压力构成了相互冲突的目标，如何最有效地实施跨国化战略是今天的大型全球化企业面临的最复杂的问题之一。

除同时追求全球效率和本地响应速度以外，跨国化战略还有另外一个重要特点，那就是全球学习与扩散的双向模式。在传统意义上，母公司是跨国企业创新和知识的发源地，创新和知识都是单向地从母公司流向子公司。随着全球化的发展，企业之间竞争开始慢慢转到创新能力上来，但是创新具有极大的不确定性，谁也不能保证母公司总能提供最佳的创新，同时许多子公司也获得了本地创新的优势。因此，创新扩散的单项模式不再能够满足企业全球竞争的需求。因此，跨国化战略的一个重要意义在于能够促进创新和学习扩散的多元方式，有利于企业快速掌握关于全球市场环境和企业内部能力的知识。

（四）国内复制战略

当企业不需要处理成本压力和本地响应的压力时，就可以实行国内复制战略。国内复制战略（Home Replication）指将基于本国市场建立的竞争力进行国际复制，比如将生产规模、品牌形象复制到其他国家市场。实行这一战略的企业倾向于将研发职能放在本国，然后将产品出口到他国市场，或者在国外市场建立制造和营销部门。由于不需要过多考虑成本压力和本地响应压力,这种国际化相对容易实施,且通常在最初进军国外市场时使用。

在制造业领域,国内复制战略通常等同于出口战略。而在服务业领域,这种战略通常表现为特许或许可经营。

国内复制战略关注本国市场产品在国外市场的复制,其存在的最大问题是忽视了对当地市场的响应。当企业扩大国外市场以获得更多的消费者时,这种战略很可能因为产品未考虑当地消费者的需求而受到冷落。

二、国际多元化战略

多元化战略在企业战略中占据很重要的位置,对实行国际化战略的企业同样具有重要作用。本小节集中探讨企业在国际化扩张中如何通过多元化实现战略目标。多元化是指引入一个或多个和企业现有经营业务完全不同的新业务。对跨国企业来说,要实现多元化可以采用两种方式:产品多元化和地域多元化。

(一) 产品多元化

产品多元化包括产品相关多元化和产品不相关多元化。产品相关多元化是指进入与现有市场和业务相关的新的产品市场和业务。这种多元化强调的是规模经济,企业通过增加产品的相关度来降低单位成本,从而获取收益。产品相关多元化的企业多关注自身的核心竞争力,进入相关产业和市场都可以提高核心竞争力。而产品不相关多元化是指进入与现有业务范围没有明显产品相关性的产业。采用产品不相关多元化的企业关注的是财务协同效应,即范围经济。

产品多元化战略要比产品单一战略带来更多收益,减少企业"将所有鸡蛋放在一个篮子里"的风险。但是,实现产品多元化要求企业具有很强的能力,因此实施国际化战略的企业在选择全球产品多元化方式时必须考虑企业能力。一般来说,产品相关多元化似乎是一种减少风险和提高协调能力的折中办法,更容易让人接受。

(二) 地域多元化

对于实施国际化战略的跨国企业来说,地域多元化意味着企业在更多的国家参与竞争。一般来说,跨国企业的地域多元化有两种类型:有限国际化和无限国际化。两者的主要区别在地域广度上,有限国际化指在地理或文化相近的地域的多元化经营,例如美国公司重点集中在北美自由贸易协议市场,而西班牙公司则集中关注拉丁美洲市场。无限国际化指企业扩张到地理和文化不相邻的国家。因为存在外来者劣势,跨国企业实行地域多元化需要有很强的竞争优势。地理和文化越不相近,外来者劣势也会越大。

(三) 产品多元化和地域多元化的结合

实施国际化战略,企业需要同时考虑到对两种多元化的选择,图 8-4 以产品范围和地域范围两个维度划分出了产品多元化与地域多元化的四种组合,并分别对应四种跨国企业类型:跨国复制企业、重点复制企业、广布式企业集团、传统式企业集团。跨国复制企业在多个广泛的地域中经营相关的产品,而重点复制企业则关注在有限地域内的产品相关多元化。

广布式企业集团在较大的地域范围内实施产品不相关多元化经营，而传统式企业集团在以母国为中心的较小地理范围内从事产品不相关多元化经营。

地域范围 \ 产品范围	相关	不相关
广泛	跨国复制企业	广布式企业集团
有限	重点复制企业	传统式企业集团

图 8-4　国际多元化维度和类型

资料来源：彭维刚．全球企业战略 [M]. 北京：人民邮电出版社，2006：235.

（四）国际多元化和企业绩效

1. 国际多元化和企业回报

通过国际多元化战略，企业在全球范围内不同国家所在地区和市场销售产品或提供劳务。企业国际多元化的程度常用企业所进入市场的数量及其重要性来衡量并用占总销售量的百分比来加以量化。

如上所述，国际多元化有许多潜在的优点，国际多元化应该对企业回报产生积极的影响。相关研究表明，企业回报会随着国际多元化程度的增大而增加。股票市场对国际多元化投资的反应特别敏感。在股价回报方面，那些凭借国际多元化战略进入不同国际市场的企业表现更好。国际多元化也会产生很多其他方面的积极影响，如地理位置优势、潜在的规模效应、经验积累、市场扩大和回报稳定，其中稳定的回报有利于降低企业的整体风险。这些回报不局限于大企业能够取得，那些小规模的新创企业同样也能够取得。相关研究表明，新创企业可以通过国际多元化来获取必要的技术进而能够取得更大的回报。

在国际多元化过程中，企业可以通过资源共享创造协同作用，日本的汽车制造公司正是基于国际多元化的此种优势而充分地发挥其竞争力的。另外，企业国际多元化的决策也会受到企业投资回报的影响。例如，企业在面临国内市场收入不理想的情况下可能选择进入国际市场以改善自身的盈利能力。此外，国际多元化程度高的企业能够更加灵活地进入国外劳动力市场，日本正是基于对国际市场机会的有效把握和对国际市场竞争的充分理解而顺利地进入美国市场的。因此，相比于纯粹的本土企业，具有高效率的业务运营能力和强竞争力的跨国公司更有可能为投资者们带来超额的回报，并为顾客带来优质的产品。

2. 国际多元化和企业创新

新技术的创新是战略竞争能力的核心。迈克尔·波特提出工业企业的创新能力决定一个国家的竞争力，并指出企业应通过不断创新来获取在国际市场上的竞争优势。最终可以预见的情形是:那些止步于创新的公司将被那些不断改良产品和提高运作能力的竞争对手超越。因此,企业不断更新竞争优势是保持竞争优势的唯一途径。

企业通过国际多元化进入更多、更大的市场从而创造更多基于创新的回报的机会,并降低研发投入产生的巨大风险,进而为企业创新提供动力。另外,国际多元化也将会是企业取得维持研发资源的一个必要手段。在现今这个技术加速衰老的时代中,依赖于资本密集型的新技术投资活动的运作变得相当困难。本土企业想要收回最初的投资需要相当长的时间。甚至随着时间的推进,技术可能在还没有收回初始投资之前就已经过时了。企业可以通过国际多元化提高获取超额创新回报的能力,但需要强调的是,这种回报要求企业必须在竞争对手超越自身通过创新取得的竞争力之前获取。此外,国际多元化的企业能够接触到更多新的工艺和流程,如果它们能够学会这些新产品和生产过程并将其融入自身的业务运作当中,就能够产生创新。

国际多元化、创新和企业回报之间相互影响。有良好业绩的企业能够取得充足的资源,这为企业国际多元化提供了必要的保障,同时又为研发提供了必要的动力和资源。良好的研究发展能力能够提高公司回报,进而能够为持续的国际多元化和进一步的研发投资提供更多的资源。

基于国际多元化对于公司回报和创新的诸多积极影响,有学者提出,产品多元化公司的回报也能从国际多元化中受益。国际多元化有利于开拓产品多元化公司产品线的市场潜力,但一个既是产品多元化又是国际多元化的公司的管理问题相当复杂。因此,良好的管理能力是国际多元化公司提高产品多元化业绩的前提。以国际知名电器公司 ABB 为例。ABB 兼具高度产品多元化和国际多元化,而其业绩表现依旧强势。有研究者认为 ABB 具有的有效实施跨国化战略的能力是使其获得战略竞争能力的关键。为有效管理产品多元化和国际多元化,ABB 通过将跨文化的团体和部门化的管理队伍结合起来,进而达到同时获得全球化整合和本土快速反应的能力。实践表明,具有多元文化的高层管理团队对国际市场及其特性通常有更深入的了解,进而能够协调公司内部人员并促进创新和提高业绩。

小链接

国际多元化企业竞争优势源泉

(1) 一家多元化的跨国公司可以将其在某项核心技术中的专长转移到其他业务经营中去,以实现竞争优势。

(2) 一家在核心技术中拥有专长,并拥有一组使用这种技术的业务单元的多元化跨国公司可以通过战略协作式的研发活动来获取竞争优势。

(3) 一家多元化跨国公司如果拥有可在全世界使用相同的分销商和零售商的业务,那么,它就能够:① 以相对较少的费用进入使用相同分销能力的新业务中,并且这些新业务能够产生销售方面的范围经济,进而作为与低程度多元化的对手竞争时获取成本优势的源泉。② 通过多元化进入某些新业务以进一步开发世界范围内的分销能力。③ 增强跨国公司与零售商讨价还价的力量,以保证某些新产品和新业务处于货架上富有吸引力的位置。

(4) 一家多元化跨国公司能够将其已有品牌在产品和地域上加以拓展,从而获取范围经济和营销方面的利益。例如,索尼不需像任天堂和世嘉一样花费很多的广告和促销支出来推出其电子游戏产品,因为索尼这一品牌已在世界的电器消费领域享有盛誉。

(5) 一家多元化跨国公司可以利用其在母国的财力和组织资源对仅在东道国经营的竞争者的市场地位发动攻击。

(6) 一家多元化跨国公司可以调动其他多元化经营业务中的财力资源对单一经营的跨国公司或国内公司发动攻击。

资料来源:汤姆森,斯迪克兰德.战略管理[M]. 10版.段盛华,王智慧,译.北京:北京大学出版社,2000: 209-210.

第四节　国际化战略风险

实行国际化战略的企业,需要面对与国内不同的制度、文化环境,因此也会面临各种各样的风险,包括政治风险、经济风险、跨文化风险和全球竞争风险。

国际化战略充满了风险,这往往促使企业在区域市场的经营更加多元化。企业在进入新的市场的时候难免会遇到一系列由规章制度所带来的风险。企业在使用国际化战略时不能忽视政治风险和经济风险。

一、政治风险

政治风险(Political Risk)是指企业所在国家因政治不稳定造成的风险。这类风险包括因政治不稳定、战争爆发、腐败等原因造成的企业风险。政治不稳定是政治风险的主要来源之一。一些国家政府规章制度存在极大的不确定性,政治架构不能保持稳定而且领导人更替没有固定的制度化和程序,极有可能发生内乱。在现今国际环境下,一些国家仍有可能出现内战,因此在投资决策前也要分析一国发生战争的可能性有多大,以避免损失。此外,国外政府腐败也是政治风险的主要来源之一。政府腐败极大地增加了企业经营的不确定性,虽然一些企业仍有可能利用政府腐败来获利,但从长远看,风险依然存在。因此在实施国际化战略时,企业必须针对目标市场进行政治风险分析,从而发现潜在的风险因素。

二、经济风险

经济风险(Economic Risk)是指国外市场中的经济因素会给企业实施国际化战略带来不利影响的风险。国外市场经济风险可以从以下几个方面进行分析:

首先,经济风险可能来源于政治因素。当一个国家缺少适当的知识产权保护时,企业可能丧失其知识产权带来的价值。因此,国家在知识产权保护上的制度影响外国投资企业的经济风险,进而影响企业的对外投资决策。此外,政府干预也是造成经济风险的重要因素,例如外国企业收购拥有重要自然资源或者拥有战略性知识产权的本土企业时,政府可能认为这给国家带来风险,而采取干预措施。近年来,中国企业大量收购澳大利亚的铁矿企业,这使得澳大利亚政府开始担心中国企业可能控制其国内的铁矿资源,从而设置了各种限制,甚至直接破坏收购协议。

其次,国家经济稳定性和国家信誉也会造成严重的经济风险。一国经济的稳定性主要通过一国财政和金融政策的有效性体现。例如是否在政策、法规上制定了严格的外汇管制和严格的转移定价管制政策,汇率和利率政策是否具有透明度和一贯性。如果一国金融政策具有不确定性,国际化企业极有可能受到金融政策变动的影响。此外,企业也可以根据所在国经济上的国际信誉判断其违约风险和延迟支付风险。

最后,随着国际化企业进入的国外市场越来越多,区域多元化的增加,货币币值波动将会是其遇到的主要经济风险。具有区域多元化的国际化企业会有多种货币在流通,一国汇率的变动会极大影响其盈利能力,并影响其全球竞争力。例如美元升值,则美国跨国公司的全球资产价值和在其他国家获得的收益会下降。

三、跨文化风险

经营国际化的企业需要将国内员工派遣到具有不同文化背景的地区和国家。这些外派人员将会面对各种因文化差异造成的问题。如果不能很好地处理这些文化差异问题,极有可能造成国际化企业在当地管理上的失败。因此,在进行国际化投资前,企业必须分析跨文化风险。一般来说,跨文化风险包括三个层次,分别是国家文化差异、企业文化差异以及职业文化差异。

国家文化差异会造成社会制度各方面的差异以及思维方式和理念上的差异,这种差异会造成不同国家管理上的冲突。企业文化差异体现的是企业之间在企业准则、价值观和信念方面的区别,也体现在商业惯例差异方面。职业文化差异是不同职业群体在准则、价值观和信念方面的差异。这三个层面的文化差异相互交织,企业文化差异是国家文化差异的反映,同时也体现了职业文化差异。

小链接

不同国家在沟通方式上的差异

(1) 美国人通常给人一种无礼、喜欢操纵别人和爱唠叨的印象,这种印象会影响沟通效果。

(2) 意大利人、德国人和法国人在进行批评之前,通常不会先说一些赞赏的话。而美国人通常会说其他一些内容。

(3) 以色列人习惯快节奏的会议,他们对于美国式的非正式的闲聊几乎没有耐心。

(4) 英国管理者经常抱怨美国管理者的喋喋不休。美国人在商务环境的不拘礼节、忽视等级和随意性让很多外国人感到震惊。

(5) 当美国人要求欧洲人戴上或穿上名牌产品时,欧洲人会感到他们像被儿童一样对待。

(6) 印度的管理者习惯彼此打断。所以,当美国人只是倾听而不提问求证或发问的话,印度人会认为他们没有集中注意力。

(7) 当与马来西亚或者日本管理者进行口头谈判时,一段时间的沉默是适宜的,但是,在与以色列人的谈判中,则不需要这种间歇。

(8) 不要问外国管理者类似"你周末干吗去了"这样的问题,他们会认为这样是无礼的。他们认为工作和私人生活应该完全分开。

资料来源:弗雷德·R. 戴维 . 战略管理——概念与案例 [M]. 徐飞,译 .13 版 . 北京:中国人民大学出版社 ,2012:317.

复习思考题

1. 本土经营和国际化经营在战略管理上的区别主要有哪些?
2. 什么是"外来者劣势"? 国际化企业所面临的"外来者劣势"主要有哪些?
3. 国际化企业两种投资时机选择分别是什么? 各有什么优劣?
4. 企业国际扩张有哪几种方式? 如何进行选择?
5. 企业国际化扩张有哪些风险?

在线测评

请扫描二维码,在线检验学习效果。

案例讨论

吉利的国际并购之路

20 年前,中国一家鲜为人知的摩托车公司吉利的技术人员开始着手制造汽车,他们将李书福钟爱的梅赛德斯 - 奔驰零件一件一件进行拆卸,但事后他们却无法把奔驰车重新组装起来。即便如此,他们也构思出了如何制造该公司的第一辆汽车。1996 年,一辆梅赛德斯的仿制品——吉利 1 号成功下线。如今,对奔驰的研究再次成为吉利的战略核心。李书福于 2018 年 2 月 24 日宣布,他已获得梅赛德斯母公司——戴姆勒 9.7% 的股份,价值约 90 亿美元,并成为这家德国汽车制造商的最大股东。此举使得总部位于杭州的浙江吉利控股集团朝着成为中国首家全球汽车制造商的目标又成功地迈进了一步。虽然中国制造的汽车比其他任何地方都多,但还没有一家中国企业成功地制造出足以在世界舞台上竞争的汽车。而吉利得益于其不断扩大的国际影响力和吸收外国技术的能力,正准备实现这一飞跃。瑞典沃尔沃汽车公司首席执行官哈坎·萨穆埃尔松表示:“三年前,没有人想到会是吉利。”但今天,可以预见吉利将会在全球汽车市场上拥有举足轻重的地位。从2001年起,李书福就一直在预测自己的成功。当时,他在接受中国国家电视台采访时宣称,“通用汽车和福特等美国汽车制造商肯定会倒闭”,而吉利和其他新进入者将崛起。在很长一段时间里,这都像是一个空洞的承诺,吉利在中国的销量一直不温不火,稳定在每年50万辆或更少。2006年年底特律车展上,吉利首次尝试在海外市场上推广自己,但却蒙羞。香港的汽车咨询师邓恩说,2010年吉利从福特汽车公司手中收购沃尔沃,开始为未来的成功奠定基础。2017年是一个里程碑,吉利汽车是该公司的主要国内产品线,其销量几乎翻了一番,达到125万辆,成为中国最畅销的本土品牌。该公司在香港上市的股票市值增长了两倍。通过新的收购和品牌推广,吉利的投资组合已经从卡车发展到超级跑车,中国汽车行业无人能及。近年来,吉利积极收购国外汽车品牌,包括马来西亚的宝腾、英国赛车传奇莲花和伦敦电动汽车公司。吉利正在朝着成为全球汽车制造商的目标迈进。

资料来源:Moss T, Boston W. China’s Geely Emerges as Competitive Global Car Maker [N]. The Wall Street Journal, March 5, 2018(52).

讨论题:

吉利为什么通过不断收购国外汽车品牌来实现其成为全球汽车制造商的目标?为什么不直接将其现有汽车品牌销往海外市场?

参 考 文 献

[1] 弗雷德·R. 戴维. 战略管理——概念与案例 [M]. 徐飞，译. 13 版. 北京：中国人民大学出版社，2012: 317.

[2] 康丽，张燕. 企业战略管理 [M]. 南京：东南大学出版社，2012.

[3] 彭维刚. 全球企业战略 [M]. 北京：人民邮电出版社，2006: 235.

[4] 汤姆森，斯迪克兰德. 战略管理 [M]. 段盛华，王智慧，译. 10 版. 北京：北京大学出版社，2000: 209-210.

[5] 希尔，琼斯，周长辉. 战略管理 [M]. 孙忠，译. 北京：中国市场出版社，2007.

[6] 徐飞，黄丹. 企业战略管理 [M]. 北京：北京大学出版社，2008.

[7] Dunning J H, Lundan S M. Multinational Enterprises and the Global Economy[M].2nd ed.UK: Edward Elgar, 2008: 82-83.

[8] Zaheer S, Mosakowski E. The Dynamics of the Liability of Foreignness: A Global Study of Survival in Financial Services[J]. Strategic Management Journal, 1997, 18(6): 439-463.

第九章 创新性战略思维

本章关键词

蓝海战略　商业模式　长尾理论　平台

开篇案例

长恨歌

《长恨歌》是唐代著名诗人白居易写作的一首长篇叙事诗:"汉皇重色思倾国,御宇多年求不得。杨家有女初长成,养在深闺人未识……回眸一笑百媚生,六宫粉黛无颜色……春寒赐浴华清池,温泉水滑洗凝脂……在天愿作比翼鸟,在地愿为连理枝。天长地久有时尽,此恨绵绵无绝期。"凡是对中国古代诗歌有所了解的,都会对这首诗耳熟能详。该诗华丽而平实,故事情节跌宕起伏,扣人心弦,将唐玄宗与杨贵妃凄美的爱情故事以诗意的方式呈现给读者。

这里所说的《长恨歌》虽然和《长恨歌》诗歌有密切的关联,但却不是指这首诗歌本身,此处所说的《长恨歌》是陕西旅游集团依据《长恨歌》一诗中的故事,在著名景区华清池打造并推出的大型实景演出剧。

《长恨歌》演出剧推出已有10年左右的时间了,每年4月至10月每晚均演出一场,其间遇上周末和节假日,还会在晚上再加演一场。自推出以来,门票价格虽说不低,但却场场火爆,演出经久不衰,受到热捧。

演出设在华清池旁、骊山脚下,并以其为实景背景。由于《长恨歌》诗歌中有关于华清池的诗句,这一演出在实景效果方面便具有了场景上的优势甚至垄断性。在演出中,通过高科技特技以及特效灯光、华丽的舞蹈、一气呵成的完整故事情节等,打造出了一个如梦如幻的演出氛围,使观众沉浸其中,就如同身临于1 000多年前的真实历史中。

资料来源:根据作者自身的体验以及百度百科《长恨歌》(大型历史歌舞剧)和多方资料与素材整理。

讨论题:

对于《长恨歌》演出来说,它应该算作什么样的产品或服务品类?《长恨歌》演出有无竞争者?如果有,是谁?

第一节 蓝 海 战 略

一、概念界定

蓝海战略，即是构思具有广阔前景的新市场，巧妙地避开原有市场与竞争者的直接碰撞，通过创造新的价值，满足新的市场需求，从而奠定企业成功的基础。

在传统的竞争视域中，企业采取低成本战略，是以成本(价格)作为其竞争的主要逻辑；而采取差异化战略，虽然是依靠某个或某些独特之处而与竞争者的产品或服务相区别，但各自吸引的只不过是大一统市场中的不同细分市场以及消费者，其本质仍是对同一类产品或服务所强调或展示点不同罢了。或者说，传统竞争视域中，企业之间围绕着同一类产品或服务展开激烈的竞争，有点"捉对"厮杀的味道，竞争的结果可以形象地比喻为"血流成河"，从这个角度来看，传统的竞争方式可以被视作红海战略。

因此，企业如果要避免陷入被动的红海，不再受限于竞争者的竞争，就需要跳离红海战略思维，通过恰到好处地构建自己的产品与服务，开拓出一片不同于传统竞争中的新的市场，从而进入蓝海战略。欧洲工商管理学院(INSEAD)钱·金和勒妮·莫博涅两位教授于2005年正式出版了《蓝海战略：超越产业竞争，开创全新市场》，标志着蓝海战略的提出。蓝海战略提出后，风靡于战略管理领域。10年后，钱·金和勒妮·莫博涅又推出了《蓝海战略：超越产业竞争，开创全新市场(扩展版)》一书，在该书中，两位作者对首版内容进行了小部分的增添与修改，从而意味着蓝海战略的概念、框架体系与方法的成熟。这里所介绍的蓝海战略主要是围绕钱·金和勒妮·莫博涅的开拓性工作而展开。

从蓝海战略的角度来看，仅仅简单瞄准竞争对手只会导致更加激烈的竞争，使企业处于红海战略之中。为了避免竞争激化、避开竞争，企业应致力于构建自己的市场发展空间，也就是说，企业不应强调是以成本领先还是差异化等来构思自己的发展空间，而是要创造全新的市场和客户，以适宜的成本、超乎想象的新颖产品、旗帜鲜明的服务为顾客提供竞争对手意想不到的新价值，创新性地另辟市场，从而避开了与原有市场上企业的直接拼杀，从"红海"进入"蓝海"，最终构建起有特色的发展之路。

二、蓝海战略与差异化战略的比较

秉承蓝海思维，意味着企业并不需要对标于某个竞争者，不以某个现有市场为其发展支撑。

在传统的通用战略类型(成本领先、差异化、集聚)中，蓝海战略区别于成本领先战略易于被理解，而集聚战略在本质上与差异化战略相一致。这里尤其需要强调的是，蓝海战略并不简单地等同于差异化战略，因为对于有些人来说，两者很容易混淆在一起。事实上，两者之间有着本质上的区别。企业通过开辟并执行蓝海战略而提供全新的产品，面对全新的客户，在产品概念与服务理念上完全跳出差异化在传统意义上进行产品创新的窠臼。

差异化之处虽然可以从除价格之外的多个方面（口味、质量、品牌、技术、售后服务等）进行强调，但不论如何强调，在差异化战略指导下的企业，可以相对容易地对其产品进行归类，它也有着明确的竞争者，而这一切的逻辑却完全异于蓝海战略。

例如，从教学、培训或演讲中使用的激光笔来看，依照差异化战略的逻辑，生产经营激光笔的企业无非是在提升产品品质、附加多项功能等方面来区别于竞争者的产品，但它的根本落脚点仍然是有明确的竞争者，它提供的产品也很容易进行归类，即仍然提供的是激光笔这一产品。企业采用差异化战略无非是以自己的独特之处与竞争者进行竞争，并没有脱离竞争，本质上仍属于传统的红海思维。

显然，企业如果按照差异化战略的思维进行竞争发展，是无法称之为蓝海战略的。从蓝海战略的角度来看，企业应跳出原有竞争的逻辑以及竞争激烈的市场，寻求属于自己新的市场空间，而这个市场空间或许只有自己一家企业在提供服务。

为了更好地理解蓝海战略，可以设问：开篇案例中的《长恨歌》实景演出剧属于什么产品？实际上，很难将它归类为某一种传统市场中的产品：它带有话剧的某些特点，但显然与话剧完全不同；它似乎与戏剧有所关联，但却与戏剧有着本质的区别；它由于演出的是一个完整的故事而带有影视产品的某些特征，但显然也不属于影视产品。事实上，它开创了一个全新的产品市场空间，似乎与话剧、影视剧等相竞争，但实际上它只与自己竞争，也就是说，它进入了一个属于自己的恰到好处的蓝海之中。

蓝海战略对企业的启示是：企业不仅在增长的市场中，为了避开竞争而需另寻发展空间，而且对处于衰退或萎缩市场中的企业而言，其启示有着特别的价值。处于衰退或萎缩的市场中，企业往往苦于行业的不景气所引致的需求不足，不得不在萎缩的市场中继续争夺自己的份额，与其在这样的市场中苦苦支撑，倒不如应用蓝海战略的思路，另辟一个属于自己的新的空间。

三、蓝海战略：一种企业“非主流”成长与成功思维

蓝海战略是相对于红海战略而言的。红海战略思维的典型代表便是迈克尔·波特提出的通用战略（成本领先战略、差异化战略、集聚战略），这些战略背后的逻辑是占据传统市场更大的份额，无论是通用战略的哪一种，其都是瞄准竞争者，通过与竞争者之间的直接竞争与碰撞，获取在市场上的有利位置，从而取得竞争优势，扩大市场份额。而蓝海战略并非是在传统市场上抢占既有市场份额或顾客，很难将通过蓝海战略所生成的产品或服务归为哪一种特定的产品或服务品类。如果将迈克尔·波特提出的通用战略视作传统、“主流”的战略模式，那么，蓝海战略则意味着另辟蹊径，通过特定的战略分析工具与框架，尝试进行价值创新，从而是一种相对“非主流”战略模式。因为在蓝海战略视野中，企业起始之处并非重在跟随或模仿“主流”，企业致力于在传统市场之外找寻一片属于自己的市场空间，它并不对标于某个竞争者。因此，它并不需要着重进行竞争者分析，蓝海战略视野下的企业的竞争者是其自己，它只与自己进行竞争。这里的“非主流”，并非是否定蓝海战略对企业发展的重要价值与重要意义，而是强调主流的通用战略有其局限之处，企业想要成功而采纳通用战略，则会落入“红海”之中。同样地，企业通过模仿或跟随某个“主流”企业及其战略思维，或许失败，

或许只让企业获得一个勉强说得过去的绩效。但是,我们身边许多成功的企业都不是通过完全模仿主流模式而走向成功的,成功的企业总有自己独到的视野、精妙的战略思维以及突破传统市场范围的勇气。而蓝海战略则提供了这样一种突破“主流”的思维创新。

四、蓝海分析方法与技术工具

蓝海战略是一种典型的“跨界式”或是一种“混搭式”战略创新思维。它或许会保留传统市场中的某些产品竞争元素,但通过创造性的整合,增添一些在传统竞争视域中往往被忽略或不受重视的产品竞争元素,对产品竞争元素进行重新的构建,从而使得产品或服务很难用一个现有的市场类型词进行定义,并让企业走入新的市场空间中。上述思路被钱·金和勒妮·莫博涅称为“四步动作框架”,即“剔除、减少、增加、创造”。为了形象与具体起见,在此可将之称作价值创新的四步骤组合法。根据金和莫博涅的观点,企业可以通过“剔除、减少、增加、创造”四步骤组合法,通过“剔除”“减少”两个步骤,提供了有效降低成本的途径,而通过“增加”“创造”两个步骤,则重在为顾客增加价值。如果非要将蓝海战略与传统红海战略相关联的话,那么,通过这四个步骤,可以很好地将低成本与差异化整合起来。在传统的红海战略思维中,低成本与差异化是完全不同且难以统合的两种通用战略,无论是经营策略还是企业发展定位均是两种完全不同的战略类型,是一种非此即彼式的关系。

价值创新的四步骤组合法(钱·金和勒妮·莫博涅称为“四步动作框架”):剔除、减少、增加、创造。

(资料来源:W. 钱·金,勒妮·莫博涅. 蓝海战略:超越产业竞争,开创全新市场[M]. 吉宓,译. 北京:商务印书馆,2005.)

借用蓝海战略的剔除、减少、增加、创造等分析技术与方法,图 9-1 比较了《长恨歌》与一般影视作品的构成元素。可以看出,《长恨歌》基本删减了邀请演艺明星加盟演出这一产品元素,减少了场地舒适性这一元素,宣传投入也并不巨大,价格、重复演出性(在每年春、夏、秋三个季节里循环演出)这两个元素得以增强,创造出了故事与场所浑然一体性、历史文化体验感这两个元素,从而较好地体现了蓝海战略的精髓,因此成功有其逻辑所在。

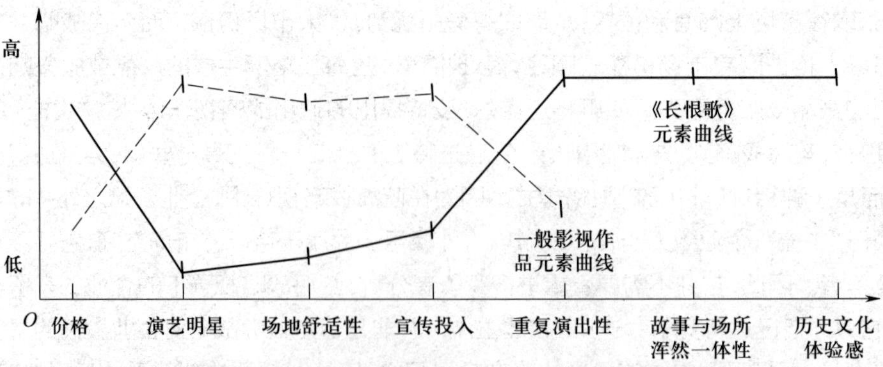

图 9-1 《长恨歌》实景演出剧与一般影视作品的构成元素比较示意图

五、蓝海思维与“3 法则”

除非在某些方面具有独占性与排他性，例如《长恨歌》实景演出的骊山与华清池只有一处，而长恨歌里的故事同骊山与华清池有着紧密的联系，否则，永远的蓝海很难存在，大多数蓝海在给企业带来意想不到的收获之时，也会被其他企业模仿与跟进，所谓的蓝海终将会变成红海。因此，蓝海战略与其说是永葆企业成功，不如说是给企业提供了战略创新的一个重要思路。尤其是在那些门槛并不高的领域与市场，成功的根本或许还是在于企业的核心竞争力与内部能力的强大，这种能力使得该企业能够在自己新创的市场空间里游刃有余地经营，而当其他企业想要模仿或跟随而进时，即使已进入表面上看起来不难进入的市场，想到会遇到的竞争阻击也会敬而远之。身处蓝海并非对企业发展一劳永逸，因此，企业尤其需要结合自身的核心竞争力与内部能力，进行恰到好处的转型，从而总能将竞争者甩到身后。

不与他者进行竞争，企业只与自己竞争，自己是自己的竞争对手，如果将这一点看作蓝海战略所强调之处，那么，这种蓝海思维并非是对新开拓的市场空间而言的，有的时候在成熟的行业中，也并非都是完全的一片红海，也存在蓝海思维指导下的企业经营类型。在该市场上仍然存在可观的规模不大的企业，它们的经营从整体思维上来看，不是为了对标于某个已处于红海的企业，而是对标于自己的细分市场，在这一细分市场上做强做专，或者说，它们本身是自己的竞争者。

杰格迪什·谢斯与拉金德拉·西索迪亚在《3 法则》一书中，将市场形象地比喻为是由坑以及坑上面的空间构成的，那么，大的通才型企业与小的专家型企业往往是位于坑上面的企业，而那些不大不小、缺乏特色的企业则往往被困在坑里面，经营不善，业绩较差，处于破产的边缘，如图 9-2 所示。更进一步，在坑上面的那些通才型企业往往只有 3 家，市场整体状况好一点时，第 3 家企业业绩较为良好，市场整体状况差一点时，第 3 家企业就有可能从坑上面被挤到坑里，也就是说，大的通才型企业是处于直接、激烈竞争的状态，完全可以被视作红海。而专家型企业则是那些深耕细作的小型企业，数量相对较多，它们可能处于不同的小的细分市场，它们相互之间并不见得会捉对厮杀，它们的竞争对手往往是它们自己，或者说，

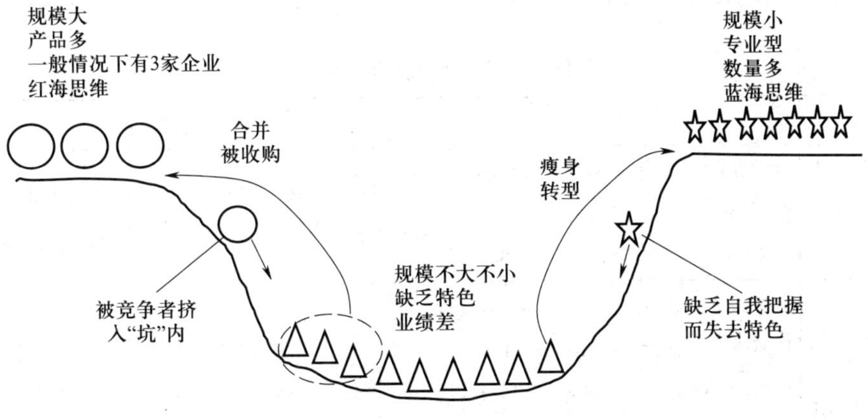

图 9-2　3 法则视角下行业的竞争生态示意图

资料来源：根据杰格迪什·谢斯与拉金德拉·西索迪亚在《3 法则》中阐释的思想与观点而绘制。

它们相对处于"蓝海"之中。这便是成熟行业中的企业竞争生态。坑里面的企业如果想要改变自己的糟糕状况,就得合并或被居于坑上面的企业收购等,或者,通过瘦身、转型变为专家型企业,从而站在坑上面。虽然看起来坑里面的企业都处于类似的状况,但它们的来源则不同,有和通才型企业进行竞争被挤到坑里的企业,也有缺乏自我把握、发展过快、失去特色从而掉入坑里的企业,前一类属于被动型的,后一类属于主动型的。

第二节 商 业 模 式

一、商业模式的定义

小专栏

商业模式研究极简史

"商业模式"这一术语于 1957 年就已出现在了学术类文献中(Bellman, Clark, Malcolm, Craft & Ricciardi. On the Construction of A Multi-stage, Multi-person Business Game[J]. Operations Research, 1957, 5(4): 469-503),但此后关于商业模式的专门研究并不多。直到 20 世纪 90 年代中期以后,随着互联网的快速发展,这一概念才开始引起学术界的关注。

商业模式的定义繁多,对于什么是商业模式,目前看法不一,相互之间缺乏承接性与融合性。表面上很简单的四个字组成的术语,在概念上仍然缺乏相互之间的对话性。佐特、阿密特以及梅沙(Zott, Amit & Massa. The Business Model: Recent Developments and Future Research[J]. Journal of Management, 2011, 37(4): 1019-1042)回顾了 103 篇关于商业模式的同行评议论文,发现 37% 的研究缺乏对商业模式的概念界定,只有 44% 给出了商业模式的明确定义,或通过列举商业模式的构成要素将其概念化,其余 19% 的论文则参考了其他学者在界定概念时的成果。

商业模式的定义繁多,表 9-1 给出了一些经典的关于商业模式的定义或者描述。

表 9-1 商业模式的定义或描述

作者	来源	定义或描述
阿密特、佐特(Amit & Zott)	Value Creation in E-business [J]. Strategic Management Journal, 2001, 22: 493-520.	"商业模式描绘了在所设计的交易的内容、结构与治理基础上通过探索商业机会以创造价值。"
佐特、阿密特、梅沙(Zott, Amit & Massa)	The Business Model: Recent Developments and Future Research[J]. Journal of Management, 2011, 37(4): 1019-1042.	"商业模式虽然围绕某个企业而被谈及,但是其边界却超越了该企业。""商业模式强调的是企业如何'开展业务'的系统性、整体性的途径。"

续表

作者	来源	定义或描述
梯斯(David J. Teece)	Business Models, Business Strategy and Innovation[J]. Long Range Planning, 2010, 43: 172-194.	"当一个企业建立时,其或明确或隐含地采用了一种特定的商业模式,该商业模式描绘了价值创造、(价值)传递以及企业所要使用的系统的设计与构建。商业模式的精义在于界定了企业向顾客传递价值、吸引顾客为该价值付费并将这些付费转变为企业的利润的方式。""本质上来看,商业模式仅是一种概念,而非是企业的财务模型。"
马格丽塔(Joan Magretta)	Why Business Models Matter[J]. Harvard Business Review, 2002, 80(5): 86-92.	"商业模式本质上是故事。在故事里解释企业如何运作的。一个好的商业模式需要回答彼得·德鲁克的老的经典问题:谁是顾客?顾客体现价值之处是什么?它还要回答每个经理人员必须问的基本性问题:我们如何在经营中赚钱?潜在的经济逻辑是什么,从而解释我们如何以适宜的成本给顾客传递价值。"她进一步指出:"一个好的商业模式开始于关注人类的动机而结束于丰厚的利润。"
三谷宏治著,马云雷、杜君林译	商业模式全史[M]. 南京:江苏凤凰文艺出版社,2016: 26.	"商业模式是为了拓展传统经营战略框架而产生的概念,它的目的是应对商业的多样化、复杂化、网络化。"
马浩	战略管理:商业模式创新[M]. 北京:北京大学出版社,2015: 23.	商业模式由价值主张与盈利机制两大要素构成
魏炜、朱武祥	发现商业模式[M]. 北京:机械工业出版社,2017: 10.	"商业模式本质上就是利益相关者的交易结构",在此基础上,他们进一步认为商业模式是由以下6部分构成的:定位、业务系统、关键资源能力、盈利模式、自由现金流结构、企业价值

从表9-1可以看出,商业模式很难通过一种定义或描述界定清楚。不过,在诸多的定义或描述中,大致可以看出,商业模式代表了一种系统,在这个系统中,包含了多种企业的利益相关者,如合作方、顾客、企业内部的组织系统以及其他虽无直接合作却通过不同方式与企业发生关联的各方;它虽然不直接、简单等同于企业的战略,但却与企业战略有着千丝万缕的联系;它可以被看成企业的商业逻辑或总体经营思路的反映,可以通过企业的某种"故事"加以描述;商业模式虽然可能与盈利模式相关联,但它本身不是盈利模式,因此,"价值主张"或"价值创造"是其主题词。

按照上述理解,可以认为,企业是一种多目标系统,涵盖了诸多直接或间接的相关者,在此基础上,企业要通过描绘自己的理念、使命、愿景等,来与企业的多目标系统相契合,从而回答自己能做什么、为谁做、如何做等问题。客户是企业重要的利益相关者,企业通过回答能做什么、为谁做、如何做等问题，展示自己的价值主张以及价值创造，从而满足客户的需求，而客户的需求满足的背后，其实是企业盈利目标的追求。上述整体上代表了企业所要讲述的“故事”（商业模式），值得注意的是，商业模式并不是以营利作为其出发点或起始点的。具体可以用图 9-3 加以表达。

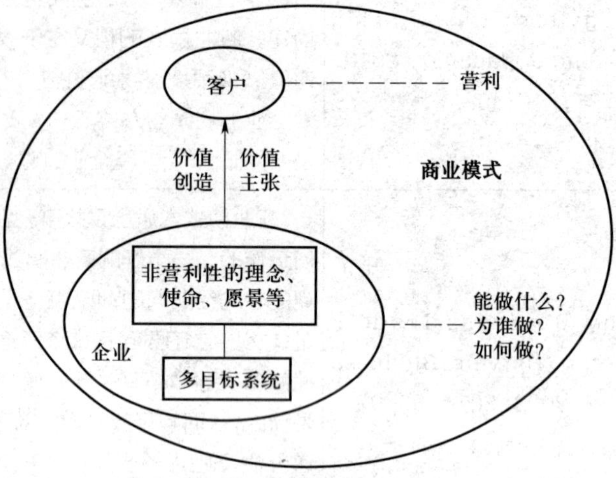

图 9-3　商业模式示意图

二、商业模式的形成、演化与创新

商业模式是如何形成的？不同的人对此的解答各不相同。事实上，不管企业有无意识，也不论其商业模式是否清晰可见，商业模式总是存在于企业及其互动性系统中的。我们可以想象，商业模式的形成是一个过程，但往往不是直线式简单的过程，它通常表现为一种动态的、复杂的、非线性的过程。究竟是什么决定了商业模式的形成，莫衷一是。但是，在商业模式形成过程中，企业会通过多种方式进行学习、试错，并结合多方面的反应以及效果，对已存的商业模式进行某种调整。可以认为，商业模式形成应该是构建、探索、学习、试错、调整，然后进行新一轮这个过程（见图 9-4）。

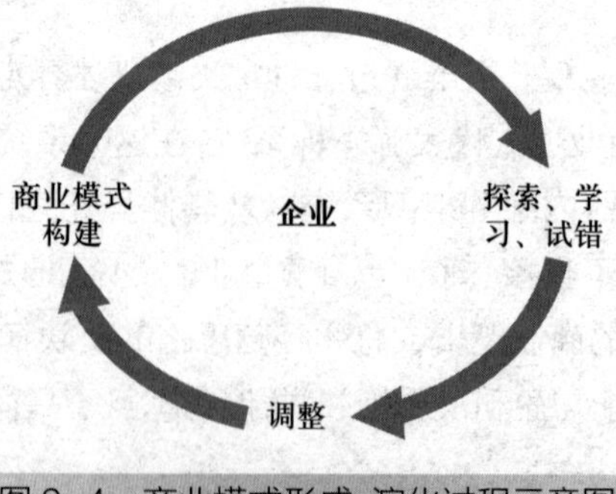

图 9-4　商业模式形成、演化过程示意图

可以看出，商业模式的形成并非一蹴而就，刚开始或许只有非常简单、初步的、笼统的、不太清晰的业务开展思路而搭建的商业模式，企业通过探索、学习、试错以及长期的调整，才

可形成适宜于自身所需的独特的商业模式。探讨商业模式的形成代表着一种连续性、动态性的视角，伴随着企业的成长过程而逐步连续性地推展。

与商业模式形成有一定关联与重叠的是商业模式的演化。如果将商业模式形成看作一个过程而非一个时点上的事件，那么，商业模式的演化便是商业模式形成过程中的动态状态，它代表了对企业商业模式部分内容与要素的互动过程，也体现了对部分内容与要素所进行的一定增减与调整。因此，商业模式演化更强调动态过程中的内容与要素的变化以及相互关联关系的变动。

商业模式形成与演化代表着一种动态性的调整与变化，而商业模式创新更强调的是对现有体系及其中的关联要素一定程度的或再造或修正，它强调的是对商业模式的扬弃而非过程演化、小修小补式的做法。商业模式创新是在宏观环境、特定产业环境、相关新技术等呈现较明显的变化时，企业在商业模式方面所应进行的适宜型变革。例如，在目前互联网大发展以及“互联网 +”环境的冲击下，企业运营亟待适应环境的变化，在这种情况下，企业需要融合新的要素、元素对既有商业模式进行或修正或再造式的创新，以符合环境对企业或明或隐的要求（见图 9-5）。

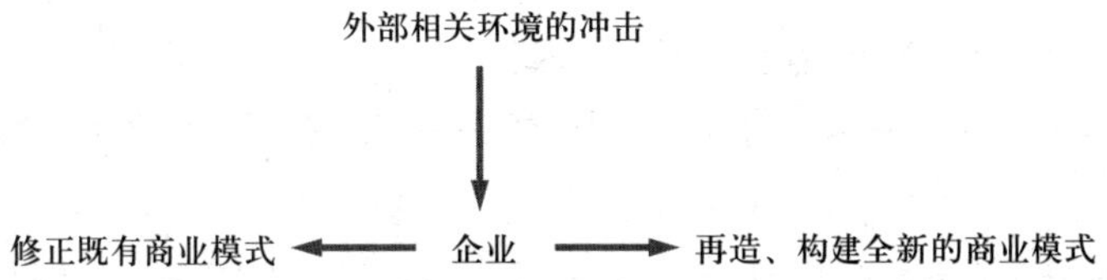

图 9-5　商业模式创新示意图

商业模式的形成、演化与创新，对不同类型的企业具有不同的意涵。根据上述，我们不难理解，由于新创企业尚处于业务起步阶段，业务与市场并未固化，企业资源有限，因此，新创企业更多地涉及商业模式的形成与演化；对于成熟企业而言，其业务与市场基本固化，各类相关者交织重叠在一起，因此，成熟企业则更多地会考虑商业模式的演化与创新。

三、商业模式的设计

商业模式的设计不仅有助于我们如何理解商业模式，更强调了应该关注商业模式的哪些内容、要素、体系等。尽管对于商业模式的理解，不同的人有自己各不相同的认识，但是，商业模式研究中最具影响力与代表性的是阿密特和佐特。他们长期以来对商业模式的认识、解读与理解虽然不断在更新与升级，但研究的主线并未有明显的变动，那就是他们认为商业模式本身是价值创造的体系。是价值创造而非其他构成了他们对商业模式分析与研究的基本逻辑。基于这样一种认识，这里可以将阿密特和佐特的研究称为商业模式“价值创造”流派。由于他们的研究具有代表性，更由于他们对商业模式设计清晰的概念界定与框架构建，下面着重对他们的主要工作进行介绍，以期了解商业模式，尤其是商业模式设计的大致思路。

阿密特和佐特于 2001 年在顶级学术刊物《战略管理期刊》（*Strategic Management Journal*）上，发表了他们经典的、具有开拓性的关于商业模式的研究论文，该论文的题目是

《电子商业中的价值创造》(Value Creation in E-business)。在该项研究中，他们选取了59家美国与欧洲公开上市的以电子途径开展其主要业务与商业活动的公司作为研究样本，通过深入系统的质性分析，发现这些企业通过不同的方式在进行价值创造。这里所谓的价值创造，在他们看来，是商业模式体系中各方的总体价值创造，包括了参与在商业模式体系中的各类相关方的价值创造，而非仅仅是针对企业自身而言的价值创造。

他们在该项研究中，认为许多人都将商业模式与盈利模式(Revenue Model)混为一谈。商业模式只是商业模式，只关乎价值创造(关于他们对于商业模式的定义，请参看表9-1)，他们认为盈利模式是指通过商业模式的实施与展开从而形成收益的模式。由此可以看出，商业模式是盈利模式的前提，没有商业模式，就无从谈及盈利模式，而盈利模式则是商业模式设计并展开后的结果之一。

阿密特和佐特(2001)在该项研究中认为，驱动价值创造的有四个源泉：新颖性、效率、锁定、互补性。但是，在后续的合作研究中(Zott & Amit, 2010)，佐特和阿密特将这四个价值创造的来源称为商业模式的四个"设计主题"(Design Themes)。与此同时，将其2001年对于商业模式定义中的"内容""结构""治理"称为商业模式的"设计要素"(Design Elements)。在2010年的该项研究中，他们对于四个设计主题，分别给出了明确的定义：新颖性即"采用创新性的内容、结构或治理"，效率即"重新组织各类活动以降低交易成本"，锁定即"将各要素建构进来以维续商业模式利益相关者，如客户"，互补性即"归拢相关活动以产生更多价值"。

商业模式设计主题：新颖性、效率、锁定、互补性。

商业模式设计要素：内容、结构、治理。

(资料来源：Zott & Amit. Business Model Design: An Activity System Perspective[J]. Long Range Planning, 2010, 43: 216-226.)

例如，淘宝在与易贝的竞争中，创新性地起用支付宝的担保交易模式，避免了交易风险，提高了交易的信用，从而使得自己具有较好的创新性(设计主题中的"新颖性"主题)，此外，加之淘宝网上购物的便利性以及较低的价格，也具有了一定的"效率"主题，从而起到了吸引更广泛消费者的使用，也实现了对客户的"锁定"主题。再例如，中国的电子商务公司通过网购省去了诸多中间交易流通环节，网购产品在保持低价的同时，只需多支付非常小部分的运费即可快速送达消费者手里，这种商业模式形态本质上均具备了四个设计主题中的"效率"主题。再比如，有的公司在线下开店，消费者可以现场体验与感受购物环境与产品，但产品可能价格相对不低，虽对产品本身感兴趣，但却回过头在网络上搜索，或许会发现同样产品但只需支付较低的价格，从而形成了网上的购买行为，这就呈现出了一种"互动性"，线下带动线上(只线上或只线下都难轻易成功)。再例如，共享单车之所以受人欢迎，也在于其商业模式中具备的互补性：它可以为出行者提供便利的交通工具，解决出行中的"第一千米""最后一千米"的问题。

在2010年该项研究中，佐特和阿密特还对于上述三个设计要素进行了概念描述：内容是指"什么样的活动应该被开展"，结构是指"它们(活动)如何被关联与安排在一起"，治理是指“谁应该实施它们（活动），以及在哪里（实施它们）”。

阿密特和佐特两人长期合作的研究代表了商业模式研究的主流思路，他们以价值创造为基本逻辑与出发点，清晰地给出了商业模式设计应该参照的“要素”与“主题”，从而对商业模式这个本身存在诸多不同认识且相互承接性较低的概念提供了清晰的设计框架与内容（见表 9-2 和图 9-6）。

表 9-2　创造价值的四个驱动因素 / 四个设计主题的内涵

新颖性	效率	锁定	互补性
新交易结构 新交易内容 新参与者 ……	搜索成本 选择范围 对称性信息 简单 速度 规模经济 ……	转换成本（忠诚、信任、定制化等） 正面的网络外部性 ……	在客户的产品与服务之间 在线上与线下资产之间 在技术之间 在活动之间 ……

资料来源：根据 Amit & Zott（2001）商业模式价值创造经典理论框架而绘制。

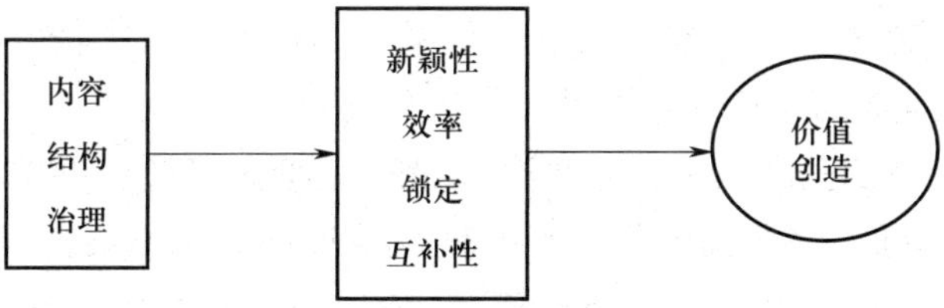

图 9-6　商业模式设计基本思路

资料来源：结合 Amit & Zott（2001）商业模式价值创造经典理论框架以及 Zott & Amit（2010）文中的思想绘制而成。

四、商业模式的作用

从实践来看，近年来有许多新创企业通过新颖、高效的商业模式摆脱高死亡率现象，实现了快速发展。这些企业中既有互联网企业，如腾讯根据外部环境适时地进行商业模式调整，使其从一个小型创业公司成长为现今的行业巨头，又比如滴滴打车，通过信息整合平台达到资源的高效利用，实现快速发展；也有以手机起家的小米，依托互联网实现高效的用户反馈，并以此为基础实现产品的快速迭代，创造了在成立短短三年中销售额即突破 300 亿元的傲人成绩。从理论上看，企业在复杂变动的环境中，其创立、成长以及成功都依赖于新颖的商业模式的形成，商业模式代表了企业经营、管理以及与各方互动以创造价值的重要管理工具，能够保障和扩展企业的竞争优势。

商业模式的研究兴起于网络经济时代，一提到商业模式，我们就会自然而然地联想到网络的兴起和信息技术的发展。事实上，商业模式自企业诞生之日起就存在于企业之中。三谷宏治在其《商业模式全史》一书中指出，商业模式在被用来解释网络经济的企业相关现象之前虽未被广泛使用，但却已经存在。主要是因为在网络经济以前，企业组织运作模式相对单一，因此不需要特别强调"商业模式"概念。互联网和信息技术等的发展，极大改变了产品或服务的形式以及企业与外部环境的沟通方式，相应改变了商业行为的成本结构、交易方式、营销方式等要素，使得企业从运营到与外部利益相关者的联系等多个层面都有了极大的自由空间，同时也增加了模式运行、创新、重构、调整等的难度。企业必须对不同层面的诸多因素进行分拣、组合，不断加以调整，以应对网络经济时代环境的快速变化，商业模式的概念自此由过去的隐含在企业中变为显现在实践者与研究者的眼前。因此，直到 20 世纪 90 年代中后期，随着互联网的快速发展，商业模式这一术语及概念才开始引发学术界的关注。当互联网与信息技术将更广泛的人群通过网络及其平台连接到一起时，就为新的商业机会的发掘以及创新提供了广阔的空间，商业模式及其创新成为对从企业创立到成长与成功均发挥重要作用的管理工具。

商业模式形成对于企业成长的意义毋庸置疑，或者说，企业的创立、成长直至成功，乃是其不断构建符合自身特征的商业模式的过程，在当前环境特征下，任何深刻的理解均需建立在两者之间的有机联系基础上，即在商业模式形成中理解企业创立与成长、在企业创立与成长中解读商业模式形成。对于企业的发展，从商业模式角度更能得到一个全方位的综合性理解。

通过思考并构建商业模式，企业可以回答其自身的发展逻辑，理清其主要的利益相关者，清楚界定自身的资源以及可以调动的资源，明白创造什么样的价值、提供什么样的价值主张，理解商业模式系统中的静态与动态元素，构建从商业模式中获得竞争优势的逻辑链条，探求企业与外部环境互动中为我所用的价值元素。

在当前复杂快变的商业环境中，企业必须以开放的心态、开放的模式去面对这种外部环境特征，也就是说，企业应该日益朝着一个开放性系统的方向去发展。构建企业开放性系统离不开商业模式的构建。因为良性的商业模式是在与各方关联中、各种交易中、各类资源中寻求其构建的逻辑，或者说，商业模式事实上是致力于构建企业自身的"微生态系统"，因此，以商业模式的开放性"微生态系统"来引领企业的发展，不仅符合当前环境的要求，更体现了商业模式本身的价值与作用。

企业的商业模式不仅仅关注企业本身，并非只从企业本身来理解企业的发展，商业模式考虑的是纳入企业商业系统中的各个要素与多种活动。在商业模式的概念中，较少关注"竞争"一词，而竞争是战略关心的主旨，因此，与战略不同的是，商业模式并非解决的是企业的竞争问题，商业模式回答的是一个更宽泛的问题：如何开展企业的各项业务？基于这一逻辑，我们可以理解的是，每一种商业模式本质上是对特定企业而别样构建的，带有一定的新颖性与独特性，从而是企业竞争优势来源的系统框架性基础。

第三节　长 尾 理 论

一、长尾现象与长尾理论

我们现在生活在一个互联网时代，互联、互通是我们所生活的环境中的重要特征。有些产品可以数字化与电子化，还有很多产品通过互联网手段很容易搜索到并得以获取。大的互联网公司充斥在我们生活与工作的诸多方面。互联网可以承载大众的“主流”消费需求，但也给了“非主流”消费需求的成长空间，后者的成长空间可能远远超乎我们的想象。这即是“长尾理论”的产生背景。

长尾理论是克里斯·安德森首先提出并发展的。根据克里斯·安德森在其著作《长尾理论》里的介绍，长尾理论的创意源自数字经济里的音乐曲目有多少能够至少每季度被点播一次。答案既不是 20% 也不是 50%，而是令人吃惊的 98%。也就是说，最经常被点播的曲目算是“大热门”的产品，被大众频繁消费是正常之事，但是，排名非常靠后(甚至第 1 万名、第 10 万名以后)的曲目也有人下载点播，尽管这些曲目每首点播的人次数量相对于“大热门”非常有限。克里斯·安德森初步将这种现象定义为“98% 法则”，他后来又通过一个在线音乐公司得到了数据上的进一步支持，并将这种现象形象地称为“长尾理论”。

长尾理论可以用图 9-7 来示意。在图 9-7 中的曲线右尾部，是一条长长的趋近于零的尾巴。在传统的经营视野中，这个尾巴不足为道，因为它的数量(需求量 / 销售量)太少了。在曲线的左部，是需求量或消费量极大的若干“热门”产品，相对于这些数量有限的“热门”，曲线右部急速下滑，在传统的视界里，右边尾部往往被忽略不见。但是，如果用放大镜来将右边尾部加以放大，就会发现这个尾巴虽然趋近于零，但却不等于零，也即总是有需求的。如果把这个代表着“非主流”“非热门”产品的尾部进行总体汇总，会发现需求 / 消费总数也相当可观。事实上，当存储、生产非热门产品(如那些“非主流”音乐曲目)的边际成本几乎为零时，曲线右边的尾部存在一个“大空间”，应该引起足够的重视。尾部越长，这种现象就越明显。以上即是克里斯·安德森的“长尾理论”。

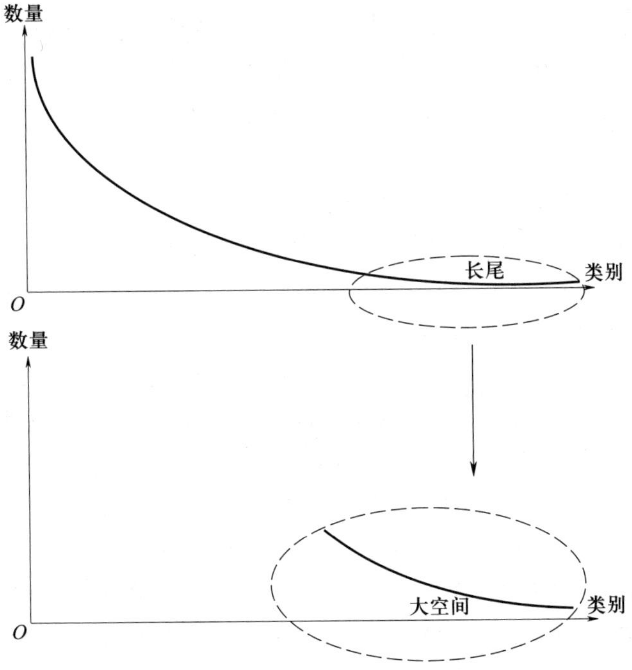

图 9-7　长尾分布示意图

资料来源：根据克里斯·安德森《长尾理论》中的观点与思想绘制。

可以将克里斯·安德森于在线音乐公司的案例中描绘的主流、热门乐曲以及非热门乐曲绘制成表格，参见表 9-3。表 9-3 中的灰色阴影部分意味着长尾部分，这条长尾可以拖得很长。限于篇幅原因，只在表中显示部分的长尾数据。① 想想看，如果将长尾对应的下载总量累加，会是什么？总体上应该是一个不可思议的非常大的量！这不再属于可有可无的部分，而是一个必须加以重视的“大空间”（见图 9-7）。事实上，由于乐曲仅仅是数字化与电子化的产品，每往乐曲库里增加一首新的乐曲，是很容易完成的，其边际成本几近于零。这些特点正是长尾理论的核心所在。

表 9-3　长尾现象表

乐曲下载排行	第 1 名	第 2 名	第 3 名	第 4 名	……	第 10 名	第 11 名	……	第 20 名
下载次数	1 000 000	800 000	650 000	500 000		100 000	85 000		50 000
乐曲下载排行	……	第 30 名	……	第 1 万名	……	第 5 万名	……	第 10 万名	……
下载次数	……	10 000	……	2 000	……	1 000	……	500	……

资料来源：根据克里斯·安德森《长尾理论》中的举例及观点而绘制。

二、关注并覆盖小众市场

一方面，当你需要消费一些特别的商品（如超大码的鞋、超大码的服装）时，你会不会为此而苦恼？为通常找不到购买该商品的合适的商店而苦恼，为不知道哪里会生产这类产品而烦忧。但另一方面，生产商或许也为此而担忧：仅仅是为满足顾客的某些特定需求就开工生产？自己所能覆盖的市场是否可以保证企业的生产经营无忧？为了生存与发展，所生产的产品应尽可能广泛地抵达消费者的面前，但如何才能这样？消费者在哪里？

现在，你会发现有些不同的现象展示在我们面前：当你想在淘宝、京东等上面购物时，你会发现这些网购平台上的货物品类之齐全匪夷所思，你几乎在上面能够搜索到你想要购买的任何货物，这些网购平台涵盖的产品种类超乎你的想象。

事实上，在大多数时候，你不必为找不到合适的商品而心忧，更不必需要为买到某个商品而付出漫长的等待期，因为只要有购买，快递公司很快会将你所购商品送达你的手里。这个购物过程可谓无缝衔接，一气呵成。当以互联网技术为支撑，购物以及货物快递业务会将你的购物视野拉得很远，企业会将尽可能多的顾客纳入自己的系统。这里所谓的尽可能多，不仅仅是更多数量、更大规模的顾客，更是意指地理位置上的更广泛的顾客。

传统的模式中，一个企业瞄准了某个利基市场，但由于技术所限，它所覆盖的顾客范围非常有限，有限到对于某些行业来说并不足以支撑企业去经营这个所谓的利基市场。当技术允许企业将其市场范围有效、更广泛地扩展时，大多数利基市场规模都可以支撑至少一家企业来开发这个市场，满足这个市场上的需求。这些不同的利基市场就类似于长尾理论里

① 表 9-3 中的数字仅仅是为了说明长尾特征而给出的模拟性数字，而并非真实存在的数据。

的“长尾”。“长尾”不仅仅存在于克里斯·安德森所主要关注的数字产品市场，它有可能广泛地存在于非数字产品市场中。

可以说，在现有的技术环境之下，“长尾”随处可见。《长尾理论》一书中强调小众市场会有大空间与重要的价值意义，如果把“长尾”切割为不同的部分，每部分都足以称为小众市场，这些市场足够一些小众企业游刃有余地去经营。也就是说，长尾不仅重要，而且是诸多专业小公司、小众企业容身之处。图 9-8 展示了传统技术条件下企业所能有效覆盖的市场范围（即使是利基市场也相对较小），而在互联网时代，互联网平台效应就可以将消费者聚拢在企业的周围，这足以支撑起一个利基市场。

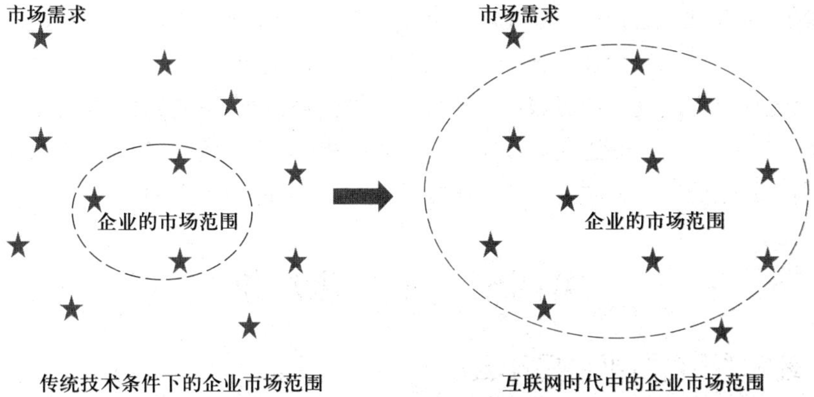

图 9-8 从传统思维到“长尾”思维

三、长尾理论的启示

（一）市场由大众市场与众多利基市场构成

长尾理论号召关注曲线右边的尾部，这个长长的尾部隐含了诸多利基市场，尤其是在互联网环境下。

长尾理论虽然号召关注利基市场，但是，长尾理论并非号召忽略曲线的左半部（大众市场）。事实上，一个完整的市场是由大众市场与诸多利基市场共同构成的，大众市场提供的是“主流”“热门”产品，而诸多利基市场往往满足的是特殊的或定制化的、“非主流”产品与服务。在许多企业看来，应该瞄准大众市场的“主流”产品去经营，但实际上由于这种市场的竞争激烈性，并不一定保证成功，而瞄准小众市场的“非主流”产品去发展，也可以做得有声有色。不同类型的企业应根据自身的特征去选择自己的成长之路。

（二）长尾理论并非只能适用于数字化或电子化的产品或行业

克里斯·安德森提出长尾理论时，虽然侧重于数字化或电子化的产品或行业，例如在线音乐等，存储、生产其中的非热门音乐（如那些“非主流”音乐曲目）的边际成本几乎为零，从而通过关注长尾而为企业带来可观的市场与利润。但是，上文已经指出，在现在互联网大发展以及网购平台深入生活的方方面面的情况下，长尾理论并非只有针对数字化或电子化的产品或服务才有其价值。事实上，当我们把整个曲线理解为由整个市场上不同种类的产品或服务所构成时，曲线右边的长尾便是由不同的“非主流”产品所组成。当互联网与网购平台将远距离、更广泛的客户都聚拢起来时，一个种类的“非主流”产品或服务数量即有可能支撑至少一个小众企业的生存与经营，此时，意味着长尾理论的思想可以较好地拓展至其他产品或行业，并为企业的生存、成长与发展提供启示与指导。

（三）长尾理论与“3 法则”之间存在逻辑上的相通性

前文中提到了“3 法则”，即在一个成熟的行业里，存在着 3 家左右大的通才型企业以及若干家小的专家型企业，而位于这两类企业之间的企业是那些经营不善、业绩较差、濒临倒闭的企业。要成为专家型企业，就要做到有特色，走自己与自己竞争的道路，也即蓝海思维。面对长尾理论所强调的利基市场或小众市场，企业需要提供有特色、类似于定制化的产品或服务，成为专家型企业，从而进入蓝海空间，有效地占领或覆盖属于自己的市场，这一点不仅对成长行业中的企业有启示作用，而且对成熟行业中的企业有指导价值。

第四节　平台化思维

一、理解“平台”：平台是什么？

根据中国电子商务研究中心发布的报告[①]，“2016 年中国‘共享经济’市场规模达 39 450 亿元，增长率为 76.4%”，“2016 年我国分享经济的提供服务者人数约为 6 000 万人，比上年增加 1 000 万人；分享经济平台的就业人数约 585 万人，比上年增加 85 万人”。共享经济开始蓬勃发展。“共享”一词对社会大众不再陌生，成为了受关注度高的词语，社会上出现了共享单车、共享房屋、共享交通、共享金融、共享物流、共享餐饮、共享工厂、共享医院、共享充电宝、共享雨伞、共享马扎、共享睡眠等各式各样的“共享”模式。

“共享”一词古已有之，为何近几年来“共享经济”成为风口而受到热捧？

事实上，互联网领域与技术大发展，触发了人们以更广泛、更新颖的方式展开共享的活动，共享的方式与领域不断创新，大有令人眼花缭乱之感。可以说，当下共享经济的大发展离不开互联网技术性支撑。

共享的方式总是以某种互联网形式构成的平台为依托，尽管平台的出现与存在并不一定以共享为其目标。目前我们在谈及平台时，虽然不见得进行强调，但往往隐含之语便是互联网的平台。平台并非传统技术手段下构建之物，它既是互联网领域大发展的产物，反过来也促发了互联网技术的价值实现。

我们可以设问：滴滴拥有属于自己的车辆吗？淘宝拥有属于自己的店铺吗？爱彼迎（Airbnb）拥有属于自己的酒店或房屋吗？答案应该是“否”。它们事实上只拥有并提供属于自己的互联网平台，而自身并非是平台上的交易者与所有者。共享单车是近年来受关注

---

① 中国电子商务研究中心 . 2016 年度中国“共享经济”发展报告 [EB/OL]. 2017-05-09.

度非常高的一种共享模式，与优步、滴滴、爱彼迎不同的是，共享单车是由共享单车企业提供的，既提供平台，也提供共享的物品或服务，因此，与前几者相比，共享单车是具有更多商业化属性的共享形态。

那么，平台究竟是什么？平台可以发挥哪些独特的效应？

平台事实上是一种利用互联网技术搭建的构架，发挥类似于传统模式中的中介公司的作用，即通过搭建一种交易双方可以依托的构架，便利交易双方的信息整合、促成交易匹对。传统中介与平台类似之处还在于，为了交易的开展，要保证买卖双方都难以绕过中介或平台而自行互动与交易。

当然，平台和中介还是有不同之处的，传统中介不能做到信息全透明，在交易达成之前，是不能让交易双方直接碰面或沟通的，因此，信息不对称性是传统中介所追求的，但是，平台能够尽量地保证其上面的服务透明化、信息完整性。平台化的最终目的便是改变传统交易模式中的链条式结构，通过减少交易环节、重构交易模式、提高交易效率来节约交易费用，从而实现多赢的局面（见图 9-9）。要想实现平台化，其思路便是陈威如、王诗一在《平台转型》一书中所说的，平台化的目标就是“去中间化”即“供需匹配更加高效”，“去中心化”即借用信息与互联网技术“帮助人们更快实现连接”，以及“去边界化”即“产业边界冰消瓦解”。例如，海尔目前的转型，便就是依据上述原则，将一家集团式大企业正在整体上转变为一家平台化创业公司。[①]

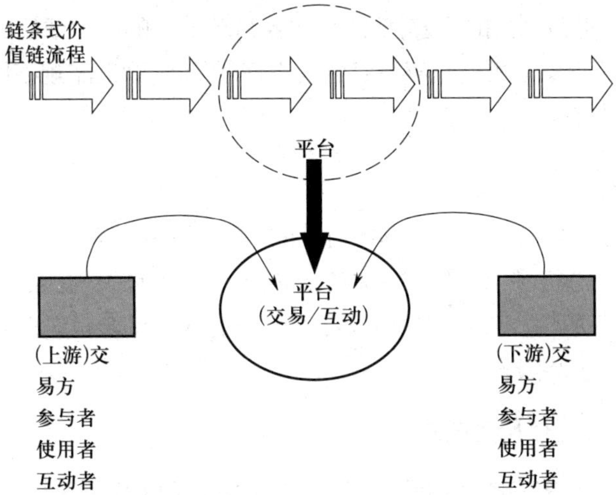

图 9-9 链条式价值链流程与平台化示意图

二、平台：商业模式的角度

平台本身便是商业模式创新的一种类型，平台致力于构建一个多方共同参与的生态系统或生态圈，这与商业模式的思路有相通之处。正如前文对商业模式设计经典文献的总结，佐特和阿密特认为，商业模式设计应关注三个设计要素（内容、结构与治理）以及四个设计主题

① 胡泳，郝亚洲. 知识论导言：张瑞敏的实践智慧 [M]. 北京：机械工业出版社，2015.

(新颖性、效率、锁定、互补性)。搭建并经营一个平台,也需要对照这些要素与主题进行考量。

根据佐特和阿密特的观点,从以平台作为一种商业模式的角度来看,在平台构建与经营之时,需要不断地设问:“什么样的活动应该被开展?”——内容;“它们(活动)如何被关联与安排在一起?”——结构;“谁应该实施它们(活动),以及在哪里(实施它们)?”——治理。事实上,这些设问可被归纳为 4W1H 类问题:针对平台上的活动,需要思考“什么”(What)、“应该”(Why)、“谁”(Who)、“哪里”(Where)、“如何”(How)。通过这些问题并结合上述三个设问(内容、结构与治理),应该一一思考如何针对上述设计元素来体现四个设计主题(新颖性、效率、锁定、互补性),从而使得平台的构建与运作做到有效果、有针对性、有可持续性。

上述商业模式设计的构建,可为平台搭建与经营厘清主体思路,并协助平台构筑合适的生态系统或生态圈,从而为平台上的互动生态提供指导。

三、平台经营与管理策略

陈威如、余卓轩的《平台战略》是研究平台的有影响力的著作,该书中对平台的经营与管理有着具体而深刻的描述。陈威如与余卓轩认为,一个平台走向成功,一般需要具有以下特点:平台的规模性、平台的开放性、平台对客户或使用者的黏性以及平台发展的两阶段性。

(一) 平台的规模性

构建一个平台,首先要保证具有“人气”,实现“网络效应”,将更多的用户或使用者吸引到平台上,才能放大平台本身的价值,反过来也会带动更多的用户或使用者加入其中,共同推动平台的拓展。平台的规模性是平台经营与管理的基础,缺乏了规模性,平台的潜能与效应就无法充分发挥出来。

(二) 平台的开放性

平台企业应保持中立态度,不能具备自己的“喜怒好恶”,不宜主观设置平台使用者或客户的某种选择或挑选机制,要做到“来者都是客”,以开放性的机制吸引客户或使用者的加入。如果不能做到开放性,平台会形成一种封闭机制,从而可能表现出衰败的迹象,平台不会越来越大,而有可能越来越小。

(三) 平台对客户或使用者的黏性

黏性不仅代表着对客户或使用者的某种锁定性,而且意指平台上的客户或使用者要具有活跃性,一个不具有一定规模的活跃用户的平台,是无法维持自己的生存与发展的。为了保持黏性,平台不仅要用某些特殊机制锁定客户,还要不断用创新性的策略保持新鲜感,增强用户的活跃性。

(四) 平台发展的两阶段性

平台前期是生存期,要通过各种策略与方式聚拢“人气”,例如通过大量免费、优惠的形式,使平台具备吸引性,从而快速达到规模经济性。度过前期的生存期之后,平台便进入了发展期。发展期的策略与生存期略有不同,不宜再用大量免费、优惠的方式维持平台,虽然不可避免会推出某种免费、优惠的活动，但应重在构建某些特定的机制与治理策略，以使平台实现长久的稳定维持性。例如滴滴与快的刚开始的时候，通过大量的资金投入，提供大幅度的优惠活动，从而使其很快成为人们出行经常选用的平台，当客户规模达到一定的程度后，这些平台便会逐步取消许多优惠或免费的策略，构建新的机制，建立起平台维持阶段的管理策略。

复习思考题

1. 为什么传统的通用战略类型（成本领先、差异化、集聚）被视为红海战略？
2. 蓝海战略与差异化战略有何不同？
3. 请分析商业模式与盈利模式的差别与联系。
4. 商业模式的作用是什么？
5. 为什么平台本身就是商业模式创新的一种类型？

在线测评

请扫描二维码，在线检验学习效果。

案例讨论

淘宝与京东

打开淘宝和京东的官网，你会发现令人眼花缭乱的店铺以及五花八门的商品，几乎你想要的都可以在两家电商网上搜索到。

淘宝和京东目前是中国最大的两家电商企业。在淘宝上很少能看到“自营店”，但是，在京东上可以看到诸多的“自营店”，这代表了两家网购平台在经营上的风格、内涵以及定位的差异。淘宝属于阿里巴巴旗下的网购平台，淘宝最先是没有属于自己的物流快递服务，随着竞争的激烈以及定位的转变，阿里巴巴开始改变自己不涉足物流与快递的策略，2013 年阿里巴巴联合各方，成立了“菜鸟”物流，试图实现网购与快递的全覆盖，从而占据竞争高地。京东从一开始就专业经营有京东物流，开创了网购 + 快递的模式先河。从目前来看，淘宝与京东业务交叉性大，构成了一对直接竞争者。

既然是一对直接竞争者，必定在各自的竞争定位上有自己的优势，也存在自己的劣势，就如同可乐领域里的冤家对手可口可乐和百事可乐一样，谁也无法直接打败对手，结果是各自以其不同的产品特色以及文化吸引着虽有区别但却类似的消费者。淘宝和京东或许就是这样一对竞争者。

那么，淘宝相对而言的竞争优劣势是什么？京东的优劣势又是什么？显然，两家网购平台目前分别构筑了不太一样的商业生态，其商业模式应该有所差别，其为顾客提供价值创新的成分与内涵也会有所区别的。

资料来源：根据作者的亲身体验并综合各方资料与素材整理。

讨论题：

请根据自己的亲身购物经验，来体会淘宝与京东的异同，分辨两者在商业模式方面的相似点与不同点，理解两者不同的成长与成功轨迹。

参 考 文 献

[1] 陈威如，余卓轩．平台战略：正在席卷全球的商业模式革命 [M]. 北京：中信出版社，2013.

[2] 陈威如，王诗一．平台转型：企业再创巅峰的自我革命 [M]. 北京：中信出版集团，2016.

[3] 胡泳，郝亚洲．知识论导言：张瑞敏的实践智慧 [M]. 北京：机械工业出版社，2015.

[4] 杰格迪什·谢斯，拉金德拉·西索迪亚．3 法则 [M]. 夏雨峰，译．北京：机械工业出版社，2004.

[5] 克里斯·安德森．长尾理论 [M]. 乔江涛，译．北京：中信出版社，2006.

[6] 克里斯·安德森．长尾理论 2.0[M]. 乔江涛，石晓燕，译．北京：中信出版社，2009.

[7] 马浩．战略管理：商业模式创新 [M]. 北京：北京大学出版社，2015.

[8] 三谷宏治．商业模式全史 [M]. 马云雷，杜君林，译．南京：江苏凤凰文艺出版社，2016.

[9] W. 钱·金，勒妮·莫博涅．蓝海战略：超越产业竞争，开创全新市场 [M]. 吉宓，译．北京：商务印书馆，2005.

[10] W. 钱·金，勒妮·莫博涅．蓝海战略：超越产业竞争，开创全新市场(扩展版)[M]. 吉宓，译．北京：商务印书馆，2016.

[11] 魏炜，朱武祥．发现商业模式 [M]. 北京：机械工业出版社，2017.

[12] 中国电子商务研究中心．2016 年度中国“共享经济”发展报告 [EB/OL]. 2017-05-09.

[13] Amit R, Zott C. Value Creation in E-business[J]. Strategic Management Journal, 2001, 22: 493-520.

[14] Bellman R, Clark C E, Malcolm D G, Craft C J, Ricciardi F M. On the Construction of A Multi-stage, Multi-person Business Game[J]. Operations Research, 1957, 5(4): 469-503.

[15] Magretta J. Why Business Models Matter[J]. Harvard Business Review, 2002, 80(5): 86-92.

[16] Teece D J. Business Models, Business Strategy and Innovation[J]. Long Range Planning, 2010, 43: 172-194.

[17] Zott C, Amit R, Massa L. The Business Model: Recent Developments and Future Research[J]. Journal of Management, 2011, 37(4): 1019-1042.

[18] Zott C, Amit R. Business Model Design: An Activity System Perspective[J]. Long Range Planning, 2010, 43: 216-226.

第十章 战略实施与执行

本章关键词

公司治理　战略领导力　组织结构　创新　组织文化　创业

开篇案例

京东方的“跨界”

京东方创立于1993年4月，是全球领先的半导体显示技术、产品与服务提供商，核心业务包括显示器件、智慧系统和健康服务。近年来，随着京东方、友达光电等国产企业的迅速崛起，原本被日、韩企业垄断的面板技术格局正在悄然发生改变。大额研发投入、长年累月的技术坚守，也给京东方带来了巨大的实际成果。

2016年，京东方新增专利申请量达7 570件，居全球业内第一，其中发明专利超80%，累计可使用专利超5万件。汤森路透2016年度创新报告显示，京东方已成为半导体领域全球第二大创新公司。美国商业专利数据显示，中国大陆仅有两家企业京东方和华为进入2016年度美国专利授权量TOP50，其中京东方排名第40位，年增长率超200%，是TOP50中增长率最高的企业。

京东方已经逐步在半导体显示行业树立了技术壁垒、产能壁垒、客户壁垒，兼具雄厚资本优势和产品先发优势，并代表国内显示面板产业链和中国制造的强势崛起。公司已经成为全球半导体显示行业的领导者之一，京东方抢眼的业绩表现背后，是其发展战略转型升级效果的显现。

早在2014年，京东方就启动了有限、相关、多元的战略转型，由单一显示器件业务向显示器件(Display Device Business)、智慧系统(Smart System Business)和健康服务(Healthcare Service Business)三大板块转型，即DSH战略。而2016年7月，京东方正式升级企业定位，即由半导体显示技术、产品和服务提供商加速转型为物联网技术、产品和服务提供商。

“自2016年下半年以来，京东方产品结构随市场需求及时调整，不断加大高分辨率、窄边框、TDDI(触控与显示驱动器集成)等产品出货，全球竞争力持续提升，”京东方董秘刘洪峰表示，“2017年1月，京东方大尺寸和中小尺寸面板市占率均位列全球第一。随着福州8.5代线的新产能逐步释放，以及客户和新应用领域的不断拓展，京东方产品市占率有望进一步提升。”

京东方正以“物联网和人工智能”为主要方向，将显示器件优势与创新应用领域相结合，为新零售、交通、教育、艺术、医疗等方面提供“硬件产品＋软件平台＋场景应用”的整体解决方案。

在艺术领域，京东方推出全球首款数字艺术馆BOE iGallery，它包含精选艺术内容库、艺术欣赏交易云平台、能还原艺术原作的显示终端以及更多附加服务。

金融领域，针对银行网点智能化升级改造，京东方推出iBAnk智慧银行解决方案，它整合了智慧显示、模式识别和大数据分析等技术，提供超高清显示屏、防偷窥显示器、手写一体机、大堂经理手持终端和体感互动屏等产品。

车载系统方面，为了进一步加速实施车载显示事业全球战略布局，京东方投资了主营车载显示系统产品的精电国际有限公司。目前，京东方提供全车显示系统、驾驶辅助系统以及高精度定位系统等全车电子系统，车载显示产品已应用到全球几乎所有的主流汽车品牌商中。

而在医疗方面，京东方将跨界结合显示技术、信息技术与医学、生命科技，发展信息医学，提供物联网智慧健康产品及服务。京东方还布局了两家国际化的高端综合医院：北京明德医院和2016年建设的合肥京东方数字医院，其中，数字医院与美国Dignity Health展开合作，引进国际顶尖的医疗技术和运营理念。

资料来源：根据《京东方发展战略转型升级效果显现》（搜狐科技，2017-04-28）、《京东方智见未来》（搜狐财经，2017-12-01）等资料与素材整理。

讨论题：

对于京东方而言，如何实施公司战略，如何开展创新活动才得以实现战略转型？

第一节　公司治理

一、公司治理与战略实施

企业的战略实施是借助于行动方案和一定的程序等实现企业战略的行动过程，它是在企业最高管理层的监督和指导下，由企业的中下层管理人员组织实施的。战略制定过程与战略实施过程相比较而言，前者在很大程度上取决于战略决策者的洞察力与判断力，而后者在很大程度上依赖于管理者的经营管理艺术和有关员工的一线工作能力。因此，即使一个在理论上看上去非常完美的战略方案，若日常管理上不到位或存在各种失误，也可能达不到预期的结果。实际上，对于企业高层人员来说，较之制定企业战略规划，他们还需将更多的精力投入到战略计划的付诸行动中。

公司治理是用来管理利益相关者之间关系，决定并控制组织战略方向和业绩的一套机制。公司治理的核心是寻找各种方法确保有效地制定战略决策。公司治理也可以被看作公司用来建立有潜在利益冲突的相关者，例如公司的所有者、高层管理者和董事会成员之间秩序的一种方式。在企业战略实施过程中，确保恰当地应用监管公司的各种治理工具是战略管理过程中的重要内容。

二、公司治理机制

随着企业发展壮大，大多数公司的所有权和经营权开始分离，公司的控制权从企业家转移到职业管理者手中，公司的所有权也分散到成千上万零散的股东手中，这些变化最终形成了以所有权和经营权的有效分离为基础的现代上市企业。而经营权和所有权的分离则产生了代理关系，即一人或多人（委托人）雇用一人或多人（代理人）作为战略管理工作者。

所有权和经营权的分离会带来诸多问题，当代理人制定决策所追求的目标与委托人的目标相冲突时，委托人和代理人之间就会出现利益分歧，导致了管理机会主义。管理机会主义是指代理人通过欺骗寻求个人利益。因此，重视公司治理主要是由于公司治理机制有时不能很好地监管和控制高层管理者的决策，而对于现代企业而言，其所采用的三种内部治理机制分别是：① 所有权集中；② 董事会；③ 高层管理者报酬。此外，还存在公司控制权市场这一外部治理机制。

三、所有权集中

所有权集中的程度是由大股东的数量及其所持有的所有权比例决定的。通常来说，分散的所有权对管理决策的监控较弱，同时也会使股东难以有效地协调行动。而高水平的监控能力则能够避免管理者做出有损股东价值的战略决策。

许多现代公司的所有权集中在机构投资者而非个人投资者手中。机构投资者是拥有公司大量所有权的金融机构，它们同时也是影响公司战略决策的重要力量。

四、董事会

董事会是由股东选出的一些人组成的，其主要职责是为了股东的利益而监管和控制公司高层管理者。通常，股东通过董事会监督公司的管理决策和行为，股东选举董事会成员，董事会成员监管管理者并确保企业的运营使得股东财富最大化，他们奖惩管理者以保护股东的权利和利益。因此，结构合理并有效运作的董事会能保护股东避免管理机会主义的危害。

董事会成员一般分为三种：内部董事、相关独立董事以及独立董事（见表 10-1）。

表 10-1　董事会成员分类

内部董事	公司的 CEO 和其他高层管理者
相关独立董事	不参与公司日常经营但与公司有联系的人
独立董事	不参与公司日常经营活动，与公司也没有其他关系的人

董事会是以内部董事为主导的，但是，如果大部分董事是公司的高层管理者，那么他们对管理决策的监管和控制就会较弱。解决这一问题的方式是在董事会中引入独立董事，如果引入独立董事还不足以解决问题，还要看 CEO 的权力大小，在此情况下，可以将董事会主席和 CEO 的角色分开。

将 CEO 和董事会主席的角色分开可以给独立董事更多的权利和独立性，然而，过多的独立董事也会带来一些问题。例如，独立董事不参与公司的日常经营，很难获取有效评估管理决策所需的有关信息，他们只有依靠财务评估来考察高层管理者，而对于后者来说，为了达到既定的财务目标，其通常会采取降低研发投入、提高公司多元化程度以及追求高额报酬等行动。

五、高层管理者报酬

高层管理者报酬是一种公司治理机制，其试图通过工资、奖金，以及股票奖励和期权之类长期激励性报酬来使高层管理者和所有者利益一致。

尽管激励报酬计划会像股东期望的那样提升公司的价值，却很容易受到高层管理者的操控，且年度奖金可能促使高层管理者牺牲公司的长期利益来追求短期目标。虽然以业绩为基础的长期激励可以降低短期投资不足的诱惑，但增加了与不可控事件相关的风险，如市场波动和行业衰落。因此，使用长期激励，公司可能需要给高层管理者更多的报酬。

六、公司控制权市场

由于所有的内部治理机制都存在一定的缺陷，因此，需要采用外部治理机制来达到较好的控制。

公司控制权市场是公司内部治理机制失败时发挥作用的外部治理机制。公司控制权市场由个人或公司组成，他们购买所有权或接管公司。被接管公司的管理层被认为应对公司业绩低下负有责任，在此情况下，管理层通常会被替换。所以，有效运作的公司控制权市场能够对效率低下或带有机会主义的管理层产生约束。

恶意接管是公司控制权市场这种治理机制的主要活动。然而并非所有的恶意接管都针对业绩糟糕的公司，恶意接管的目标公司可以采取多种防范策略来阻止接管意图（见表 10−2）。

表 10−2 恶意接管的主要防范策略

防范策略	性质	在企业中的普遍性	防范有效性	股东财富效果
毒丸计划：在公司合并中以很有吸引力的交换比例提供给股东的优先股	预防性	高	高	正
公司章程修订：修改公司章程以应对被接管	预防性	中等	很低	负
金降落伞：在公司被接管时，给选定的一些高层管理者大量的现金补偿	预防性	中等	低	很小

续表

防范策略	性质	在企业中的普遍性	防范有效性	股东财富效果
绿邮:从进攻者手中支付溢价购回公司所有权,并获得进攻者不再将公司作为接管目标的协议	反应性	很低	中等	负
资本结构改变:稀释所有权,使接管更昂贵	反应性	中等	中等	未确定

第二节 组 织 结 构

一、组织结构和控制

组织结构就是企业正式的报告关系机制、程序机制、监督和治理机制以及授权和决策过程。组织结构向员工指派任务和职责,具体说明这些任务和职责将如何联系在一起。当组织结构要素(如配置机制、程序机制等)能够与其他要素相结合时,这种结构就能推动企业战略的有效实施。因此,组织结构是有效战略实施过程中的重要部分。

在制定企业战略后,设计组织结构成为管理者的首要任务。组织结构反映了管理者在公司战略下应当做什么、怎么做,因此,组织结构影响管理者的工作及其结果。

组织结构本身并不能提供有效的激励措施,因此需要合理的组织控制系统。组织控制支配战略的执行,指明应当如何比较现实结果和期望结果,现实结果和期望结果的差异越小,则说明组织控制越有效,反之,组织控制则需调整。

组织的有效控制,需要从战略控制和财务控制两个方面来进行。

战略控制主要是指一些主观标准,利用这些标准来评价企业在外部环境和竞争优势的条件下,战略运用是否恰当。因此,战略控制关注的是评判企业应该做的(由外部环境机会决定)和企业可以做的(由企业自身竞争优势表明)是否相符。有效的战略控制能帮助企业了解做什么能够取得成功。战略控制不仅监控组织及其成员目前的绩效,它还关注如何去建立激励机制来激发员工的积极性,关注组织在未来可能面临的重大问题,以便寻找有助于组织不断提高绩效的解决办法。

财务控制主要是用一些客观的标准来对比之前制定的量化标准。财务控制的标准有会计指标,如投资回报率(ROI)、资产回报率(ROA),还有市场指标,如附加经济价值。利用财务控制评价当前业绩时,既要同前期成果相比较,也要与竞争者以及行业平均业绩水平相比较。

任何一个组织结构的有效性均取决于战略控制和财务控制的结合。因此,战略控制和财务控制在任何组织结构中都发挥了重要作用。随着战略类型的变化,要运用不同的控制手段。例如,运用成本领先战略的多元化企业和业务单位强调财务控制,而运用差异化战略的多元化企业和业务单位则强调战略控制。因此,公司在权衡控制之际,很重要的一点就是要平衡战略控制和财务控制之间的关系,过度强调其中之一而忽略另一种控制只会导致业绩下滑。

二、组织结构与战略

战略的变化往往要求组织也进行相应的调整，主要有两方面原因：第一，组织结构在很大程度上决定目标和政策的建立；第二，组织结构决定着企业的资源将如何配置。战略变化必将带来组织结构的相应变化，而结构的再设计应当有利于贯彻企业的战略意向。

对于既定的战略或者企业类型，不存在最理想的组织设计或结构形式。适用于某一企业的组织结构未必适用于其他类似企业。诸多外部和内部因素影响着企业的组织结构，合理的结构变化则有助于战略的实施。因此，企业必须明确战略实施需要采用何种类型的组织结构。

（一）职能型组织结构

职能型（或集中式）组织结构是使用最广泛的组织结构类型。职能型组织结构是指根据企业的业务职能，如生产与作业、营销、财务、研究与开发和计算机信息系统等，将企业的任务和活动区分为不同的类型。

对于产品单一或产品范围狭小的公司，职能型组织结构很普遍。这类企业中需要有专业的技能和明确的分工，以此增强在产品或服务供应中的竞争优势。职能的细分使得员工能够专注于工作流程中的某一方面，从而能够运用最新的技术，促进劳动分工，提高工作效率。

（二）事业部型组织结构

当公司实行产品及服务的多样化时，业务覆盖区域不断拓展，职能型组织结构便难以满足企业的战略需求。产品的多样性和不断扩大的企业规模增强了对协调和决策的需求，这种情况下常用的一种结构就是事业部型组织结构。

事业部型组织结构是指企业内部拥有一组相对自主的部门或事业部的组织结构。在这种结构中，各个事业部独立经营、独立核算，且均有自己的产品和特定市场。在事业部型组织结构中，盈利职责被分配到各个事业部，这有助于企业对盈利和亏损进行精确的评估。

（三）矩阵型组织结构

矩阵型组织结构是把按职能划分的部门和按产品划分的部门综合起来形成一个矩阵的组织结构。在这种组织形式下，产品经理和职能经理拥有同等职权。

尽管矩阵型组织结构拥有诸多优势，但它真正实施却非常困难，因为它违背了统一指挥的原则，双重命令给基本的组织导向带来了极大的挑战，还可能导致较高的管理费用。为使矩阵型组织结构更为有效，企业需要加强内部沟通，从而在一定程度上平衡不同的命令来源。

三、传统组织结构的完善

（一）重组

重组是对组织结构的再设计，强调那些对组织战略最关键的活动，使之更加有效。其核心在于价值链中的某些运营活动才是战略成功实施的关键。其中，主要有两种被许多企业用于改善和支持战略活动的途径：业务流程再造以及削减规模（自我管理）。

1. 业务流程再造

业务流程再造最早由迈克尔·哈默（Michael Hammer）和詹姆斯·钱皮（James Champy）提出，指对战略、增值运营流程以及支撑它们的系统、政策、组织和结构的重组与优化。其目的在于将与顾客相关的决策权交给和顾客最接近的人员，这样可以使企业更好地对顾客需求做出回应。

业务流程再造减少了传统的部门分割，从而降低了管理费用，压缩了满足顾客需求这一过程中各种分散的步骤和任务。不同于传统的以职能为导向的组织形式，以流程为导向的思想要求将企业的不同活动进行分类，形成构建企业组织结构的基础。实行业务流程再造首先需要建立多职能、多层级的工作团队，识别顾客需求及其所期望的交易方式，同时将“顾客至上”的理念贯彻到所有经营活动中。

2. 削减规模（自我管理）

削减规模（自我管理）是企业对关键活动进行重组的另一种形式，其核心在于将决策权下放到战略执行层，这意味着减少企业员工的数量，尤其是中层管理人员的数量。全球化的市场趋势、信息技术的发展以及日益激烈的竞争，都迫使企业不得不重新评价其中层管理活动是否对企业的产品或服务起到了增值作用。

削减规模的作用之一就在于促使各运营层的员工增强自我管理的意识，人员的缩减必然使得余下的管理人员承担更多的工作，这就促使企业改变原本控制员工的做法，而寻求员工的共同参与。其指导思想就是通过赋予战略执行层一部分执行权，进而达到放权的目的。

（二）外包

外包指利用外部资源来完成原本由内部员工承担的工作。在进行企业重组的过程中（尤其在以业务流程为导向时），企业的管理者发现很多活动并非企业的战略重点，外包那些原本由中层管理者负责的活动便是如此。此外，在构成企业价值链的基本活动（如采购、储存、运输以及元件制造等）中也存在外包的可能性，管理者会发现这些活动并不能使企业的产品或服务增值，若将此类工作交给专营这类活动的企业，则更加具有成本有效性，这意味着将这类活动外包有利于增强企业的竞争优势。

业务流程外包是外包服务行业中发展最快的，是指企业将业务流程以及相应的职能外包给供应商，并由供应商对这些流程进行重组。业务流程外包涵盖了诸多职能，如政策服务、人力资源、财务与会计、研发以及销售等。业务流程外包使企业资源得到最佳分配，降低了企业的生产成本，减少了经营风险，从而增强了企业的核心竞争力。

目前许多企业都会采用外包的方式组织其业务活动，从而保持其在成本上的竞争力，进而发展其核心竞争力。随着外包从制造业和信息技术管理方面扩展到所有业务的管理流程，企业必须开始关注并努力建立信任感，增进跨文化交流，这关系到能否有效保证企业与外包企业之间长期的持续伙伴关系。

第三节　领导力和组织文化

在全球企业的动态发展进程中,对企业领导工作的要求变得更为苛刻。企业越来越依赖于高层管理者和下级领导者的技能来领导、协调、制定决策并迅速采取行动。更复杂的业务和更快的发展速度迫使企业将决策权层层下放,组织也需要变得更为灵活和开放。所有这些都要求企业加强对领导力和文化的关注,以便迅速作出决策。

一、战略领导力

战略领导力是一种促使他人创造所需要的战略改变的能力。有效的战略领导力是成功应用战略的基础,战略领导者能够通过制定和修正公司的战略目标与战略意图来领导公司。

在当下环境中,战略领导者也面临着严峻的挑战。由于全球经济的复杂性,战略领导者必须学会如何有效影响员工的行为,吸引并管理人力资源的能力是战略领导者技能中最为关键的。在竞争激烈的市场环境中,能否找到合适的人才来担任企业的关键职位对企业的发展至关重要。

智力资本,包括管理知识、创造并商业化创新的能力,影响着一个战略领导者的成败。有能力的战略领导者还会构建使其利益相关者(如雇员、客户和供应商)高效运作的环境。这些能力十分关键,因为战略领导力的核心就在于能够高效管理公司的运营以及持续地保持公司良好的业绩。

变革领导力是最有效的一种战略领导力类型,指领导者在组织经历变革时期,推动组织完成既定目标的能力,这种能力可以保证企业在应对挑战过程中,激励追随者实现自我转变、引导组织变革以应对各种挑战及把握机遇。变革领导者能够使企业员工意识到其对公司整体发展的价值,并激励员工不断向更高的目标冲刺。

二、战略领导行动

有效的战略领导力类型能够通过一些关键行动得以体现。

(一) 确定企业战略方向

确定企业战略方向是指详细说明随着时间变化,企业想要建立的形象和特质。理想的长期战略方向包括两方面:核心意识形态和愿景。核心意识形态通过企业的传统和文化激励员工,而愿景则能够鼓励员工扩展他们对于愿景的预期,愿景的实现要求显著的变革和实施过程。

(二) 有效管理企业的资源组合

对于企业的战略领导者而言,有效管理企业的资源组合是其最关键的任务。企业拥有的资源可被划分为财务资本、人力资本、社会资本和组织资本(包含组织文化)。财务资本显然是组织成功的关键,但成功的战略领导者不仅能够平等地管理这些公司的资源,还能够将这些资源作为一个整体进行管理和利用。

人力资本指的是一个企业整体劳动力的知识和技能。从人力资本这一角度而言,员工被看作一种需要投资的资源。在企业中,有效的培训和发展项目能够增加一名管理者成为成功的战略领导者的概率,同时也对公司形成核心竞争力做出了积极的贡献。社会资本包括企业的内部和外部关系,这些关系有助于企业完成任务以及为客户和企业创造价值。对于企业而言,社会资本是一种关键资本,在企业内部,员工和企业部门只有合作才能够完成任务。同时,外部社会资本日益成为企业成功的关键。例如,企业可以通过战略联盟来发展社会资本,进而获取互补资源,加强企业的竞争力。

战略领导者通过组织多重资源形成竞争力,并依托这种竞争力来构建企业,同时通过战略的发展和实施来平衡这些资源,从而获得竞争优势。

(三) 强调伦理准则

当执行战略的过程是基于伦理准则时,其有效性会增加,遵守伦理的企业鼓励并使企业的各级员工能够实行伦理判断。

为了正确引导员工的判断和行为,伦理实践必须塑造企业的决策制定过程并成为组织文化的一个组成部分。公司应当雇用有伦理观念的战略领导者,即那些将伦理准则作为公司长期愿景的一部分的领导者。这些领导者热衷于做正确的事,对他们而言,诚实、可信和正直的为人是非常重要的。持续展示这些品质的战略领导者能够在与他人一起建立符合伦理准则的组织文化时,不断地对员工产生激励作用。

(四) 建立平衡的组织控制

组织控制被视作战略实施过程的重要组成部分。控制可以帮助战略领导者树立可信度,展示为公司利益相关者创造的价值并促进和支持战略变革。在这里,组织控制主要强调战略控制和财务控制,因为战略领导者对这两种控制的发展及有效运用负责。

在决定企业在战略控制和财务控制之间的恰当平衡时,战略领导者扮演着重要的角色。平衡计分卡是帮助战略领导者评估控制的一种有效的工具。平衡计分卡是一种企业用于检测已确立的战略控制和财务控制的绩效评价体系,包括财务、顾客、内部业务过程以及学习和增长四个方面。通过平衡计分卡,战略领导者能够从不同的角度评估绩效,从而实现有效的战略控制和财务控制。

三、组织文化与战略

组织文化指组织成员一致同意的未经明确提出的重要假设,是一个组织内个人与群体所共有的价值观和行为规范的具体集合。组织价值观是关于组织成员应当追求何种目标,以及组织成员如何应用恰当的行为规范来实现这些目标所代表的信仰和观念。

每个组织都有其自身独有的文化,它虽然处于无形但却始终引导个人的发展方向,是人们的行为基础。

组织成员若将组织信念和价值观当作组织的行为规范来遵守,那么这些信念和价值观就会对个人产生极大的影响。当员工将这些信念内化为自己的行为准则后,会进一步将其转化为个体的信念和价值观,这样员工在组织中的工作就等同于他们在实现自己的人生价值。如果组织内的成员都认同了这种共享的、内化的信仰和价值观,那么它就成为了组织文化的内容和力量来源。

组织的领导者与其所领导的组织文化是密不可分的,组织文化是战略领导者所创立的,组织的奠基人和高层人员则提供了这种战略领导。领导者是文化的真正承载者和持续体现者。

组织领导在开发、维护和变革企业文化的过程中起到了关键的作用,他们在其职责中注入激情,培养年轻的管理者和未来的领导者并依此塑造了企业文化。企业文化与战略之间联系之密切,主要表现在以下几个方面:

1. 企业文化引导战略定位,良好的企业文化为战略的形成提供动力

在具备良好组织文化的企业中,企业具有文化优势,所有组织成员享有共同的价值观和思想意识,这些为战略管理的实施提供了文化基础,有利于制定合理的企业战略,为企业指明发展方向。

2. 良好的企业文化是战略成功实施的关键

企业文化具有导向、约束、凝聚和激励等作用,有助于激发组织成员的工作热情和积极性,进而促使企业各级管理人员有效地贯彻、实施既定战略,从而取得理想的战略实施结果。

3. 良好的企业文化能够与战略相互适应及协调,进而使得战略效果最优化

企业文化具有刚性和连续性的特点,一旦形成则很难发生变革,所以企业文化对战略的制定和实施具有一定的引导和制约作用。同时,战略也应当与企业文化协调一致,否则企业文化则会成为战略制定和实施的阻碍。因此,在企业发展过程中需要逐渐注入、塑造并完善新文化,使企业战略与文化更为协调一致。

四、战略与组织文化的管理

长期来看,企业所处的环境必然是存在波动和变化的。一个组织若想生存下去,管理者们必须采取适应环境变化的文化构建行动。领导者可采用的构建企业文化的方法有三种:第一,企业可以创立一种具有创新精神、能够鼓励和奖励中层以及基层管理者的首创精神的文化;第二,企业文化所蕴含的价值观来源于组织使命,企业必须坚持做其所擅长的事情,建立以使命为中心的商业模式;第三,企业价值观涉及如何进行经营活动,企业应当能够激励员工尽其所能地实现企业的目标。

企业文化与关键战略因素之间的关系很难把握,但企业的关键元素——结构、员工、系统和工作方式——会影响关键管理任务的执行方式以及主要管理关系的形成。新战略的实施要求对这些基本构成要素进行调整,以适应新战略的需要。因此,管理者要处理好战略和文化之间的关系,就要了解实施新战略需要作出的改变以及这些改变同企业文化之间的适应性。企业文化与企业战略之间的关系如图 10-1 所示。

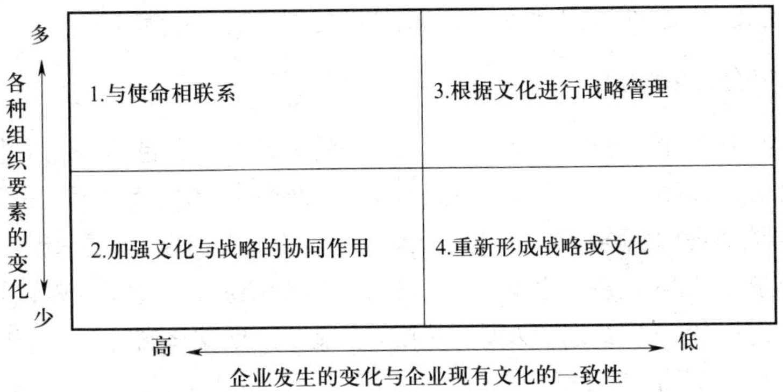

图 10-1　企业文化与企业战略关系图

在该矩阵中，纵轴表示企业在实施一个新战略时，其结构、技能以及共同价值等各种组织要素所发生的变化。横轴表示企业发生的变化与企业现有文化的一致性。

(一) 与使命相联系

第一象限中这类企业面临的问题是：要实施新战略，就必须在结构、系统、管理安排、运营程序或企业其他方面做出变革。这些企业文化较为丰富，适应性较强，业绩始终很好，企业文化具备与多重战略相匹配的能力，它们实施新战略往往是由于有了更好的机会或是为了利用新的核心价值开拓新的产品市场。因此，这类企业占据着有利地位，它们既可以追求一个需要重大改变的战略，又可以从企业文化中受益。

企业在这种情况下处理战略与文化之间的关系，需要考虑四个重要因素：

(1) 主要变革必须紧密联系企业的基本使命。

(2) 强调利用现有的组织成员去完成新战略。

(3) 关注是否需要调整奖励体系，且这些调整应该同现有的奖励体系保持一致。

(4) 关注与当前文化不相容的变革，从而保证当前规则不被破坏。

(二) 加强文化与战略的协同作用

第二象限中这类企业的组织要素变化较少，企业战略很难发生根本性转变，但企业变化与当前文化具有很强的潜在一致性。因此，这类企业只需要做出一些组合变革就可以实施新战略，且这些变革可以同当前文化相协调。在这种情况下，企业需强调两方面：①利用组织变革的机会来加强和巩固现有文化；②利用这个相对稳定的时期来消除组织构建理想文化时可能遇到的障碍。

(三) 根据文化进行战略管理

第三象限中这类企业在实施新战略时，关键组织因素的变化不大，但企业变化与企业现有文化不太一致。在这种情况下，企业应根据经营的需要，在不影响企业文化总体一致性的前提下，对某种经营业务实施不同的文化管理。

企业根据文化进行管理有多种方式：新建一个公司或部门；利用项目组、团队或项目协调者；外包；引入外援。关键问题在于，需要找到一种方式实现理想的变革，避免其与文化规范相对立,那么,随着文化阻力的消失,公司就能够慢慢接受这种变革了。

(四)重新形成战略或文化

第四象限中这类企业在管理战略和文化之间的关系方面遭遇了最大的挑战,它们在实施一个新战略时,关键组织因素变化很大,且同本企业现有文化之间有较大的不一致性。这种情况下应当重新考虑战略问题,是否以及有无必要实施新战略,或是重新制定、实施别的新战略。为实施新战略,这些企业必须做出与现有的受保护的价值观和规则相悖的组织变更。企业要面对复杂、长期且需要大量资金投入的变更企业文化的挑战。对于这种挑战,企业可以从以下几方面采取管理行动:

(1)企业各级管理人员要有改革企业文化的强烈意识,明确文化变革的意义与目标。

(2)改变企业过时的规章制度,制定有利于新文化形成的制度规范。

(3)引进、提拔具有新文化意识的员工,带动、促进企业文化的变革。

第四节 战略性创业和创新

一、创业、创业机会和创业者

随着全球创业的兴起,创业已经引起越来越多的关注和兴趣。

创业指的是不拘泥于当前资源条件的限制而对机会的追寻,它是通过对资源的组合以及机会的利用与开发从而创造价值的过程。战略性创业是从战略角度来进行的创业活动。当进行战略性创业时,企业会集中寻找外部环境中的机会,即那些能够通过创新利用并开发的机会。

创业机会是指市场需要新产品或新服务来满足某种需求的情境。当市场和生产要素中均存在不完全竞争,且这些不完全竞争的信息在个人间不对称传播时,创业机会就以各种形式出现了。创业的本质是认识和开发创业机会,即那些别人没有看到的机会,或者别人没有识别到的商机。

创业者指的是那些能够抓住资源与机会之间的连接点,凭借自己非凡的才能而创造价值的人。创业者能够处理创业过程中的不确定性,且比其他人对机会的觉察更敏锐。研究表明,成功的创业者都有创业意识,一个有创业意识的人会在市场上评估不确定性,并且寻找能够不断引起重要创新可能性的机会。

小链接

熊彼特与创新

约瑟夫·熊彼特(Joseph Alois Schumpeter,1883 年 2 月 8 日—1950 年 1 月 8 日),1901—1906 年在维也纳大学攻读法学和社会学,1906 年获法学博士学位,是一位有深远影响的美籍奥地利政治经济学家(但他并非是一位“奥地利学派”的成员)。其后移居美国,一直任教于哈佛大学。熊彼特被誉为“创新理论”的鼻祖。1912 年,其出版了《经济发展理论》一书,提出了“创新”及其在经济发展中的作用,轰动了当时的西方经济学界。《经济发展理论》创立了新的经济发展理论，即经济发展是创新的结果。其代表作有《经济发展理论》《资本主义、社会主义与民主》《经济分析史》等，其中《经济发展理论》是他的成名作。

在《经济发展理论》中，熊彼特提出创新理论，主要包括以下观点：

(1) 企业家的本质是创新。创新是建立一种新的生产函数，也就是说，把一种从来没有过的关于生产要素和生产条件的“新组合”引入生产体系。这种新组合包括五种情况：① 采用一种新产品或一种产品的新特征；② 采用一种新的生产方法；③ 开辟一个新市场；④ 掠取或控制原材料或半制成品的一种新的供应来源；⑤ 实现任何一种工业的新的组织。“创新”不是一个技术概念，而是一个经济概念。

(2) 企业家是推动经济发展的主体。在没有创新的情况下，经济只能处于一种“循环流转”的均衡状态，经济增长只是数量的变化，这种数量关系无论如何积累，本身并不能创造出具有质的飞跃的“经济发展”。只有企业家实现创新，“创造性破坏”经济循环的惯行轨道，推动经济结构从内部进行革命性的破坏，才有经济发展。

(3) 创新的主动力来自企业家精神。企业家创新的最突出动机来自“个人实现”的心理，即“企业家精神”。

(4) 企业家的工作是“创造性破坏”，风险则由资本所有者承担。成功的创新取决于企业家的素质。

(5) 信用制度是企业家实现创新的经济条件，资本市场的建立和良好运转成为实现创新的基础。

二、创新和内部创新

熊彼特在其著作中提到企业致力于三种类型的创新性行为。第一，发明是创造或发展新产品或新流程的行为。第二，创新是使发明成为商业化产品的过程。创新开始于发明的开发。技术标准被用于衡量一项发明的成功与否，而商业标准则被用于判断一项创新的成功与否。第三，模仿是采用其他公司的类似创新，模仿通常会使产品或流程标准化且基于模仿的产品通常以更低的价格面市，但缺乏独特性。

创业对创新行为尤为重要，因为它是发明和创新之间的关键点。熊彼特将创新看作创业的本质和手段，认为创业企业是“创造性破坏均衡”，即实现创新。可以看出，创业活动的关键和核心在于创新，创新是创业的重要和本质属性特征。在已创立组织中，大部分创新来自研发活动（R&D）的努力。

公司在进行研发活动时，通常会产生两种类型的内部创新，即渐进式创新和突破式创新。大多数创新都是渐进式的，渐进式创新是在已有知识的基础上，对当前的生产线做出一定的提升。

相对于渐进式创新，突破式创新通常伴随着显著的技术突破而且会创造新的知识，其本质上是革新的并且是非直线型的。由于突破式创新能为用户建立新功能，所以它有强大的潜力为公司带来收入和利润的显著增长。

突破式创新存在很大的困难和风险，尤其是在技术价值和市场机会都十分不确定的情况下，因此一般很少会有突破式创新出现。突破式创新能够创造新知识，这些新知识随后用于开发新产品，新产品以创新的形式进入新市场，获得新顾客，并取得新资源。这样的创新通常在不同的业务单位中开展，进而形成新的内部创新。

三、实施内部创新

为了实施由公司内部创新所产生的渐进式创新和突破式创新，公司从计划到生产，最后到市场分销的创新流程中需要有效整合不同的职能。

（一）跨部门产品研发团队

跨部门产品研发团队能够推动并整合不同部门之间的活动，如设计、生产和销售。此外，当跨部门产品研发团队有效运转时，企业可以迅速完成新产品的研发过程，可以很容易将产品商业化。

（二）促进整合和创新

共享价值观和有效的战略领导力对取得跨组织的整合和创新实施具有重要作用。高度有效的价值观共享源于企业的战略目标和战略任务，企业文化促进了一致性和内部创新。同时，战略领导者设立目标并分配资源，促进跨部门整合，进而有助于协同合作并获得团队成员对创新的评价和意见。

（三）从内部创新中创造价值

企业要想从用于研发和新产品与服务的内部过程中创造价值，就必须具备创业意识，进而识别创业机会，通过跨部门团队促进新产品设计理念的整合，最终通过研发和新产品的商业化，为顾客和股东创造价值。

第五节　战略变革管理

一、战略变革概要

企业发展的过程是一个不断适应外部环境变化和蓄积实力的动态过程。为了保证企业可持续发展，基于环境的变迁和自身资源与能力的变化，有必要对原有战略进行重大调整，从而实施战略变革。

战略变革是指企业为了获得可持续竞争优势，根据所处的外部环境或内部情况已经发生、预测会发生或想要使其发生的变化，改变企业战略内容的实施、可持续化的系统性过程。

如今影响企业经营的环境因素越来越具有动态性以及高度不确定性和显著复杂多变性。技术的快速变化及其变化的不连续性、激烈的市场竞争以及环境的不确定性，给企业的生存与发展带来了巨大的压力，也导致了企业所执行的战略的有效期缩短，战略失效的速度呈现加快的趋势。

在开放的系统下，企业从事变革活动是确保企业能在未来获得有利生存空间的必然选择，如果组织内部的变革速度慢于外部环境的变化速度，那么企业则很可能遭遇失败。企业只有时刻准备相应的变革，通过战略变革保持健康的发展活力，才能在剧变的环境中超越对手，获得并持续强化竞争优势。

二、战略变革动因

面对竞争日益激烈、持续变化的内外部环境，企业必须选择进入新的市场领域或逐步退出难以适应的现有市场。战略变革动因则指引起企业战略转型的一些关键因素，这些因素对于成功的战略选择与实施也起着决定性作用。

自 20 世纪 70 年代以来，企业战略变革动因的外生理论认为，引起战略变革的动力源主要来自企业外部经营环境的变化。同时，企业战略变革行为必然触发组织演化与变革，而组织演化又会进一步引发企业战略变革。企业战略变革的内生理论认为，组织演化不仅加速和推动了企业战略变革，而且从根本上保证了战略变革的有效实施。

传统的战略变革动因的外生理论从外部环境变化的视角，提出了针对不同外部环境变化特征给出实施战略变革的理论依据。然而，仅仅关注外部因素则会忽略组织潜在变化对战略实施和结果的影响，从另一方面来看，企业战略变革一般是由其内部各种力量在动态变化过程中的不均衡发展所推动的。

无论是市场环境变化还是组织能力演化都是推动战略变革的重要力量，企业战略变革是外部环境和内部条件相互作用的结果。在当前企业的内外环境变化不断加剧的情况下，战略变革不仅能够为企业带来新的机遇，更能够大大增强企业的竞争力。

三、战略变革方式

就变革方式和过程而言，根据变动的程度或幅度，可将战略变革划分为“一阶变革”和“二阶变革”两类。这里的“一阶变革”又称“渐进式变革”，是企业在现有体制下进行的小规模的、渐进式的改变。通常，“渐变”发生在相对稳定的环境中，且假设企业领导者有能力预测环境的压力及未来的变化。“二阶变革”又称“突破式变革”，是彻底、全面、激进式的革命性变革，一般是通过显著且大量的战略调整或转移进行系统性的转变。

在企业的经营管理活动中，“渐变或量变”与“突变或质变”之间存在一种相互依赖的辩证关系。一方面，企业经营管理的量变是质变的必要准备，企业经营管理的质变是量变的必然结果；另一方面，在企业经营管理的量变基础上发生的质变，会进一步引发新的企业经营管理的量变。

四、战略变革的主要途径

（一）调整企业理念

关于企业理念的调整，首先，确定企业使命，即企业应该依据怎样的使命开展各种经营活动，它是企业行动的原动力；其次，确立经营思想，构建指导企业经营活动的观念和态度，给人以不同的企业形象；最后，靠行为准则约束和要求员工，使他们在企业经营活动中必须奉行一系列行为准则和规则。

调整企业理念，给企业全新定位，这是企业适应社会经济发展的一种变革，只有在这种不断演化、渐进变革中，才能够构建新的企业战略，企业才能重生，才能得到发展和壮大。

（二）企业战略的重新定位

如何实施战略定位是战略变革的重要内容。根据迈克尔·波特的观点，帮助企业获得竞争优势而进行的战略定位，实际上就是在价值链配置系统中从产品范围、市场范围和企业价值系统范围三方面进行定位的选择过程。

结合波士顿矩阵图，共有四种类型的产品：明星产品、金牛产品、问题产品和瘦狗产品。产品的重新定位，对于明星产品而言，由于企业竞争力和市场吸引力强，也是高速成长的市场领先者，对其要多投资，促进发展，扩大市场份额；对于金牛产品，由于具有规模经济和高利润优势，对其维持市场份额，并尽可能多地榨取市场利润；对于问题产品，虽然产品市场吸引力强，但由于要加大投资，因此主要考虑在尽可能短的时间内收回成本；对于瘦狗产品，企业的对策就是尽快地售出剩余产品然后转产。

（三）企业组织结构再设计

在进行组织结构设计时，要围绕战略目标实现的路径来确定不同层级的管理跨距。适当的管理跨距并没有一定的法则，一般是3～15人，在进行界定时可以依据管理层级、人员素质、沟通渠道、职务内容以及企业文化等因素。在设计组织结构时，还要充分考虑企业各部门顺利完成各自目标的可能性，以及在此基础上的合作协调性、各自分工的平衡性、权责明确性、企业指挥的统一性、企业应变的弹性、企业成长的稳定性和效率性、企业的持续成长性。通过重新设计企业的组织结构，理清各部门的管理职责，改变指挥混乱和权责不对等的现象，从而提高管理效率。

复习思考题

1. 下列三种内部治理机制——所有权集中、董事会和管理者报酬是如何统一管理代理者和公司所有者利益的？
2. 如何理解战略与组织文化管理之间的关系？
3. 什么是发明、创新和模仿？这些概念是如何相关联的？
4. 不同组织结构的适用条件是什么？
5. 企业战略为什么会发生变化？与哪些因素有关？

在线测评

请扫描二维码，在线检验学习效果。

案例讨论

华为智能手机

近年来，中国智能手机制造商正加快进入欧洲、日本、东南亚等海外市场。例如在西班牙，最新的业内报告显示，中国手机制造商正在西班牙复制其在全球智能手机市场的地位。而作为世界第三大智能手机制造商，华为已经成为西班牙最受欢迎的五大手机品牌之一。

智能手机的市场瞬息万变，与新技术的开发和新机型的推出密不可分。华为于 2018 年 3 月 27 日推出新一代 P20 系列智能手机，P20 Pro 搭载了后置徕卡三摄镜头，改善了用户在低光环境下的拍摄体验。不难看出，华为在加大研发领域投资的同时也释放出一个强有力的发展信号，P20 系列的推出让华为更有底气同苹果和三星竞争。

曾几何时，5 000 元以上的高端产品一直被苹果等国际大厂霸占，国产手机由于创新乏力始终不能与之抗衡。华为通过自身不断努力，在创新研发上加大投入，使其近几年的 P 系列和 Mate 系列手机与苹果的差距越来越小，并在 2018 年完成超越。消费者对中国智能手机“低价格、低品质”的印象正在淡化。

2018 年 12 月 25 日，华为消费者业务宣布，华为智能手机发货量（含荣耀）已经突破 2 亿台。在 2018 年第二季度和第三季度，华为成为全球第二大智能手机厂商，全球市场份额达到 14.6%。

华为年度报告显示，2018 年华为全球销售收入为 7 212 亿元人民币，同比增长 19.5%，净利润 593 亿元，同比增长 25.1%。华为研发费用达 1 015 亿元，占销售收入 14.1%。最近 10 年，华为的研发费用投入超 4 800 亿元。目前，华为 100% 的股权由员工持有，没有任何第三方股权和组织持有华为股份。华为强调目前还没有上市计划。

2019 年，也被誉为 5G 元年，在 1 月召开的 MWC2019 的预沟通会上余承东表示：届时将发布 5G 折叠屏手机，在未来持续推进技术创新并推出具有创意的产品。5G 时代的到来将是下一个互联网生态的一大爆发点，对于华为而言，2019 年是关键的一年。

资料来源：根据华为官网相关资料、“2018 年手机市场研究报告”（中关村在线 2019-01-30）等资料整理。

讨论题：

华为手机如何在激烈的竞争环境中实现追赶和超越？公司在变化的环境中，应如何制定发展战略以实现持续、稳定的发展？

参考文献

[1] 迈克尔·A. 希特，R. 杜安·爱尔兰，罗伯特·E. 霍斯基森 . 战略管理——概念与案例 [M]. 吕巍，译 . 北京：中国人民大学出版社，2009.

[2] 弗雷德·R. 戴维 . 战略管理（概念部分）[M]. 赵丹，译 . 北京：清华大学出版社，2013.

[3] 约翰·皮尔斯二世，小理查德·鲁滨逊．战略管理——制定、实施和控制 [M]. 钱峰，译．北京：中国人民大学出版社，2015.

[4] 希尔，琼斯，周长辉．战略管理——创建企业竞争优势的系统思维 [M]. 孙忠，译．北京：中国市场出版社，2007.

[5] 孟卫东．战略管理——创建持续竞争优势 [M]. 重庆：重庆大学出版社，2003.

[6] 王天立，周立华．创业学 [M]. 北京：清华大学出版社，2013.

[7] 黄旭．企业战略变革研究——思维范式与战略要径 [M]. 成都：四川大学出版社，2004.

[8] 潘安成．企业战略变革动因理论的述评与展望 [J]. 预测，2009(1)：1–8.

教学支持说明

建设立体化精品教材，向高校师生提供整体教学解决方案和教学资源，是高等教育出版社“服务教育”的重要方式。为支持相应课程教学，我们专门为本书研发了配套教学课件及相关教学资源，并向采用本书作为教材的教师免费提供。

为保证该课件及相关教学资源仅为教师获得，烦请授课教师清晰填写如下开课证明并拍照后，发送至邮箱：jingguan@pub.hep.cn，也可通过加入管理类专业教学交流QQ群234904166，进行索取。

咨询电话：010-58581020

证　　明

兹证明______________大学______________学院/系第_______学年开设的______________课程，采用高等教育出版社出版的《______________》(主编)作为本课程教材，授课教师为_______，学生_______个班，共_______人。授课教师需要与本书配套的课件及相关资源用于教学使用。

授课教师联系电话：__________________ E-mail：__________________

学院/系主任：_______(签字)

(学院/系办公室盖章)

20____年____月____日